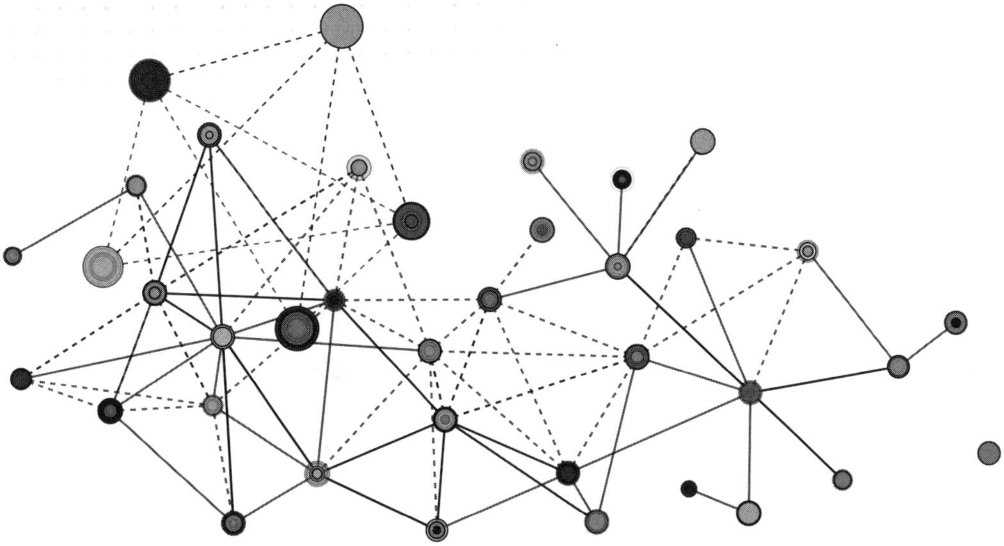

移动互联网时代

O2O战略落地方法与营销实战

谭贤◎编著

中国铁道出版社有限公司
CHINA RAILWAY PUBLISHING HOUSE CO., LTD.

内 容 简 介

本书通过 O2O 落地做得最好的 20 多个行业的 100 多个实战案例，向大家展示 O2O 如何在实战中落地，深入剖析 O2O 的商业模式、现状趋势、营销平台运营等，更紧扣 O2O 的下一步趋势：O2O 平台转型、垂直化服务、HTML5 与 APP 轻应用、商业 Wi-Fi 新入口营销等进行了全新讲解，帮助企业 O2O 的落地更踏实、转型更成功，走得更远、更好。

本书结构清晰，案例丰富，实战性强，适用于 O2O 营销相关的各类人员、个体老板和企业公司等。

图书在版编目（CIP）数据

移动互联网时代：O2O 战略落地方法与营销实战 / 谭贤编著 .—北京：中国铁道出版社，2016.5（2022.1 重印）

ISBN 978-7-113-21322-0

Ⅰ.①移… Ⅱ.①谭… Ⅲ.①网络营销 Ⅳ.①F713.36

中国版本图书馆 CIP 数据核字（2016）第 007598 号

书　　名： 移动互联网时代：O2O 战略落地方法与营销实战
作　　者： 谭　贤

责任编辑： 张亚慧　**编辑部电话：** (010)51873035　**邮箱：** lampard@vip.163.com
封面设计： MXK DESIGN STUDIO
责任印制： 赵星辰

出版发行： 中国铁道出版社有限公司（100054，北京市西城区右安门西街 8 号）
印　　刷： 佳兴达印刷（天津）有限公司
版　　次： 2016 年 5 月第 1 版　2022 年 1 月第 2 次印刷
开　　本： 700 mm×1 000 mm　1/16　**印张：** 25.25　**字数：** 389 千
书　　号： ISBN 978-7-113-21322-0
定　　价： 68.00 元

前言 Foreword

写作驱动

在移动互联网时代，O2O风靡全球，商家企业都为之疯狂，蜂拥而至，然而不能落地的O2O仅仅是纸上谈兵。本书凝聚作者从业十年的网络营销推广实战经验，帮助你在实战中实现O2O的落地。

本书紧扣“移动互联网时代：O2O战略落地方法与营销实战”进行讲解，理论与实战分析相结合，从12个不同的方面讲解O2O的落地与营销的方法。

内容特色

（1）图文结合，内容全面、专业性强：书中不仅讲述了O2O营销的相关理论知识，同时结合图片，通过落地实战案例，帮助读者彻底认识、玩转O2O营销，实现O2O落地。

（2）通俗易懂，以操作为主，实战性强：书中不仅涵盖了各种类型的O2O落地营销案例，还有大量的O2O线上—线下互动流程，通过实战操作，帮助读者如何实现O2O的落地。

适合读者

（1）各个岗位专门从事宣传、营销、推广的O2O人员；

（2）各行各业需要通过O2O进行营销的行业与公司；

（3）新兴创业的个体老板、企业高管、商业大亨、明星、政府媒体等人群；

（4）适合于营销专业的初学者或具有一定传统营销经验的人员提升自己的营销能力；

（5）还可以作为O2O相关营销公司或大公司培训、指导和沟通客户时的教材等。

作者售后

本书由谭贤编著，参与编写的有孙勇、张心等人，在此表示衷心的感谢。由于作者知识水平有限，书中难免有错误和疏漏之处，恳请广大读者批评、指正，联系邮箱：itsir@qq.com。

编 者

2016年1月

目录 Contents

第2章 团购网站——转型O2O平台已成新常态

第3章 分类信息网站——O2O助推与移动互联网接轨

第6章 HTML5——轻应用傍上O2O实现变现

第7章 二维码——O2O模式落地的入口

第9章 传统行业——拥抱移动互联网转型落地

第1章

移动互联网时代——走进O2O

1.1 O2O的概述

回顾历史，B2C电子商务模式一经传入中国就取得了高速发展。如今，中国已经成为世界上B2C业务规模最大的国家。同样，O2O模式，经Uber等公司带入中国后，在中国遍地开花。可以说，要想知道O2O产业的发展前景如何，看看O2O在中国的现状就知道了。

那么O2O到底是什么呢？新兴模式的兴起，想要长存就必须经得起市场的考验，实实在在的落地扎根，对于O2O来说，如何才能在各个行业实现落地呢？

1.1.1 O2O出现原因

迄今为止，O2O理念的传播深度以及广度已经远远超过了业内人士的想象，这足以体现O2O理念之深入人心。虽然O2O概念的确立与传播是这几年的事情，但如果进行深入的探索与思考，会发现其实我们很早就进入O2O的世界。历数人类的O2O应用，当回溯近10年的PC互联网时代。

其实，早在携程网开始收购线下的旅游公司，用网上信息吸引游客，再让游客到线下的公司接受旅游服务时，O2O模式就已经开始。后来O2O概念被提出，百度、阿里巴巴等大型企业纷纷开始试水O2O模式，一时间O2O成为企业转型的代名词。

O2O作为行业新军市场争夺势头迅猛，不少传统电子商务企业被O2O新型电子商务企业超越，O2O为什么会出现呢？

第二次世界大战以后，经济全球化开始，以美国为首的世界各国纷纷进入商业社会。基于经济全球化与商业快速发展的要求，IT信息技术和交通技术开始进一步发展起来。

由于经济全球化的商业社会对信息共享、快速交流等方面的要求，人类基于经济全球化的商业社会在现实世界创新出一个虚拟的世界（互联网），同时经过虚拟世界多年的发展，现实世界的很多商务行为（比如社交、营销、交易、消费体验）均在虚拟世界中模拟出来并且快速发展，如图1-1所示。

图1-1　虚拟商务世界

制度性的市场是工业社会一个很重要的特征。市场是千百年来就有的，你有玉米，我有布帛，玉米换布帛就是市场。简单来说，市场就是商品交换的关系。只要有商品的交换，就有市场。

可是那时候的市场是初级的市场，是没有制度规范的市场。纳什的博弈论证明，个体的理性往往导致群体的不理性，这时候就需要制度的规范，引导每个个体都走向群体理性。制度性的市场就是要有规矩、有制裁的方式，人人都按照规矩做事，这样才能提高市场的效率。

一个制度性的市场是一个中心市场，农业社会是没有制度性的市场的，在农业社会中，生产单位以家庭为主，而每个家庭都“钉”在一块固定的土地上，市场很小，商品缺乏流动性和多样性。如果有中心市场，就把农业社会制度最重要的砥柱——家庭制度打垮了。工业社会是以工厂为生产单位。以整个地球做市场，市场就是全球，所以我们的目光要关注整个世界，这就是全球化的起源。

世界的商业社会0坐标是1950年，这一年美国率先进入商业社会。经济全球化的这60年，各国纷纷进入商业社会或商业活动频繁。当然中国也不例外，从改革开放到市场经济地位确立，再到中国加入世界贸易组织（WTO），表明中国已经进入商业社会。

商业社会的基础是什么呢？是契约精神。当然，目前中国商业社会中契约精神还有需要完善的地方，前几年，如《厚黑学》和《血酬定律》这样的书在中国大行其道就说明了这点。

在中国互联网的虚拟世界，契约精神也开始逐渐形成，这点真的要感谢马云，他的淘宝和支付宝对推进中国虚拟世界的商业社会契约精神贡献极大。

O2O为什么会出现？因为随着信息技术和交通技术的发展，现实世界创造出了一个互联网的虚拟世界，而经过互联网10多年的发展，目前进入互联网这个虚拟世界全面影响现实世界的时期，因此O2O出现了，它是商业社会下现实世界与虚拟世界互动的新商业模式。

O2O的概念在2011年8月被Alex Rampell提出来，2011年11月份引入我国后就掀起了一股实践和讨论的热潮。Alex Rampell从10岁起就开始运营公司，2006年创办了他最新的一家公司TrialPay。

该公司的目的是为用户提供免费的虚拟商品，鼓励其前往Gap、Netflix等网站购物，而TrialPay则会从中收取佣金。该公司现有120名员工，2012年的收入预计将超过5 000万美元。图1-2所示为O2O概念的提出者Alex Rampell。

图1-2 Alex Rampell

Alex Rampell在分析Groupon、OpenTable、Restaurant.com和SpaFinder公司时，发现了它们之间的共同点：它们促进了线上—线下商务的发展。然后Alex Rampell将该模式定义为“线上—线下”商务（Online to Offline），简称为On to Off（O2O），这样就可与其他商务术语一致，例如B2C、B2B和C2C。

Alex Rampell定义的O2O商务的核心是：在网上寻找消费者，然后将他们带到现实的商店中。它是支付模式和线下门店客流量的一种结合（其实，对于消费者来说，也是一种“发现”线下营销的机制），实现了线下的购买。

O2O商务本质上是可计量的，因为每一笔交易（或者是预约，比如在OpenTable上预约）都发生在网上。这与目录模式明显不同（如Yelp、CitySearch），因为支付有助于量化业绩和完成交易等。

于是2011年8月，Alex RamPell在TechCrunch上的一篇客座文章正式提出了O2O概念，他举的例子是：美国电子商务每年的平均客单价大概是1 000美元，但是平均每个美国人每年收入大概为40 000美元，剩下的39 000美元到哪里去了？（这是一个不准确且概念性的数字，主要是用来解释目前在电子商务上消费者花的钱还不够多）。答案是扣税之后，钱都花在咖啡馆、健身房、餐厅、加油站、干洗店、理发店等，还要扣除旅游及那些网络上购买后送到家的生活服务类商品。

目前，尽管O2O的概念已经脱离了Alex RamPell最原始的仅仅是“线上—线下”（Online to Offline）的定义，增加了“线下—线上”（Offline to Online）、“线下—线上—线下”（Offline to Online to Offline）、“线

上—线下—线上”（Online to Offline to Online）三个新的方向，但O2O商务本身是面向生活消费领域的，实际上也是生活消费移动互联网化的过程，是不变的。

由于生活消费的移动互联网化，O2O将直接改变我们每个人作为消费者对生活服务类商品的消费行为，从而使作为消费者的每个人的生活理念从“为产品而消费”改变至“为生活而消费”，从这点来讲，O2O可能会影响我们社会的最基本单元——家庭。

1.1.2　O2O的定义

O2O即Online To Offline，其中的2取To的谐音，简写为O2O。O2O是指将线下的商务机会与互联网结合，让互联网成为线下交易的前台。这个概念最早来源于美国，涉及范围非常广泛，只要产业链中既可涉及线上，又可涉及线下，即可统称为O2O，如图1-3所示。

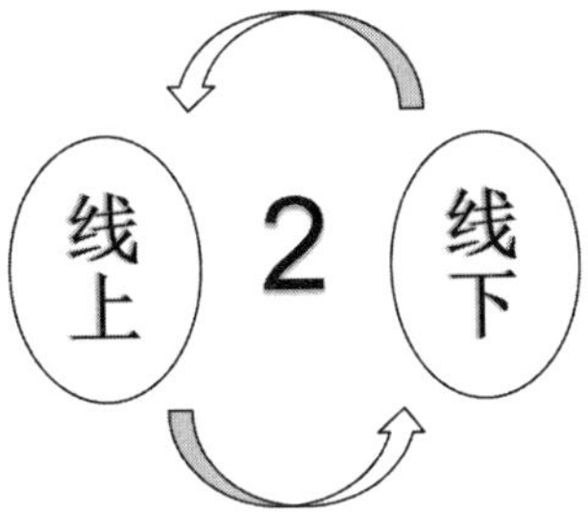

图1-3　O2O示意图

O2O商务的关键是在网上寻找消费者，然后将他们带到现实的商店中，它是支付模式和线下门店客流量的一种结合（其实，对消费者来说，也是一种“发现”线下营销的机制），实现线下购买。

O2O商务本质上是可计量的，因为每一笔交易（或者是预约，比如在艺龙酒店网上预订客房）都发生在网上。这与网上的单纯目录盈利模式（如淘宝网）明显不同，因为O2O支付有助于量化业绩和完成交易等。

O2O电子商务模式的四大要素：独立网上商城、国家级权威行业可信网站认证、在线网络广告营销推广、全面社交媒体与客户在线互动，一个标准O2O模式的流程如下：

（1）线上平台（网站、APP应用等）通过与线下商家洽谈，就活动时间、折扣、人数等达成协议。

（2）线上平台通过各种渠道向自身用户推荐该项活动，用户在线付款到平台，获得平台提供的“凭证”。

（3）用户持凭证到线下商家直接享受相关服务。

（4）服务完毕后，线上平台与线下商家进行结算，同时保留一定比例作为服务佣金（一般不低于10%）。图1-4所示为O2O模式的简单流程。

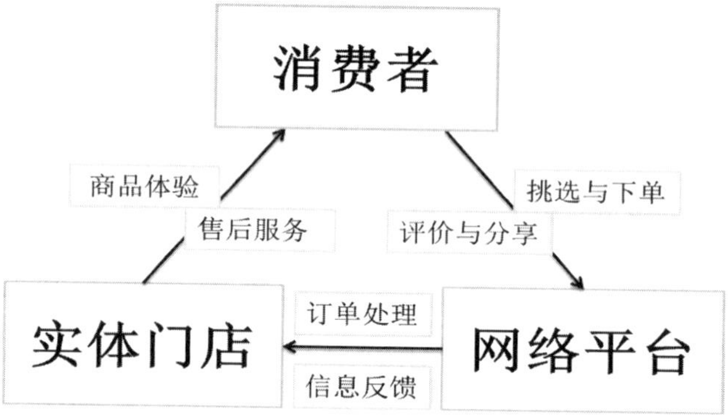

图1-4　O2O流程图

1.1.3　O2O与B2C的区别

了解了O2O的具体概念后，然后将O2O这个概念和已经熟知的B2C做一个简单的概念区分。

虽然O2O与B2C都是一种电子商务的服务形式。但是这两种电子商务形式却存在着很大的区别，如表1-1所示。

表1-1　O2O与B2C的区别

主要区别	O2O	B2C
行业类型	O2O更加侧重于服务性的消费，例如餐饮、电影、旅游、健身、休闲服务等	B2C更侧重于购物，例如电器、服饰等实物商品
消费方式	O2O的消费者都是到现场获得相关服务的，例如现在经常团购的电影票等，都是到电影院进行现场消费的	B2C的消费者通常是待在办公室或家里，等待快递人员把货物送上门，涉及物流行业
库存类型	O2O中的库存是“服务”	B2C中的库存是“商品”

1.1.4　O2O营销特点

O2O模式最重要的特点是：推广效果可查，每笔交易可跟踪。O2O营销模式的具体特征主要从它的作用群体来分析的。

1. 商家方面

能够获得更多的宣传和展示机会，吸引更多新客户到店消费。推广效果可查、每笔交易可跟踪。掌握消费者数据，大大提升对老客户的维护与营销效果。

通过与消费者的沟通、释疑，可以更好地了解他们的心理和需求。通过在线有效预订等方式，可以合理安排经营，并节约不必要的成本。对拉动新品、新店的消费更加快捷。降低线下实体店对黄金地段旺铺的依赖，大大减少租金的支出。

2. 用户方面

获取更丰富、全面的商家及其服务的内容信息；更加便捷地向商家进行在线咨询，并可以即时预订；获得相比线下直接消费较为便宜的价格。

举个例子，快到周五又该出去聚餐了。用户登录团购平台，并挑选本地美食，根据自己的喜好，选择美食标签，最先看到的是最新的团单，用户看中一单火锅的团购，单击进入详情页，可能发现该团购并不十分吸引人，但此时用户注意到页面上有一栏“猜你喜欢”的栏目。

该栏目不仅有火锅单品，还有用户平时经常购买的川菜类单品。虽然优惠的力度参差不齐，但至少都有优惠。在经过进一步的栏目对比之后，用户选择排在第7位的“海底捞”火锅，它的优惠力度很大，且菜品设置合理，而且去过的用户反馈也极佳。于是用户最终购买了这单“海底捞”火锅，同时通过平台或电话进行订座。

周五已到，用户到店消费。消费以后，用户觉得该店非常不错，于是给了“海底捞”一个5星评价。“海底捞”因为这颗5星，排名得到了提升。同时这个评价也为其他用户提供了更丰富的商家信息。图1-5所示为“海底捞”火锅评价体系。

从以上的整个流程来看，O2O模式给用户提供了最佳的选择和最新的体验，让用户省力更享受，省钱更方便。

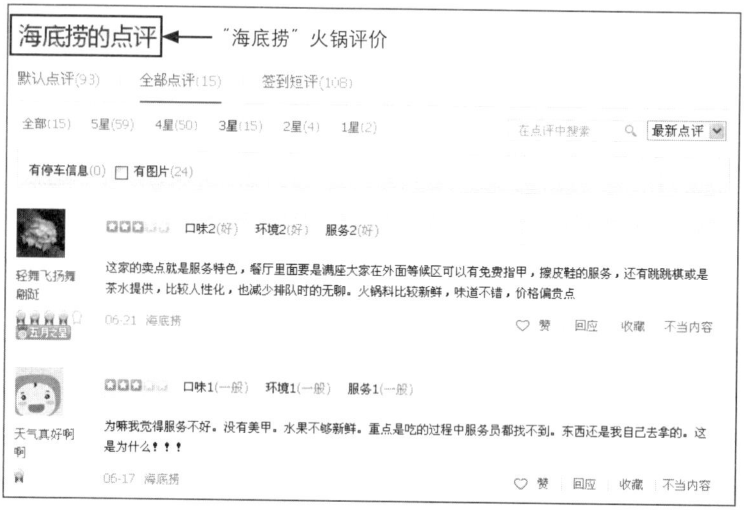

图1-5 “海底捞”火锅评价体系

3. O2O平台

与消费者日常生活息息相关，并能给消费者带来便捷、优惠、消费保障等作用，能吸引大量高黏性用户。对商家有强大的推广作用及其可衡量的推广效果，并且可吸引大量线下生活服务商家加入。产生数倍于C2C、B2C的现金流。巨大的广告收入空间及形成规模后更多的盈利模式。

1.1.5 O2O的优势

O2O的优势在于把线上和线下的优势完美结合。通过网购导购机，把互联网与地面店完美对接，实现互联网落地，让消费者在享受线上优惠价格的同时，又可享受线下贴身的服务。同时，O2O模式还可实现不同商家的联盟。

（1）O2O模式充分利用互联网跨地域、无边界、海量信息、海量用户的优势，同时充分挖掘线下资源，进而促成线上用户与线下商品与服务的交易，团购就是O2O的典型代表。

（2）O2O模式可以对商家的营销效果进行直观的统计和追踪评估，规避了传统营销模式的推广效果不可预测性，O2O将线上订单和线下消费结合，所有的消费行为均可以准确统计，进而吸引更多的商家进来，为消费者提供更多优质的产品和服务。

（3）O2O在服务业中具有较为明显的优势，价格便宜，购买方便，且折扣信息等能及时获知。

（4）O2O模式打通了线上—线下的信息和体验环节，让线下消费者避免因信息不对称而遭受的“价格蒙蔽”，同时实现线上消费者“售前体验”。

1.2　O2O模式的属性

O2O模式中，最值得研究的是其中的“2”（念“to”），“2”代表的是连接线上和线下的中间层属性，简单来说，可以分为以下三大类。

1.2.1　宣传属性

宣传属性是O2O模式应用最广泛的一种属性。电商平台、团购平台、独立网站、LBS（Location Base Service，基于位置的服务）应用、企业自媒体等，都具有宣传属性，它们的目的都是对线下的实体店进行宣传，以提升实体店的知名度，从而在维护老顾客的同时，吸引更多新顾客去实体店进行消费，如图1-6所示。

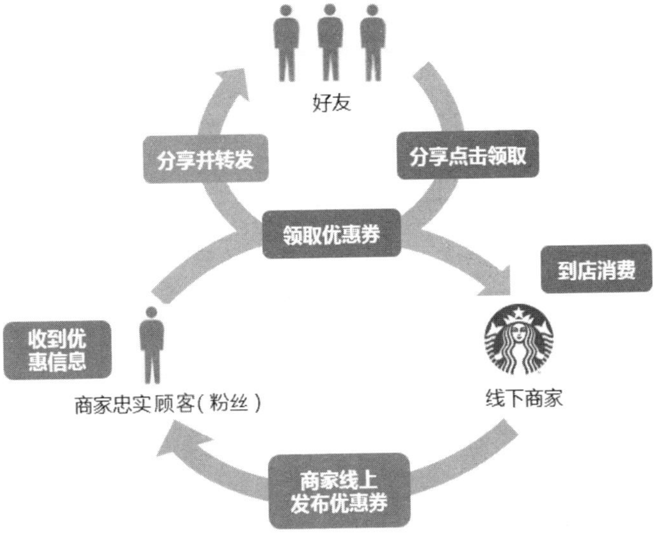

图1-6　O2O模式的宣传属性

1.2.2 社交属性

O2O模式的社交属性包含沟通和交流，比如在线订座、在线咨询、在线点评就是社交属性的几种利用方式，如图1-7所示。

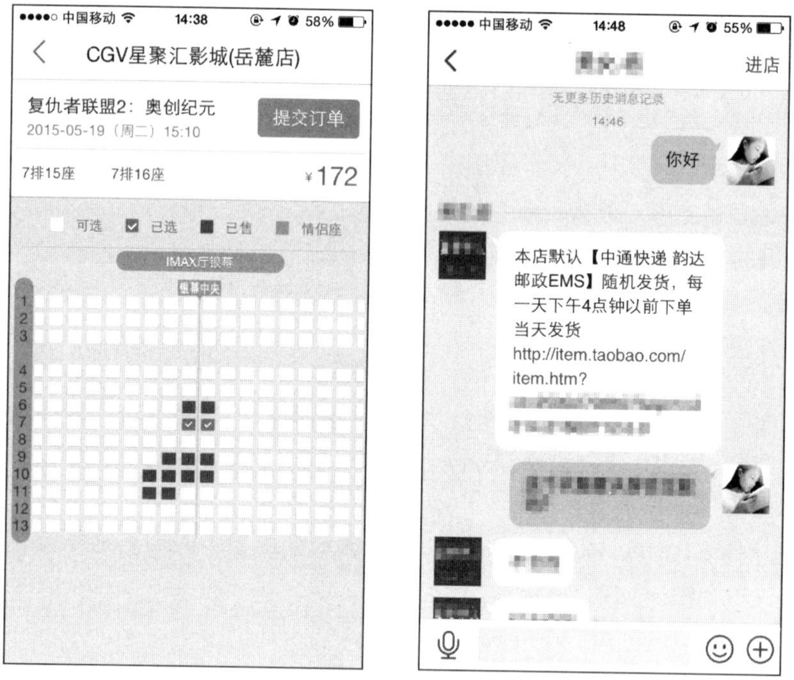

图1-7 在线订座（左）和在线咨询（右）

社交属性的重点在于将一部分线下的服务转移到线上，利用互联网，拉近商家与顾客之间的距离，使商家和顾客之间的交流突破时间和空间的束缚，让商家能更好地了解顾客的需求，从而提升服务质量，并引导顾客进一步享受线下服务。同时，商家也可以利用O2O的社交属性，扩大自身品牌的知名度。

1.2.3 交易属性

O2O模式交易属性的应用方式有很多，比如团购券、代金券等，如图1-8所示，O2O模式下的这种交易主要是指架构在互联网和软件应用之上的交易，它可以使交易的时间变得多元化，既可以在服务之前，也可以在服务之后。

图1-8　代金券

TIPS:

以上三大属性是所有O2O营销的根基，每种属性都可以发展成一种平台业务，而理想情况下，一个完美的O2O模式中应该将三大属性都包含其中，在实际应用中，则更应该强调宣传和社交属性。

1.3　O2O模式的用途

想要做好O2O营销，还需要了解O2O模式的用途。无论是像京东、腾讯、阿里巴巴等传统互联网企业一样通过O2O介入线下，还是像万达、苏宁、天虹等企业一样借O2O打通线上，O2O的营销模式都会有其侧重点，用途不同，对O2O的定位自然也就不同。

1.3.1　用O2O做渠道

在电商的“双十一狂欢节”交易额屡创新高的背景下，各类线下商家都坐不住了，大家都想玩一把O2O，增加销售的渠道。由此纵观零售业演变的过程，销售渠道可以分为单渠道时代、多渠道时代、全渠道时代3部曲，其中全渠道时代可以说是O2O模式发展的黄金时期。

（1）**单渠道时代**：1990～1999年，巨型实体店连锁时代的到来，多品牌化实体店数量减少。是砖头加水泥的实体店铺时代。单渠道模式经营的企业困境在于渠道单一，实体店仅仅覆盖周边的顾客，同时成本远远高于2003年。

（2）**多渠道时代**：2000～2011年，网上商店时代到来，零售商采取了线上和线下双重渠道，是鼠标加水泥的零售时代。

多渠道相比单渠道的路径更丰富，但也面临着瓶颈，一是分散渠道，管理成本上升；二是内部恶性竞争，抢夺资源，团队内耗，资源浪费；三是外部价格不同、促销不同、服务不同，顾客体验有差距。

（3）**全渠道时代**：2012年开始，相关企业开始关注顾客体验，有形店铺地位弱化。是鼠标加水泥加移动网络的全渠道零售时代，这也是O2O模式被充分应用和深入挖掘的时代。

所谓全渠道营销，是指以消费者为中心，利用所有的销售渠道，将消费者在各种不同渠道的购物体验无缝链接，同时将消费过程的愉悦性最大化。因此顾客可以同时利用一切的渠道，如实体店、目录、呼叫中心、互联网以及手机等，随时随地购物，如图1-9所示。

图1-9　全渠道营销

对于全渠道营销，美国梅西百货可以说是实体店转型的先驱者。梅西百货自1996年开始触网，就已经开始关注怎样利用最新的科技，使线上—线下、实体店和移动渠道的优势相互借力。

目前，梅西百货体验店内已经配备了很多自助设备，能够帮助用户查询网上顾客评论、在社交媒体上分享购物清单以及进行一站式自助购物，并且其可以在POS机上下电子订单，可以通过价格查询机为顾客推荐商品，可以通过手机APP点对点地向顾客发送电子优惠券等。所有的一切，都是为了让顾客更好地享受融合了各渠道优点的购物体验。

1.3.2　用O2O做营销

目前，利用O2O模式进行营销，重点需要解决两个问题，即品牌的传播问题和产品的促销问题。

（1）传统的品牌传播方式是以电视广告、平面媒体为主，属于自卖自夸。随着微信、微博等互联网社交工具和社交传播的发展与实践，商家发现采用病毒式传播效果更好。

借助病毒式传播成功的互联网企业有很多，尤其是游戏公司，例如，国外Zynga在Facebook上营销的成功案例，如图1-10所示；国内游戏厂商在腾讯开放平台上获取超过百亿元分成等。

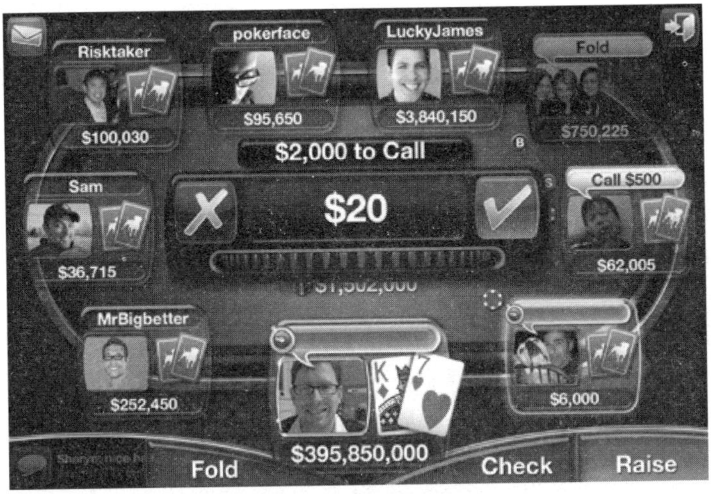

图1-10　Zynga社交游戏

线下企业虽然玩得没有那么先进，但是也通过微博、微信转发送积分、送优惠的方式，来吸引用户传播品牌，如图1-11所示。

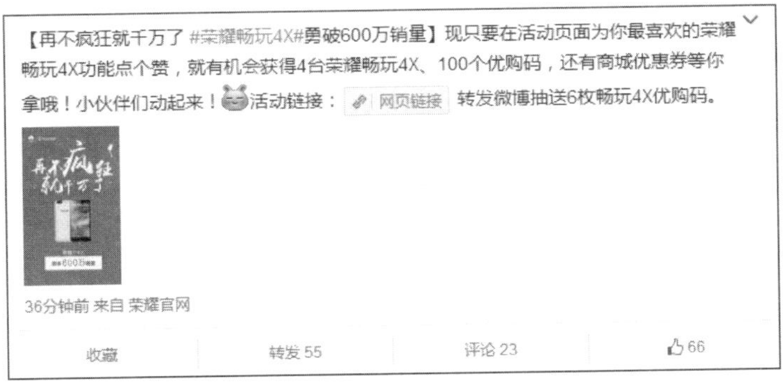

图1-11　微博营销

（2）传统的促销方式，比如在线下派发小广告，这种模式在一线城市已经基本没有了。主要原因是派送的效果不易保证、派送的成本高、而且无法通过派送的数量来统计促销效果。

新型促销方式的转变经历了两个阶段，**第一个阶段以2005年成立的维络城为代表，**通过在各大商圈设立类似ATM的优惠券打印机，为商家派送优惠券，实现对精准客流的优惠券发放，降低派送成本，据说优惠券的回收率能达到30%，并且能提供各类派放数据，如图1-12所示。

图1-12　维络城优惠券打印机

第二阶段则是以智能终端为载体，结合各类用户数据，进行优惠券发放。主要有各类团购网站、商家依托微信会员卡发放的优惠券，以及线下商家通过微信、微博做的各类优惠券活动等。

目前，第二阶段的O2O促销方式仍在发展中，最大的特点就是通过关注线下流量，通过各类采集手段，如Wi-Fi、RFID定位等，结合商家积累的用户消费信息，提供更加精细的促销信息。

TIPS:

当前各大线下商家，如上品折扣、绫致时装、苏宁电器，都在采用线上、线下流量探测，并通过数据分析进行推荐的方式来实现对营销活动的支撑。

1.3.3　用O2O做产品

互联网做产品主要包括两个方面，一方面是用户定义产品，使用户具备强烈的参与感，比如，小米手机、雕爷牛腩等，它们将互联网思维中的“专注、极致、口碑、快速”发挥到极致，让用户设计产品，吸引“死忠”试验新品，反馈改进意见，并由用户不断反馈意见并持续改进，如图1-13所示。

另一方面，也是对后端供应链支撑模式的改变。小米手机有零库存轻资产模式，雕爷也通过“5星菜品、4星环境、3星服务、2星价格、1星等位”，在传统餐馆的大厨、厨房、菜品等支撑系统方面构建了独有的优势。

图1-13　小米手机

1.3.4　用O2O做用户

互联网领域，用户至上，大用户是一种做用户的方法，核心是能够精准的识别与定位用户群，围绕用户群提供各类服务，比如万达的O2O模式中，大用户就是其中最重要的一个环节。

做用户还有其他两种方式：一种是对已有用户进行精准的细分，如分析客单价、用户偏好、精准推荐等，很多IT基础比较好的公司在这方面都有比较好的基础，只是缺少最终与用户接触的渠道；另一种是通过圈子将共同特征的用户聚集起来。

事实上，在O2O火爆以前，就有很多方法聚集用户，如各类线上的讨论区，线下的俱乐部、兴趣组，腾讯的社交圈等，目前比较火爆的众筹、自媒体也都是聚集用户的行家。

人类历史一直在重演一个规律——谁能够按照最新的组织样式组织群体，谁就能拥有足够的力量击败他人。所以从做用户这一点来看，自媒体会成为O2O链条中的一股强大而独立的力量。

1.4　O2O的关键因素

O2O的传播本质实际上是“信息→物→资金→人”之间的传播，信息、物、资金和人都是O2O的关键因素。物又可以分为两种传播：商品的信息传播和商品的位置传播，前者是商流，后者是物流，因此O2O中的关键要素可以分为：人流、商流、物流、资金流、信息流。下面分别介绍这5个要素。

1. 人流

人流是O2O最重要的要素。人流就是人的流量，人头或者注册用户、线索客户。人流是O2O的关键要素，无论是电子商务，还是线下终端店，都需要有人流支撑才可能有转化率，而转化率就是人流转化为订单的比例。流量是电子商务的核心，就是O2O。

对于人流，需要注意以下几个方面：

（1）流量入口，线上的流量、线下的流量、老客户的激活等，这些都是人流的来源；

（2）吸引流量的场景，如注册抽奖、免费体验、赠品、预约服务等，吸引流量能够进一步参与和转化；

（3）体验，提供大家可以便利点评的体验页面，同时激励大家传播体验；

（4）口碑，激励和推动人流能够将体验转化为口碑推荐，从而将影响扩展到人的社交关系。

2. 商流

订单流就是O2O中的商流，可以理解为商品在交易达成前后的流动，主要围绕商品管理、订单管理、交易和交付管理，这比较偏运营中台（相对于前台）。

实现线上—线下的统一是商流的价值所在，将商品和订单相关的元素都统一起来管理。O2O不仅仅是线上的电商，还有线下的终端销售、移动的微商城销售、经销商的渠道销售等，所以最重要的是实现全渠道的订单流，企业要实现可以在全渠道下统一接单，从而进一步统一分单、统一配单。

商流的特点是围绕商品和订单，其根本目的是企业在O2O中能够实现商品品类的统一，商品价格的统一，订单接入的统一。这也是商流的核心。

3. 物流

商流过后就是物流，是承接商流的下一个环节，它的主要作用是在一定时间内，订单商品从一个地点传递到另外一个地点，可能是从品牌到消费者，也可能是其中的两个节点之间的传递。

想让客户得到极致的体验，物流是关键，如类似京东的极速配送服务，或者零售现场购买快递到家的服务，都是提升客户体验的服务项目。同时，在全渠道的O2O业务平台中，物流也是关键一环，它可以将线上或线下的订单快速地交付到消费者手中。

快是物流的特点，快是物流的第一需求。消费者除了要求快之外，还需要便捷和服务；同时，类似大家电、家居的配送需要专业化服务，而生鲜冷链的物流则需要专用设备等，垂直化和专业化也是消费者对物流的进一步需求。

4. 资金流

资金流是指交易过程中资金的支付流动，或者交易后资金的结算流动，它代表资金因为某个目的从一个账户转移到另一个账户。

与钱相关的事儿都不是小事儿，由于网络支付和移动支付的快速发展，资金流已经成为O2O业务平台中不可或缺的环节，有时候也会基于创新的支付方式设计成为一个独特的O2O场景，而且资金流在供应链、流通链中也占据重要位置。

资金流在O2O平台中的特点是，它已经不仅仅是企业在传统业务中的资金往来，而是结合移动互联网的特点，结合网络支付和移动支付的新技术，形成的一种新的资金往来、虚拟资金往来的模式。

5. 信息流

信息流实际上是信息从O2O过程中的一个点到另一个点。实际上，人、商品和订单、物流和资金都是一种信息，所以人流、商流、物流和资金流也是某种意义上的信息流。O2O数字化其实就是在强调将O2O的任何动作都转化为信息和数据。

从这个角度而言，信息流是O2O的关键要素。因为无论是O2O业务平台的前端入口（包括O2O场景、营销活动、品牌传播、价格体系、会员体系等），还是中台的订单管理和商品管理及二维码，或者是后台的物流管理、资金管理等，都会产生大量的信息数据流动。

O2O平台中的信息流具有碎片化、海量化的特点，线上、线下以及各个业务模块，都在实时产生大量的信息数据，这些数据一个是碎片、非结构化，一个是海量，它直接构成O2O的大数据，有O2O的地方就有大数据。

O2O平台是跨渠道的，原来企业在各个渠道上的信息都不对称，这就意味着O2O业务平台的信息流要解决全渠道的信息流通和统一。

1.5 O2O的误区

O2O模式作为线下商务与互联网结合的新模式，解决了传统行业的电子商务化问题。但是，O2O模式并非简单的互联网模式，O2O模式的实施对企业的线下能力是一个不小的挑战。

可以说，线下能力的高低很大程度上决定了这个模式能否成功。而线下能力的高低又是由线上的用户黏度决定的，拥有大量优势用户资源、本地化程度较高的垂直网站将借助O2O模式，成为角逐未来电子商务市场的主力军。

做好O2O，对于所有的互联网行业从业人员、O2O运营人员、企业以及商家而言，必须对行业、O2O平台、互联网有深刻的理解，万变不离其宗。对于互联网从业者而言，是了解行业的机会，能开发出适合行业的产品，而不是陷入让行业适应你的产品的误区。

对于企业和商家而言，不管是任何O2O或者电商平台，你均能基于自己的体量，在互联网上利用平台将自己的品牌、产品，进行符合自己价值或者超越本身价值的售卖，获得商业收益。

很多人，把Online简单地认为是线上展示，而把Offline则简单地认为是线下体验和交易，互联网平台更加重视的是流量，而对于企业和商家而言，基于平台的流量转化非常重要。

大平台的流量来源构成非常复杂，由于KPI的考核关系，Alexa排名及后台的流量数据非常漂亮，但实际上有价值的流量是不够的。而企业和商家又不能获得精准流量，所以线上展示的效果一方面被分流，有效流量不能直接到达，转化率偏低，影响营销。故而形成恶性循环，造成平台的黏度低下，商家和真实用户不断流失，对于平台而言是重大损失，而商家也受到严重伤害。

所以，尽管O2O平台提供了一定的展示机会，如果到达率和转化率不能支撑正常的售卖的话，这样的O2O闭环，虽然有偶尔的案例出现，但并不能支撑企业和商家的利润，也毫无参考意义。

O2O的好处是不言而喻的。互联网是个虚拟的社会，拥有广阔天地，因为原有的传统商业的空间被打破，小商家也有可能创造销售奇迹。但是在利用O2O平台发展的同时，要规避以下四个误区。

1. O2O为了闭环而闭环

常规的闭环手法：流量→ O2O平台→流量→线上商品展示→线上了解→产生意向→线上交易→ 线下产生购买行为。

这样低下的流量转化，虽然偶尔能成功，但是缺乏更多行业的可复制性。这完全是一种为了闭环而闭环的错误做法，容易对行业客户产生误导，最终出现恶性循环：平台越来越差，收益不断减少或者根本0收益。

这样的闭环非常有迷惑性，所以常见有企业和商家经常拿着大师的书和很多“干货”按部就班来做，最常见的做法是：大师说，每天要微信推送信息，要微博发多少条内容类似这样的教科书式的方法，O2O也是，所以，不要为了闭环而闭环。

2. O2O平台越多越好

在互联网时代，对于企业和商家容易发生冲动。在面临各类电商和O2O平台的轮番轰炸，又经常看到大师们和专家们的“干货”，看看听听都激动，想想感动，于是付诸行动。

比如有大师鼓吹微信营销，于是就上微信开个账号。有大师说，微博又如何，于是又上微博开个账号。开始自己所谓的微博和微信营销之旅，在这前后，开了很多个平台的账号，全面开展O2O营销，因为在概念很火的时候，无论是团购、电商、微博、微信都号称自己是最好的O2O平台。

企业和商家交了很多钱，但收益却非常低，走了这个极端之后，企业和商家对于各类平台，尤其对互联网人士都开始嗤之以鼻，认为被严重欺骗了，互联网都是骗子。

3. O2O可以托管代运营

现在很流行托管，最常见的微博和微信营销涌现出一大批互联网以及公关公司参与，每个月收费从一万元到数十万元不等，显然，这是基于平台收费的又一大陷阱，原因非常简单。这类代运营或者所谓电商代运营，因为专业度原因，很难解决实际的问题，大多是利用信息不对称，获取短期收益，俗称快钱。

O2O作为当前比较火爆的所谓电商模式，确实光彩艳丽，但实际上，并不是特别神秘，多年前，国内其实早已实现了O2O闭环。只要基于对行业的理解，做好社会化营销的关键环节，自己的团队会比代运营团队更加专业。

4. O2O平台可以解决所有问题

很多企业和商家，在利用O2O平台做生意时，碰到一些问题，就希望平台帮忙解决。这里分为两种情况，一种是平台根本不能解决的，例如保证转化率。另一种，有一些看似能解决的，却不会解决的问题，例如出现了负面信息怎么办？删？

这个误区，其实依旧是犯了过度迷信的错误。现在很多平台初期为了吸引行业用户进驻，开出很多利好，也做了很多精美的条件引诱，当你入驻之后却发现根本不是那么一回事，比如现在大规模封杀账号、拖欠货款等情况。

而对于营销而言，产品的转化率，在O2O环节中，也不是完全依赖平台解决的。就目前国内众多平台的实际情况而言，严重缺乏对行业用户的支持和服务。

现在这个年代，电脑越来越小，手机越来越大。目标客户群的消费习惯不断改变，如何打动消费者，让他或她能产生针对你的购买行为？所以，O2O中大家更重视Online和Offline，却忘记了中间的2字，就是to！

笔者认为，这是对于终端客户的一种吸引力，并不是所谓线上展示和线下体验，而这个to是给予终端消费客户服务的一个过程，贯穿于整个交易流程，甚至更长。

笔者认为的合格闭环应该加上服务，才能在交易完成之后，保证能形成口碑，从而实现持续成交的根本保证。

这里的服务，可以是线上的，也可以是线下的，这里举个例子：

某家装公司的老板，在做O2O营销之前，根本不会上网，至今依旧保持着一指打字的水平，但他每年坚持做这样的事情：

（1）回访客户：重点节日，回访老客户，赠送节日礼物，比如端午节送粽子、中秋节送月饼。

（2）亲力亲为：客户有不满意的地方，或者出现投诉的情况，不排除他会亲自出马解决问题。他会拎着果篮，登门道歉获取谅解，有时还会亲自监管工厂，让有问题的产品能够及时返工。

用心服务的结果是令人感到惊喜的，因为不断地有老带新、网络口碑也非常好，所以该公司的持续成交率很高，占据某平台很大一部分份额，成为平台寡头。

从这个例子可以看出，O2O其实是在做社会化营销，这种营销方式必须要建立口碑。实际上，每个行业都能找到自己在不同平台做服务的流程和深度服务的例子，哪怕是一句问候的话，也是服务的体现。用心的服务方式是做社会化营销、口碑营销的最基本要求。

有了好的口碑，O2O营销才能事半功倍，而死板的O2O营销也会更加灵活，我们要时刻记住：虽然我们提供的很多服务看似是免费的，实际上，都是有价值的，价值的积淀对于品牌、定价都会非常有帮助，这是一个长期积累和坚持的过程。

在面对O2O大潮面前，行业用户应该要注意甄别，选择适合自己的营销平台，面对新产品，切忌冲动，千万不要读死书，照搬教科书内容，要关注到营销的本质，在实体经营中一些好的经验和方法可以大胆改良并且在互联网上实现和磨合。

重视做服务在社会化营销的作用，以及对O2O营销的帮助。做服务的目的是帮助社会化营销，实际上是建立属于自己的种子客户，星星之火可以燎原。不要迷信平台，在平台面前，其实你和自己的团队才最专业。

1.6 O2O常见入口

要想进入O2O，首先得要有入口。宏观上看，入口一定是人，因为无论如何都是要切入的，是人的状态或者环境的I和O；从微观上看，入口体现为很多的方式、模式和方法。下面来看看微观上的入口都有哪些。

1. 二维码入口

O2O活动最直接的入口就是二维码。现在的O2O场景几乎少不了二维码，企业在卖场放置了O2O活动的二维码，消费者只要用微信一扫码，就可以进入O2O活动页面，所以二维码是最直接的入口。

比如，企业为消费者设计的以旧换新活动，在线下终端店放置了以旧换新的海报和易拉宝，上面预留了活动的二维码，消费者扫码后即可进入以旧换新的活动页面，如图1-14所示。

图1-14　扫二维码以旧换新

2. 搜索入口

消费者一般会在线上搜索内容，如百度、谷歌，或者垂直搜索网站（如微美食），都会成为消费者的搜索入口，他们通过搜索实现信息的传递。

比如，消费者在百度上搜索“九阳”，直接进入九阳的1号店店铺，在1号店店铺页面上有近期主推的终端促销活动，从而为线下终端导流，如图1-15和图1-16所示。

图1-15　搜索九阳

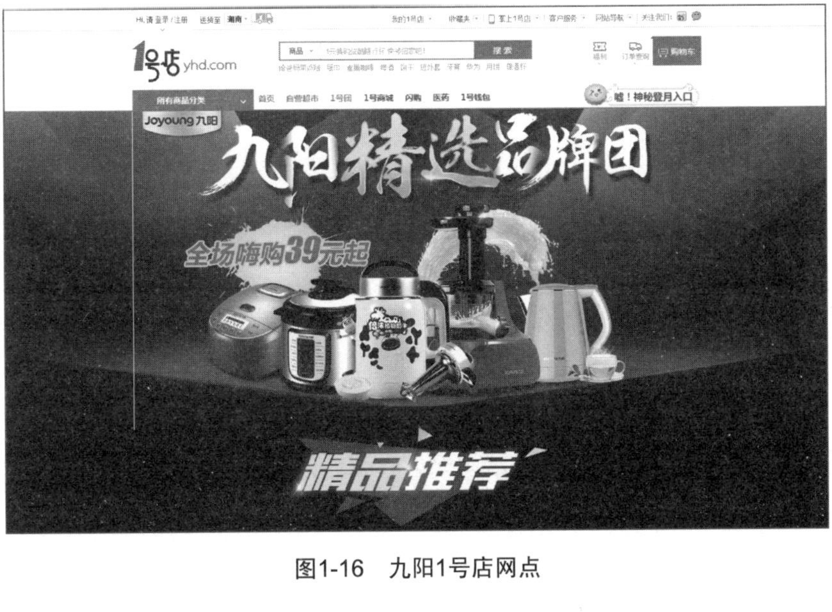

图1-16　九阳1号店网点

3. 地图导航入口

地图导航是与驾驶和餐饮相关的入口。与餐饮、酒店、商业零售等相关的消费一般带有典型的商圈位置特点，都有相对固定的位置，这时候基于位置的导航成为消费者的刚性需求，因此提供导航服务的百度地图、高德地图、老虎地图等会成为地图入口。

比如，消费者先通过百度地图查询到相关广场或者地理位置，然后通过查找附近的餐馆来找到合适的餐馆，并通过地图导航快速引导到店，如图1-17所示。

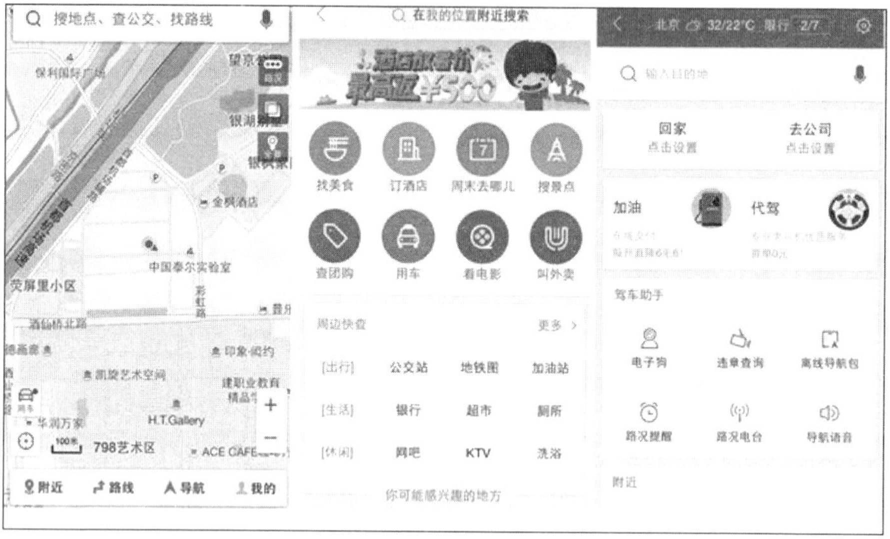

图1-17　手机地图入口

4. 支付入口

支付是交易环节的关键入口。当前支付入口一般是指移动支付：支付宝、微信支付，吸引使用支付宝或微信支付的用户通过移动支付快速、便捷地支付。当然也可以对传统的线下支付进行改造，将收银机改造成云收银或者云POS，实现跨渠道的数字钱包账户供用户使用。

比如，当消费者在线下挑选好商品后，收银员可以生成一个微信支付的二维码，让习惯使用微信支付的消费者扫码即可支付，并可以在微信支付的同时使用一张会员赠送的电子优惠券抵扣部分金额，如图1-18所示。

图1-18 微信代金券

5. 免费Wi-Fi入口

Wi-Fi越来越成为常用的入口之一。网络上盛传Wi-Fi已经成为消费者需求金字塔最底层的刚性需求，尤其是零售行业或者终端店面积比较大时，企业提供免费Wi-Fi服务成为消费者可能首选的入口。

比如，商场为到店的消费者提供免费Wi-Fi，消费者连接后注册会员即可免费上网，通过这个基础入口获得更多的用户数据，并可以在消费者第二次到店时快速识别该会员，并及时提醒商场运营管理人员，如图1-19所示。

图1-19 Wi-Fi入口

6. 评价信息入口

评价信息是一种特殊的入口。在顾客第一次到店消费之前，其他消费者的评价和推荐对帮助消费者打消疑虑很关键，因此大众点评等成为评价信息入口。

比如，当消费者预订餐馆时，会通过大众点评搜索到选中的餐馆，因为是第一次去，所以会翻阅消费者在点评上对该餐馆的评论和推荐，基于消费者的评价信息再来决定是否预订这家餐馆，如图1-20所示。

图1-20　消费者点评

1.7　O2O的营销模式

O2O营销模式又称为离线商务模式，是指线上营销线上购买带动线下经营和线下消费。那么，O2O主要包括哪些模式呢？下面介绍O2O的三大营销模式。

1. 商城模式

商城模式是指整合行业资源做渠道，用户可以直接购买，企业收佣金分成，有事找线上商城的模式，如到家美食会、易到用车等，如图1-21所示。

2. 代理模式

代理模式是指通过优惠券、预订等手段，把互联网上的人引导到线下去消费，收佣金分成，有事找线下商家的模式。如美团网、百度糯米、去哪儿酒店、布丁优惠券等，如图1-22所示。

图1-21　易到用车

图1-22　美团网与去哪儿酒店

3. 广告模式

广告模式是为消费者提供发现、导购、搜索、评论等信息服务，向商家收广告费，有事找线下商家的模式，如58同城、赶集网等，如图1-23所示。

图1-23　58同城与赶集网

1.8　O2O的风险

O2O虽然热门，而且是传统企业转型升级的突破口，但是O2O有风险，进入需谨慎。有哪些风险呢？下面来具体分析。

对于企业而言，在实施O2O的过程中，经常会遇到以下8类风险。

1. 高期望风险

部分企业对O2O的期望值太高，或者是理解不到位，O2O规划框架太宏伟，导致不可落地，不可执行，成为空中楼阁、镜中水月。

比如，盲目地规划电子商务的业务量达到多少量级，占传统业务的多少分之一；盲目地想一下子将几百家或者几千家终端店马上改造为O2O体验店。

2. 渠道风险

O2O势必要影响渠道利益，而且O2O转型要下沉到渠道的终端，而终端的转型和变革潜伏着巨大的风险，人的意识和能力、人力的储备和提升、资金费用、相应的新组织和业务，以及面临的残酷竞争等，都可能因为转型变革不当，引起渠道潜在的风险。

3. 盲目扩张风险

盲目扩张的风险往往与互联网的风口有关。很多企业本来在传统业务上耐得住寂寞，专注于定位，而一旦傍上互联网，突然发现自己这个也可以做、那个也可以做，就开始盲目扩张，而这种盲目扩张因为多渠道的放大，可能导致企业死得更快。

4. 消费者习惯风险

实际上，大部分消费者还没有完全建立起互联网和移动互联网的习惯，这就意味着需要改变消费者的习惯，而消费者习惯的改变会比较缓慢，企业能不能熬到消费者改变的那一天，就要看企业对消费者习惯的风险有没有初步的认知和考虑。

5. 平台风险

很多企业依赖于平台，如对淘宝的天猫、对腾讯微信的依赖风险，这种依赖也可能会惨不忍睹，因为数据循环是在它们平台内，不是在企业这里，依赖平台就意味着把自己的身家性命交给了平台，什么时候给你一刀你也只能忍着。

6. 人才风险

O2O如此新，而且跨越线上一线下，跨越新业务传统业务，这时候专业的人才很难找，传统人员转型很难，新的人才储备又来不及，空投进来的容易是水货，内部培养可能不给力。没有人才的风险，你说怎么办？

7. 经营风险

经营风险很微妙，互联网公司可能会因为与线下企业的思维碰撞，以及自身的线下服务能力方面的短板，造成一定的经营风险；而传统企业，由于互联网转型的方向定位以及培训辅导的不力，还有线上一线下产品同价和信息突然间对称的冲击，也会造成一定的经营风险。这就要考验企业的经营能力和战略控盘。

1.9 实体企业O2O落地的要素

对于O2O模式而言，需要构建一个能够兼容实体渠道分销和线上渠道直销的商业模式，能够将不同渠道的业务模式彻底打通，否则O2O模式难以成功。决定O2O能否落地有三大要素："五流"有机融合、双向开放、品牌融合。

1. "五流"有机融合

O2O首先要解决的是线上—线下各要素融合的问题，不能融合就无法成为O2O。

（1）产品流的融合

所谓产品流的融合，是指企业要做到产品的概念、品种、包装、形象、价格等都要一样，但在规格上可以依据不同渠道的消费特性加以区分。

在O2O模式中，线上—线下的产品是能够融合的，而不能是分离的，这就需要企业在规划产品体系时，必须基于统一的品牌定位来规划针对不同渠道销售的产品结构，既有适合在商超渠道销售的产品，也有适合在分销渠道和电商渠道销售的产品，这些产品在一开始就必须进行统一的规划，而不是碰到问题后再来想办法。

（2）资金流的融合

作为资金流的融合，主要是指消费者的支付必须线上—线下都应该通行，即可以线下支付。

通过第三方零售商或者专卖店，也可以线上支付，如官方旗舰店或者网络分销商。作为O2O模式的一个核心就在于，企业必须实现网上支付，否则线上—线下是无法真正打通的。

（3）物流的融合

在O2O模式下，企业既可以通过第三方物流企业直接将产品配送到消费者，同时还需要通过整合自己的线下渠道来实现产品的高效配送，比如拥有专卖店的企业可以通过遍布各地的专卖店来给网购的消费者实现当地配送，或者由消费者到当地的门店自行提货，而没有专卖店的企业则可以通过各地的零售商平台来实现对当地消费者的配送，当然这种方式操作难度较大，需要零售商自身向O2O商业模式转变。

（4）信息流的融合

O2O模式的另一个核心就在于大数据体系的构建，而这必须依赖线上线下渠道信息流的融合，这就需要企业构建一个强大的IT支持体系。

消费者通过线上购物自然会留下相关信息，而消费者在线下购物也可以留下相关信息——尤其是在专卖店中，那么这些数据都应该被整合到一起，线上—线下数据的性质还是有区别的，线上的消费者数据更多的是购物行为的数据。比如购买量、购买品种、购买频率、购买金额、购买周期等。

而线下消费者的数据可以通过互动来获取更多购物心理的数据，比如购买原因、购买意愿、潜在需求等，这相对于网购的单方面点评而言更具有消费洞察力。

（5）商流的融合

商流包括服务和宣传，这对于线上—线下而言更需要融合，在当今这个信息碎片化的时代，企业必须构建多元化的推广和服务体系，无论线上—线下渠道都必须一致体现品牌核心价值。

从宣传引流的角度，线上—线下都可以充分发挥各自渠道的作用，线上推广具有爆发性、广泛性和联动性，而线下推广则具有体验性和互动性；对于服务，无论是线上还是线下，客服在态度和速度上都需要重点强化，而线下渠道更可发挥良好的现场互动效应。

美邦在2013年隆重推出的O2O体验店就是一个很好的O2O融合的例子，在同一个店内就实现了以上“五流”的有机融合；另一个成功的案例则是小米，除了自有官网的预售之外，小米还积极拓展天猫渠道和京东渠道，同时也和三大运营商进行定制合作，这些动作都体现了O2O模式的精髓。

2. 双向开放

O2O一定是双向的，仅仅单向也无法成为O2O。

O2O模式的本质是开放的，其不仅仅是从线下到线上，也需要从线上到线下，无论线上还是线下，电商的本质是商业，是满足顾客的需求。

O2O模式要实现的就是品牌价值在线上和线下渠道之间进行顺畅的流转，如果只能从线下到线上，或者只能从线上到线下，这个O2O都是不完整的。

以烟台黄飞红麻辣花生为例，其就是因为成功实现了从线上到线下的O2O，才迅速在两三年中获得了快速发展。黄飞红的O2O模式实现的是线上和线下的不断反哺联动，将电商渠道作为战略新品的市场切入点，选择淘宝网和1号店作为主打线上渠道，大力发展线上分销，并充分给予分销商利益保障，通过线上的爆款效应风靡一时。

随后，根据购买者多为办公室白领的特性，黄飞红有针对性地在高端办公楼附近做活动，以此逐步渗透线下渠道。线上和线下的配合，使黄飞红花生在写字楼周边的超市销售上升显著。同时，家乐福和沃尔玛的经销商也被黄飞红在网上的火爆所吸引，借助于大卖场的主流效应，引发了黄飞红花生的第二次热销。随着黄飞红的名气越来越大，名人微博中也出现了这个产品，于是又进一步推升了电商平台的销售。

通过实施O2O的商业模式，近两年黄飞红的电商渠道销售额已经从总销量的40%下降到20%，大卖场、便利店渠道的销售额则上升到50%，成为O2O模式成功的一个典范。

3. 品牌融合

O2O重点解决的是同一品牌线上—线下融合的问题，而不是不同品牌的问题。

O2O模式关注的核心是解决同一品牌的价值如何最大化的问题，如果面临的是不同的品牌，那么就是每个品牌如何通过O2O来实现各自品牌价值最大化的问题。

目前不少企业专门针对线上渠道推出独立品牌，这种做法并不被认为就是O2O，从本质上讲，其并不能解决品牌如何线上线下有机整合的问题，只是回避了这个问题。

比如，以纯品牌在发展电商业务不成功之后，2013年1月关闭天猫旗舰店，并全线退出京东等电商平台，同时推出一个全新的线上渠道专供品牌A21来发展电商业务，以纯品牌只专注于实体渠道。

对于这种情况，我们只能说以纯这个企业在同时运作线上和线下市场，但是对于以纯这个品牌而言，并没有实现O2O，当然，这并非是说这种模式不行，而只是针对O2O模式而言。

罗莱之前推出过一个专门针对线上渠道的电商品牌LOVO，但是并没有解决罗莱品牌的O2O问题，2013年，罗莱品牌决定采取线上一线下同价来拉开O2O转型的大幕，其理由在于罗莱品牌在线上和线下的消费者有高达90%是重叠的，如果不同价只会导致左右手互搏，而采取同价则可以维护罗莱品牌的价值，并且避免对线下实体加盟商造成损失，因此罗莱品牌减少了在线上打折的力度，力求以同款同价、同质同价来维持线上和线下罗莱品牌价值的平衡，这才是真正意义上的品牌O2O模式，如图1-24所示。

图1-24 罗莱PC官网

作为一个商业模式，O2O其实是一个生态系统。在这个系统中，还包含不同的子商业模式，比如对于线下渠道的运营，企业往往采取通过渠道商进行分销的商业模式。而在线上，企业则需要采取建立自有品牌官方旗舰店进行直销的商业模式，这两种商业模式之间有着本质的不同。

对于O2O模式而言，至少需要构建一个能够兼容实体渠道分销和线上渠道直销的商业模式，能够将不同渠道的业务模式彻底打通，否则O2O模式内部矛盾重重，必将导致O2O模式的失败。

第2章

团购网站
——转型O2O平台已成新常态

2.1 去团购化，争做O2O平台

Groupon明确转型，或促进中国团购转型提速；美团积极拓展单线业务，褪去团购外衣用意明显；窝窝商城做服务业的天猫；大众点评“误入”团购行业，迎来回归“主场”；百度影业在即，糯米开始行动。在经历了千团大战、野蛮生长、资本泡沫、优胜劣汰等风风雨雨后，国内团购市场开始走向理性，弱化团购、转型O2O生活服务消费平台成为众团购网站的必由之路。

2.1.1 战略补血，团购网忙融资

2015年，团购行业将迎来决定生存发展的关键一战。

1月18日，美团网新一轮总额7亿美元融资的传闻得以坐实。凭借此轮融资，获得70亿美元的估值，美团成功跻身中国O2O领域估值最高的公司，同时也成为仅次于已上市的阿里巴巴、京东和唯品会的中国第四大电商公司，然而美团并未打算短期内上市。

在得到美团网融资消息的前一周，大众点评网也刚完成新一轮的融资。大众点评网新一轮融资规模接近8亿美元。经过该轮融资，大众点评网各项业务都将走向成熟，大众点评也将启动IPO，做好随时上市的准备。

窝窝团在2011年IPO未果后，陷入沉寂。如今，窝窝团又开始有所动作，重启赴美上市计划。1月10日，窝窝团向美国证券交易委员会（SEC）提交了IPO招股书，准备在纳斯达克挂牌上市，计划募集4 000万美元资金，这可能还只是占位金。一旦成功，窝窝团将成为中国生活服务电商行业第一股。

团购行业本身是一个“烧钱”的行业，没有大量资金很难支撑。而此番众团购网站开始寻找“金主”，一方面，这意味着竞争态势将趋于白热化，团购网站亟须解决融资问题，进行战略补血。另一方面，团购市场商业模式已经成熟，盈利模式亦日渐清晰，团购网站在稳固主业的同时，也须在本地生活服务O2O领域占有一席之地。

2.1.2　红海显现，转型势在必行

2010年，掀起团购热潮，据数据统计，2010年年底至2011年上半年，团购企业从2 612家增长至5 300家，几乎以平均每天10家的速度快速增长着。2011年至2012年间，团购网站如日中天，迅速发展至千团大战。

之后，由于过度扩张，多家团购网站陆续宣布倒闭，经过市场的洗礼，团购市场元气大伤，截至2014年6月，团购网站已经锐减至176家，存活率仅为3.5%。

经历了盘整期后，团购市场格局形成美团、大众点评、百度糯米三足鼎立之势，而聚划算、拉手网、窝窝网等则后势争夺。据统计，2014年第3季度，美团、大众点评团、百度糯米占据中国团购市场份额前三甲。

其中美团占据团购市场份额的55%，大众点评团占比22%，百度糯米占比13%。随着市场行情遇冷，经过“大浪淘沙”后幸存下来的几家团购网站纷纷寻找“后台”。糯米下嫁百度，大众点评牵手腾讯，美团傍上阿里巴巴，拉手网卖身三胞集团，而窝窝团则成为仅剩的一支“独立军”。

从2014年前11个月的市场份额占比看，美团、大众点评、百度糯米份额基本处于胶着状态，没有明显提升，拉手、窝窝、满座则明显下降。可见，传统团购业务已是一片红海，只提供同质化服务，团购网站必定逃不过消亡的命运。

2.1.3　转型O2O，弱化团购

团购行业逐渐进入成熟期，而外延竞争却正在加剧，对团购网站而言，当务之急已不再是与其他竞品争夺团购份额的问题，而是要做大“强势”业务和“潜力”业务。

目前，各大团购网站都已释放出弱化团购、转型O2O生活服务消费平台的倾向。美团正依托团购孵化其他垂直业务，已成为国内最大电影O2O平台、第二大酒店分销平台和最大在线外卖平台；从本地生活服务领域发家的大众点评，更是将团购作为生活服务平台的入口；在团购上升期便从团购转型电商平台的窝窝商城，立志成为未来生活服务领域的“天猫”；拉手也在开发基于商户端的本地生活服务平台；百度糯米也在奋力求生。

2013年中国本地生活服务市场规模达4.7万亿元，预计到2017年，该市场规模将达7.3万亿元。未来，“去团购化”将会成为团购行业的发展主题，各大团购网站站队构建生活服务O2O市场将成为新经济时期下的常态。

TIPS:

本地生活服务O2O的垂直领域足够多、产业链足够长，想要攻下这个市场绝非易事。褪去“团购”外衣的团购巨头们能否玩转O2O领域犹未可知。但只有真正为商户、用户创造价值的商业模式，才能成为可持续的商业模式。

2.2 团购出路：本地化生活O2O服务平台

曾经的团购网站以迅雷不及掩耳之势一夜兴起，2010年和2011年几乎是团购网站的天下，经过这近5年的时光磨砺，团购网站也从当初千团的规模慢慢缩减，目前经常被消费者使用的团购网站估计也就只有那么几个！比如美团、大众点评、百度糯米，都是从众多团购网站中脱颖而出的网站。凭借它们对服务的关注，并且抓住移动化趋势率先占领市场，也巩固了自己的地位。

2014年以来，资本的青睐以及互联网巨头的投资，使得团购网站从最初的独立发展逐渐有所倚靠，开始了拼钱拼人际关系的时代，而且在2015年以后，团购网站可能会在O2O领域里有更大的发挥空间。

普通消费者可能还觉得团购不错，出的团挺多的，也能得到实惠就很满足了，然而看似风光依旧的团购网站，却背负着各种负担与压力。

2014年的项目研究中发现，团购有几个致命弱点：思维——通过各种渠道流量过滤出消费需求；无场景——团购是利用优惠拉动需求，而不是根据需求场景去解决问题。所以团购可以解决商家的问题，并不是完全面向用户的问题。缺乏大数据基因，需求释放之后缺乏大数据积累。

而上述问题暴露出的数据积累问题，也就成为团购网站的致命因素。假如一个商家学会用自己会员管理系统去积攒团购网拉来的用户信息，那么只要购买不超过3个月的团购服务，就已经完全可以构建自身的数据平台了！商家还要团购网站来做什么呢？恐怕就要甩开团购网站自己单干了吧！这就是团购网站必须转型的一个原因！所以团购网站向O2O领域转型成为必然。

2.2.1　社区生活服务O2O将初露锋芒

团购转型，方向在哪里呢？生活服务交易平台如何覆盖更多消费者，高频业务带动低频业务以及增加场景交易的便利性这两点就是方向，社区O2O将是一个重要的服务领域。

进入2015年，社区O2O的概念会逐渐清晰起来。像社区001、顺丰嘿店等将会分化出去。彩生活、叮咚小区等才是真正的社区O2O项目。社区O2O不仅能帮助商家获取数据，还能提供更为完善的服务，利用自己的资源构建合理的商业模式，打造一个重服务轻社交的产品出来。

O2O社区模式，其本质是互联网时代商业的一种自然进化，即通过新技术手段优化流通环节，减低运营成本，改善服务体验的商业革新。O2O最核心的要素，是通过把线上的技术性优势和线下的人性化服务完美地融合起来，消减传统商业不必要的流程损耗，优化利润二次分配，最大限度地提升消费体验，满足客户需求。

通俗来讲，O2O的精髓就是谁对消费者服务最多、态度最好，谁就会得到更多的利润回报。

基于O2O模式的“社区生活服务平台”，以社区为服务单位，针对社区内居民，依托移动互联网技术，以“本地化集成服务为经营理念”，满足社区居民消费需求的商务模式。这种离消费者的距离只有“一公里”、服务响应时间为“半小时”的社区O2O模式，必将成为各大商家拼力抢夺的“最后一公里”，也是下一个万亿级的创业乐园。

因为社区生活服务O2O模式针对的是社区居民这一熟人社会，有着“先到先得，先入为主”的特点，若能尽早为社区居民搭建一个真实、快捷、就近、方便、安全的网络购物环境，即可再创造出新的财富爆发点。

2.2.2　家居O2O、婚庆O2O大行其道

家居、婚庆是两个有些类似的行业。迄今为止，我们已经在家居行业

看到一些项目几近成型，而婚庆行业的项目还没有令人振奋的案例出现。在2014年从大数据与O2O模式分析，家居与婚庆的O2O已经完全可以颠覆过去的媒体模式。2015年必然是家居、婚庆O2O领域狂飙猛进的一年。

1. 婚庆

婚介婚庆在大部分人眼里，简直是一个“暴利”行业，其产业链条很长：主要包括婚纱礼服、摄影摄像、珠宝首饰、婚宴、婚礼策划以及蜜月旅游等。据悉，2014年中国约有800万对新人结婚，初步预计市场规模则高达8 000亿元。无论是从定性还是定量来看，结婚确实是绝对的刚性需求，市场前景可观。

在移动互联网时代，婚庆婚嫁的商业模式有以下6种：

模式一：本地社区平台

杭州19楼（我要结婚）和南京西祠（花嫁）就是这种平台，这些平台聚集了本地的人群，在论坛里开辟结婚板块，可以有效地解决引流的硬伤，同时也充分利用社交化，作为本地人群的聚集地，价值不可估量。

模式二：本地生活服务平台

大众点评、美团网、百度糯米等，大众点评在2014年3月对外宣布，公司切入结婚领域，致力于打造中国最大的结婚信息平台和平台。其中结婚服务覆盖全国近百座城市，包括婚宴、婚庆、婚纱摄影，婚纱礼服等全产业链共12项服务。大众点评切入婚庆市场有天然的优势：点评机制、在本地生活餐饮领域的成功经验以及背靠腾讯这棵大树，相信在不久美团网等对手也会相继进入婚庆领域。

模式三：预定平台

典型的玩家有：到喜啦和喜事网，到喜啦婚宴网是一家垂直婚宴、喜宴预订的电子商务平台，成立于2010年5月，创办于上海。到喜啦通过线上信息结合线下服务的O2O模式，帮用户便捷地寻找和选择婚宴酒店、婚纱用品、婚庆用品、婚纱礼服等婚庆服务。

模式四：“一站式”采购平台

典型玩家为：591结婚网，这类平台就是类似线下的中国婚博会。591结婚网是全国新人都信赖的一站式结婚采购平台，2005年9月成立于上海，服务范围包括婚纱摄影、婚纱礼服、婚庆公司、婚戒首饰、婚车租赁、婚宴酒店预订、结婚用品等，提供最新的婚纱摄影潮流、高端个性婚庆策划公司、精品婚纱礼服、热门婚宴酒店、时尚婚戒首饰，以及最优惠、最全面的婚车租赁服务等信息。

模式五：媒体资讯平台

典型玩家为：爱结婚、爱结网，2010年1月成立于北京，是全球婚尚资讯领袖品牌The Knot的中国分部。据不明来源数据，美国80%的新娘都通过The Knot实现自己的完美婚礼。

模式六：案例分享、个性定制平台

典型的玩家有：易结网和聚喜猫。易结网是一个关于定制婚礼的互动平台，这是提供给供应商（如策划师、摄影师、摄像师、花艺师、化妆师、灯光师等）直面客户的展示平台，同时也是提供给客户的直面各环节服务商的互动平台。

聚喜猫创办于江苏南京，于2014年1月正式上线，是一个C2B模式的结婚一站式服务平台，具体模式为：“DIY定制婚礼+C2B向商户方向招标+第三方支付”，如图2-1所示。

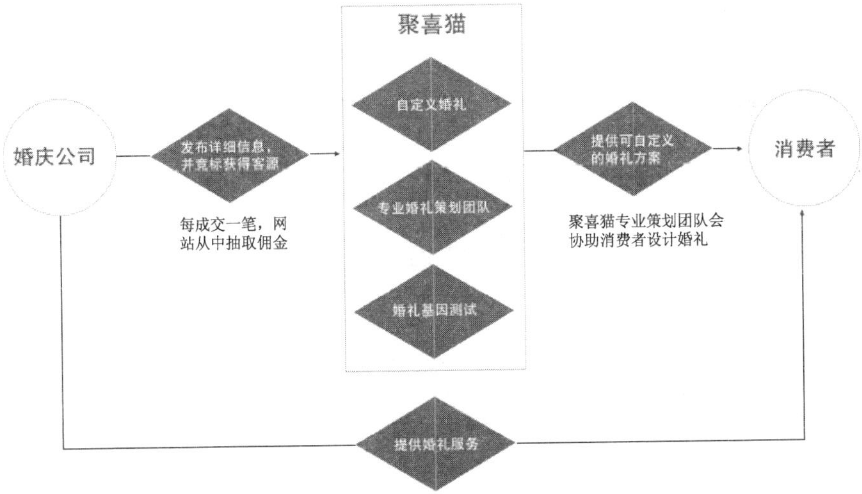

图2-1 聚喜猫流程图

资本抢食，市场迎来爆发期。尽管看起来困难重重，但婚庆O2O的前景十分被看好，其在垂直化和社交化方面有望取得突破。未来，线上互联网的人直接去做线下婚庆也是机会所在，线下部分婚庆企业有望借O2O成长为真正的强势品牌。婚庆这块肥肉将会引来更多创业者和资本，因此从业人员应当保持警惕的姿态，决不能掉以轻心，也应当适时敢于创新。

盈利客观，竞争加速行业洗牌。从实际情况来看，做婚庆O2O有可能更轻松实现盈利，行业里有部分玩家在闷声发大财；对于大平台来说，婚庆O2O会是典型的现金流业务。市场上有运营多年经验丰富的平台，也有新上线的平台。

婚庆行业的竞争愈加明显，每个平台都必须找到各自生存下去的方式，同时，随着玩家们的不断增多，激烈的市场竞争将加速婚庆行业洗牌。

2. 家居

除了婚庆外，家居O2O也在大行其道。家居市场是一个巨大的市场，城镇化的推进不仅加速了家居卖场业态发展，也促进了装修行业的大跃进。

我国家居产能已占据全球的25%，从2006年起，中国一直都是全球最大的家具出口国，而中国同样也是全球最大的消费市场，每年大约可以产生5 000亿元的家具消费能力。

大多都由无品牌的成品家具和手工打制为主，这无疑很难在产品质量上有所保证。一方面是庞大的市场规模，而另一方面却是混乱的市场，中国的家居市场走向了两个极端。

家居是一个严重线下和供应链的市场，品牌商在以前其实很难把触角伸到三四线的城市，但随着互联网的发展，O2O模式被广泛认可，却给品牌商创造了新的机会。

模式一：从线上到线下的标准一体化装修

房屋装修长期都是一个低频高额的行业，消费者一般很少使用这项服务，一旦使用金额却不低。但装修行业市场又相对来说比较混乱，市场竞争比较激烈，客户往往对装修不是很了解，而很多装修公司又苦于找不到客户。

如何找到一个相对透明化的途径了解装修行业对消费者来说相当重要，这里盘点四家具有代表性的基于线上的装修公司。

极客美家：主打“云装修”概念的极客美家将家装三大块（设计、建材、施工）打散，再以标准化、模块化的方式呈现给用户，通过对整个流程、链条角色的充分拆解，尽可能地将每个环节都数字化，让用户按喜好完成最终的方案整合过程。

极客美家在服务流程设计上切断了各个角色之间的议价，建材是由第三方电商提供的，设计师负责设计，施工队负责装修。因为大部分的沟通设计工作都能够在线上完成，这在一定程度上让用户可以随时关注施工进度，从而降低装修的成本，如图2-2所示。

图2-2　极客美家官网

土巴兔装修网：2009年6月首次发布上线，土巴兔装修网首创装修保服务，装修业主通过土巴兔可以找到合适的装修公司并获得免费的验房、装修报价、设计方案和监理上门服务。

作为一个集业主、设计师、装修公司、商家于一体的一站式装修平台，土巴兔主要连接业主和装修公司两端，采用对业主免费，向有需求的服务商收取广告及推介费的收费模式。

在交易过程中土巴兔积累了覆盖中国绝大多数小区楼盘的户型设计方案及3D虚拟样板间，以及大量的基于真实交易的装修公司评论及经验数据。

X团装修网：成立于2008年3月，X团装修网是一个一站式装修服务网站，先从建材的团购入手，通过一个网络平台实现信息的高度匹配和对称、实现质量保障和供应链环节的扁平化。逐渐形成从设计到交易再到施工担保的交易闭环，通过消费者控制设计师和施工环节的打分，将原有的供应链中多余的利益水分挤出。

土拨鼠网：作为一个第三方平台，土拨鼠希望通过打造信誉整合资源，实现装修行业的信息对等和信誉保证。

在传统网站的基础上，土拨鼠针对家装业主设立了订单区，业主可以将自己的装修期望和预算通过土拨鼠发布，会员装修公司则根据业主需要，设计装修图和装修方案，业主通过对比选择，寻找自己满意的装修公司，直接和装修公司洽谈，如图2-3所示。

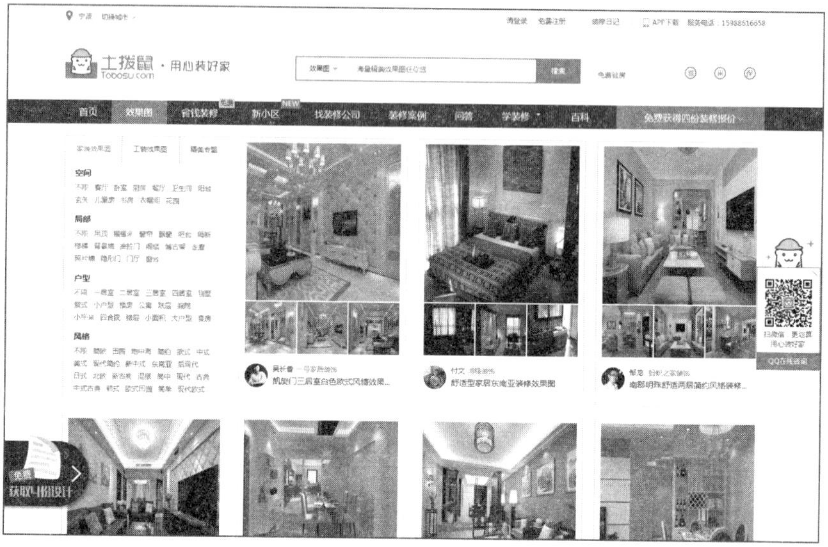

图2-3 土拨鼠PC网站

模式二：市场规模庞大的个性化定制

成品家具行业跟服装行业极其相似，都是高库存行业。企业往往根据之前的销售业绩和对未来的消费趋势预判来组织供应链先进行产品生产，这使得企业需要承担巨大的采购、仓储、库存等成本。

市场环境一旦变差，这种模式的盲目性就暴露无遗。而定制家具的模式由于其标准化的服务，通过在供应链的制造、分销、传播等各环节，实现消费者个性化需求满足和规模化生产，却可以在一定程度上很好地解决这种困境。

这里列举三家有代表性的定制家具企业，供大家参考。美乐乐因为可以实现规模化的批量生产，所以也被归到这一类里。

丽维家：创建于2009年，位于成都丽维家的前身是倍安心商城。2012年转型为丽维家，专注于定制家具O2O平台。作为一个定位于中高端的家具品牌，个性定制是丽维家的一大亮点，而其产品品质则具体体现在生产环节，不仅有顶级设计师与工艺结构专家的加盟，也在于对环保的重视。

丽维家希望通过线上商场这样的入口，引导用户到自己的体验中心来体验，并由线下的服务团队完成定制家具的设计和配送安装。

尚品宅配：被誉为C2B模式的中国样本，即通过设计软件为消费者提供免费的设计方案，再利用这个平台向消费者销售个性化定制家具。

作为一家提供板式家具定制的企业，它提供的不是单品，而是整体的家居解决方案，它可以快速和消费者沟通，并制订设计方案。在前端，通过建立“元产品”库、让设计师提供专业服务等方式，尚品宅配可以让消费者像“试衣服”一样挑选家具，从而快速制订设计方案，如图2-4所示。

图2-4　尚品宅配官网-新居网

在后端，为实现定制产品的大规模生产，并解决成本问题，尚品宅配对生产线进行了信息化改造。基于网络，尚品宅配将分散的个性化需求汇聚成大订单，通过圆方家具设计系统、网上订单管理系统、条形码应用系统、混合排产及生产过程系统，最终形成大规模定制化生产能力。

美乐乐：这是一家家具垂直电商，在网上销售卧室、客厅、厨房里的大件家具产品。线上销售+线下实体店的商业模式，带来生产端和销售终端的成本低廉化，美乐乐主要帮助外贸家具代工厂解决了三大问题：一是生产什么产品；二是生产多少；三是什么时间生产。

美乐乐基本靠官网把全国的需求集中在少数几个款式上，每一款产品每个月的销售量基本上在几百张，最好的产品能卖到上千。这样使得工厂可以实现批量化生产。

由于生产成本的节约，产品的出厂价一般都要比内销企业便宜百分之几十，再加上运输成本较低，以及店面开设在比较偏僻的地方，从生产到运输再到零售，整个链条算下来，同款产品的成本大概是不到大卖场的1/4，如图2-5所示。

图2-5　美乐乐PC网站

模式三：轻模式的纯线上特色家居

随着大规模制造的障碍消失，家居市场走向线上标准化已经成为一个不可逆转的趋势。但家居产品对客户而言，适用性非常重要。尺寸、材质、颜色、舒适度等因素往往要客户的实际体验。

体验和个性化仍然是当下需要解决的痛点所在，纯粹的家居企业目前还离不开传统渠道，线下体验店仍然是家居电商必须的配置。这里列举两家较有特色的家居O2O企业，它们有一个共同点，即没有线下店。

漫生活：成立于2014年1月的漫生活是一家专注于家具景致用品市场O2O预售模式的网站，漫生活的建立是希望能在赚钱之外找到一种充满乐趣的生活。

作为第三方O2O社区平台的漫生活，在国内家居市场竞争如火如茶的阶段，借着软装的成长趋势，漫生活以景致家居切入，聚焦于健康、风水、隐喻等解决方案。

其业务板块主要分为三大块，漫家以闺蜜圈子为主，是精致小巧的智能家居，包括暖灯、蜡烛、绿植、花艺等；漫游是用于亲子旅游途上的生活小物品；而漫品，则是一个全新的原创概念：DIY制作。

酷漫居：这是一家典型的“轻公司”，在上游生产环节，并没有自己的生产基地，主要采取OEM方式。酷漫居扮演的角色不是制造商，也不是简单的零售商，而是一个动漫文化、动漫品牌、创意设计和生活方式的品牌运营商。

在销售模式上，酷漫居采取的是O2O模式，通过互联网加线下体验店的销售渠道，互联网做品牌、订单，实体店的功能是体验。用户在线个性化DIY家具设计，比如，把家庭照片、孩子和米奇玩游戏等印在家具上，还能在线下体验店完成购买、设计安装等增值服务，如图2-6所示。

图2-6　酷漫居PC网站

2.2.3　生鲜电商的陷阱

在人们于“吃”越来越讲究的时代，对“鲜”生活的追求亦越发极致。生鲜类O2O便有了异于传统电商模式的发展空间。优菜网、本来生活网、顺丰优选等生鲜O2O迅速崛起。然而由于此类产品对鲜度、物流仓储、管理等要求更高，生鲜O2O也一度经历了从门庭若市到门可罗雀的大起大落。

现在各个城市的搭载互联网思维的水果店比比皆是，我们可以不去管他们到底是利用微商还是社区，总之2015年以水果、大米、鸡蛋、油、肉食品为主要服务内容的创业业态还将继续发展。唯一存在的问题就是体量问题，因为目前该行业仍处于碎片化的状态，想要出现一家大型的生鲜电商还真不容易。

随着O2O浪潮涌起，很多垂死挣扎的生鲜电商似乎看到了曙光，不管是大的小的，还是老的弱的，纷纷加码O2O，将其看成上岸的救生快船。O2O时代来势汹汹，但如果没有摸透生鲜电商的陷阱，汹涌的O2O浪潮非但救不了生鲜电商，反而可能将生鲜电商“拍死在沙滩上”。生鲜电商的陷阱有哪些呢？

1. 供应链陷阱

“巧妇难为无米之炊”，做生鲜电商，第一道坎就是产品的供应。很多对生鲜电商垂涎三尺的外行认为，只要解决了终端销售，供应链是水到渠成的事。在其他行业，这可能行得通。但在生鲜行业，这是一个很大的认识误区。

生鲜供应链非常复杂，生鲜的保鲜属性更是危机四伏，没有解决好上游供应链，做生鲜电商将会后患无穷。在供应链上，传统的生鲜电商常见的是采用买手制或自建农场。可是，这两种方式的缺陷都非常明显。

（1）**买手制缺陷：**到批发市场采购生鲜产品，或地毯式收购散户种植的生鲜产品，产品质量无法保障，产品没有差异化，价格更没有优势。

（2）**自建农场缺陷：**这种方式看起来自主权很大，实则管理难度大，投入成本高，产品单一，受环境污染、天气影响(雨灾、雪灾、旱灾、虫灾、台风)，质量无法把控，供应不稳定。

2. 开店陷阱

如果线下没有几家店落地，就不能称之为O2O。于是，生鲜电商们纷纷进入社区开设店面，希望借此解决最后一公里配送难题。

线下店作为O2O落地的标配，的确不可或缺，但盲目开店很有可能成为生鲜O2O的死穴。现在开门店租金高、人工成本高、管理难，为开店而开店对公司管理和成本控制来说是不可承受之重。眼下“关店潮”席卷百货业就是活生生的范例。

生鲜电商最大的阻力其实是消费者的消费习惯，只要消费者不改变亲临选购的习惯，生鲜电商就无法做大。但线下门店却扮演着阻碍这一市场教育的角色，而光顾门店的顾客又多是大妈大爷，他们买东西最热衷于砍价。

广州某家连锁生鲜店，每天晚上七八点所有商品打五六折，于是大叔大妈们其他时间不见踪影，专挑这个时间来买菜，还要砍价。面对这种情况，商家骑虎难下，只能一条路走到黑。

3. 配送陷阱

生鲜配送考验非常大，目前生鲜电商主要采用自建物流和第三方配送。自建物流配送能力有限，成本高，配送队伍难以管理，单量增加就会出现配送不及时，很难标准化、专业化。

第三方物流配送，基本以隔日、次日配送为主，经过一夜五六个配送站点周转，娇贵的生鲜破损、保鲜问题严重，用户的体验无从谈起，导致重复购买率非常低。同时，第三方物流配送成本更高，配送及包装物料成本占30%，逼着用户埋单，用户很不舒畅，结果只能是小众消费。

4. 价格陷阱

相比于超市、农贸市场，目前生鲜电商的产品价格都要高出很多，走不出蔬菜“逢好必贵”的怪圈。对于每天都要消费的生鲜食品，消费者除了对产品质量特别在意，对价格同样非常敏感。

但如果治不好供应链、损耗、物流配送等成本“硬伤”，生鲜电商降价空间非常有限，想要生存和盈利只能坚持高价，结果自然是消费者尝鲜过后转身离去。所以，生鲜电商不能靠高价来维持生存，而是要通过降价来赢得市场。

5. 会员卡陷阱

有的生鲜电商希望通过会员卡拴住顾客，所以走老套路的会员制。但只有高额折扣才能办卡，利润没有保障。顾客现在都很精明，一听办卡，就会怀疑你会不会卷款跑路，这增加了营销的难度。顾客一次买几千元的生鲜食品，一定是小众消费，企业很难做大。

2.2.4 生鲜电商的建议

生鲜市场是一块诱人的大蛋糕，望眼欲穿的大有人在，但想吃到这块蛋糕绝非易事。这几年，大批创业者满腔热情地涌入生鲜电商行业，但都一败涂地，幸免于难的少数生鲜电商表面看起来春光满面，实则黯然神伤，依然摆脱不了痼疾的困扰。

那么，集体拥抱O2O的生鲜电商，如何才能跳出诸多陷阱呢?有下面5种建议。

1. 大基地直供

在广州，田鲜可以说是家喻户晓，有口皆碑。消费者印象最深的是，田鲜的蔬菜都可以生吃。这与田鲜的供应链分不开。

在供应链上，田鲜与供港、出口基地合作。直供基地都是大农场、公司化、标准化运作，产品品质安全可靠。同时，大基地配备真空预冷机、冷库、冷冻车，设施齐全，在基地保鲜及运输保鲜环节牢牢把关，加工生产环节在0～10°无菌加工车间进行，终端配送点全部用封闭冰箱保存，不仅确保品质，损耗也得到有效控制，破解了生鲜电商居高不下的损耗难题。

而农贸市场、批发市场的生鲜来自普通农户种养、供应，品质良莠不齐，没有冷链设施，保鲜更无从谈起。

2. 配送中心取代零售店

线下门店租金等成本非常高，覆盖范围却只有500～1 000米，即使隔一条马路，顾客也不会过来消费。一个门店一天接待100个客户已经客满为患，接待能力非常有限，很快就会出现“天花板”。

面对这种情况，商家可以把小体量的门店撤并为大体量的配送点，不再提供门店选购服务，顾客只能通过线上下单，配送点配送，一个配送点覆盖5公里半径、10万户业主，实现真正意义上的生鲜O2O、互联网+，缩减线下成本，扩大盈利空间。

3. 采用众包物流抢单制

2015年3月，京东推出京东到家，全面进军O2O。为满足京东到家的配送需求，京东众包物流业务同时亮相。其上线三个月，就发展5万多个众包快递员，拓展到13个城市，速度惊人。

众包物流类似于滴滴打车的抢单制，效率非常高。比如，配送公司在一个配送点周围注册及布局3 000个兼职配送员，订单通过配送公司平台发送给这3 000个配送人员，就近抢单，可以最快1分钟到达配送点，10分钟送到客户手里。

4. 直达供应链上游

蔬菜从“菜园子”到“菜篮子”，一般要经过菜农、产地收购批发商、长途运输户、中转地批发商、销地批发商、摊贩等多个中间环节，才能到消费者手中，每个批发环节少则加价5%～10%，零售环节加价甚至要翻番。一旦遇上供应不稳定，加价更是惊人，从而导致出售价格颇高。

小米以其高性价比满足了大众的需要，三年成为全球第三、中国第一手机厂商。生鲜电商可以像小米一样，与上游供应链直接合作，去除所有中间环节，生鲜食品从菜园子直达消费者的菜篮子，价格下调空间很大，可以做到比大型超市生鲜的价格还便宜。这让它可以像小米手机一样，跳出逢好必贵的怪圈，飞进寻常百姓家。

5. 即时动态消费，争取最佳体验

众所周知，生鲜电商的用户体验一直深受诟病。例如，著名作家六六微博炮轰京东，称在京东订购的新鲜山竹，收到的时候烂成了垃圾。其实这不是京东一家的问题，而是生鲜电商一直悬而未决的“集体病”。

生鲜电商商家要解决用户最关心的三大痛点，即食品安全、价格高、购买不便，要像滴滴打车一样，形成即时消费、动态消费，吃多少买多少，1小时内配送到家。用户买到的生鲜食品确保都是新鲜的，不用跑去乱哄哄的菜市场，更不用到超市买“剩菜”。这种即时消费、动态消费，

将会彻底颠覆传统的生鲜渠道，给用户带来最佳的体验。

2.2.5 快餐外卖如火如荼

从打车App到干洗，从家政到美甲应用、保健，再到外卖平台，这些常常见诸报端的O2O应用正在让随叫随到的即时服务变为现实。在腾讯和阿里大战中名噪一时的打车应用之后，外卖应用成为最火爆的O2O行业。单减8元、满20元立减10元、免配送费、免费喝饮料……这一两年，外卖网站之间的各种大战如火如荼，乐坏了不少宅男宅女，也炒热了整个行业。

随着BAT、小米、美团和点评纷纷加入战局之后，被资本加码的外卖行业大有井喷之势，大家都想方设法地利用各种手段来连接用餐者与餐饮商家，“百卖大战”的苗头仿佛回到前几年的“千团大战”前夜。

中国电子商务研究中心监测数据也显示，2013年中国餐饮行业O2O市场规模达到623亿元，相比2012年增长61.1%，预计到2015年中国餐饮O2O市场规模将达到1 200亿元左右。如果说几年前团购的兴起是餐饮O2O的第一个引爆点，那么，如今外卖订餐则是最被看好的餐饮O2O发展新领域。

资本之所以看好互联网在传统餐饮的前景，一方面是外卖的美好前景；另一方面，则是看好互联网将成为未来外卖市场的制高点，掌控了制高点，就能在未来的市场中抢分更多的市场蛋糕。

当前在线外卖O2O主要分为两类：一类是像到家美食会、易淘食等所谓的重模式，不但有自己的网上订餐平台，也组建自己的配送团队；另一类是像饿了么、淘点点、百度外卖等只搭建平台的轻模式，配送则大多由餐饮商户自行外卖，自己只做少部分配送工作。

2.3 团购网站的O2O落地化案例

纵观中国电商发展进程，淘宝、天猫、京东等传统电商大行其道，让广大年轻用户养成了足不出户网购的习惯。伴随综合性、专业性电商竞争白热化，互联网精英的注意力逐渐从商品领域延伸到本地生活服务类，通过长期的用户培养和商家意识的培育，O2O模式在行业应用正得到广泛的普及。

从窝窝到美团、大众点评、拉手、糯米、满座等以团购为主营业务的团购网站，也都纷纷开启“去团购化”转型，从“千团大战”到转型O2O生活服务消费平台，在O2O市场攻城略地的过程中，团购网站是如何进行运作的呢？

2.3.1　Groupon明确转型，拥抱O2O

美国团购网站Groupon在2015年2月发布了该公司截至2014年12月31日的“2014财年第四季度及全年财报”。报告显示，Groupon第四季度营收达到9.254亿美元，比去年同期的7.684亿美元增长了20%；归属于普通股股东的净利润为880万美元，与上年同期归属于普通股股东的净亏损8 125万美元相比大有好转。

对于团购鼻祖Groupon来说，这是它上市以来，第一个“好消息”，也成为唱衰Groupon风浪中，一支救命稻草式的强心针，支撑起它不断变脸的信心。毕竟，一度Groupon 的市场估价和刚上市时相比，曾下降了将近 82%。

2011年11月4日，Groupon成功上市，当天股价开盘即报28美元，比20美元的发行价上涨了40%，市值高达176亿美元，交易首日收盘时，其市值已经超过了230亿美元。一举成为IPO 规模仅次于谷歌的互联网公司，如图2-7所示。

2012年6月，该公司的市值已经低于谷歌的收购要约价。在上市一年后，公司市值缩水81%。之后，颓势不减，甚至曾一度低至约5.3亿美元。虽然之后曾有大幅上升的势头，但到了2014年，因前三季财报异常惨烈，股价再次顺势下滑，市值蒸发3/4。

过山车式的行情，从根本上还是在其模式之困，转型成为一个必选项。Groupon背后的金主莱夫科夫斯基决定亲自披挂上阵，并表示“希望Groupon成为一家帮助零售店清仓的大型折扣卖场。”成为本地化的亚马逊或eBay。

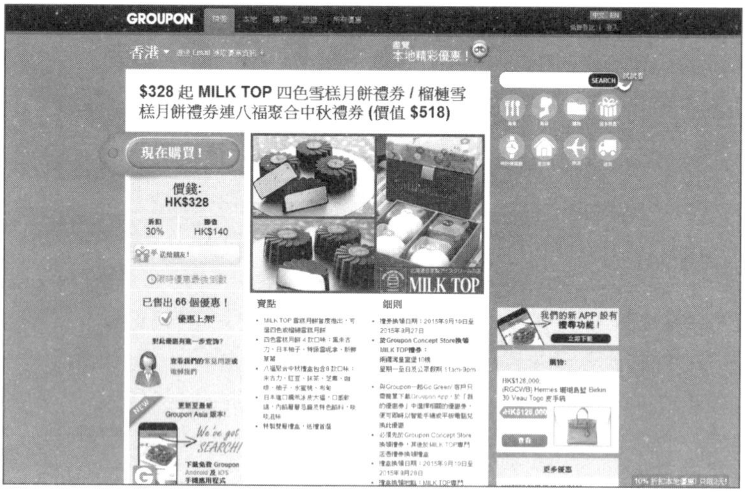

图2-7　Groupon香港网站

其实这种转型，在2011年Groupon上市前就已经开始。其悄然涉足实物商品打折销售，开始贩卖几乎一切商品。不过这些商品并非来自线下小店。而在莱夫科夫斯基上任后，这种转型变得更为猛烈，团购已经不再是Groupon的核心标签。

放弃团购，源自团购自身的局限。从理念上，Groupon认为商家第一、消费者第二，在商家身上获取价值，毛利率高达40%。在实践这一理念的过程中，Groupon并未对商户类型做严格限制，只要符合Groupon极端低价的需求，可以吸引用户达到成单数量，就可以上线。

“在很大程度上，这种近乎逼迫商家亏本销售的方式使得团购沦为一个广告促销活动，而非一个真正意义上的销售平台。”业内人士指出：“Groupon初期，每天只推出一款折扣产品、每人每天限拍一次的策略，与其说是饥饿营销，不如说是能达到条件的商家太少。”

优势在于在偏小众的平台和有限的城市上运营，Groupon能够支撑，然后在上市前后，有资金的Groupon进入了疯狂扩张阶段，急速在全球扩张了500多个城市，问题开始显现。不仅一日一团的精品化模式难以为继，而且因为扩张需求，不得不雇佣大量线下地推团队开展本地业务，急速加大了公司成本。

2014年11月，Groupon推出了自己的移动应用Snap。该应用可向用户提供特定的商品列表，用户只要在规定限期内购买这些商品，拍下并上传购买小票，便可以获得现金返回。Groupon还在北美地区加大了实物交易业务的比重，在肯塔基州设置了大型的自营分拨中心，并且与苹果Apple Pay合作，通过新的支付方式改善消费者的购物体验。

同月，其还推出了一个针对旅游服务的独立移动应用程序Getaways，除了在Groupon上拥有的旅游服务外，还新增了一些功能，包括用户能够选择不同主题的旅游产品(海滩游、家庭游、境外游等)、一系列折扣高达60%的独家促销旅游产品，如图2-8所示。

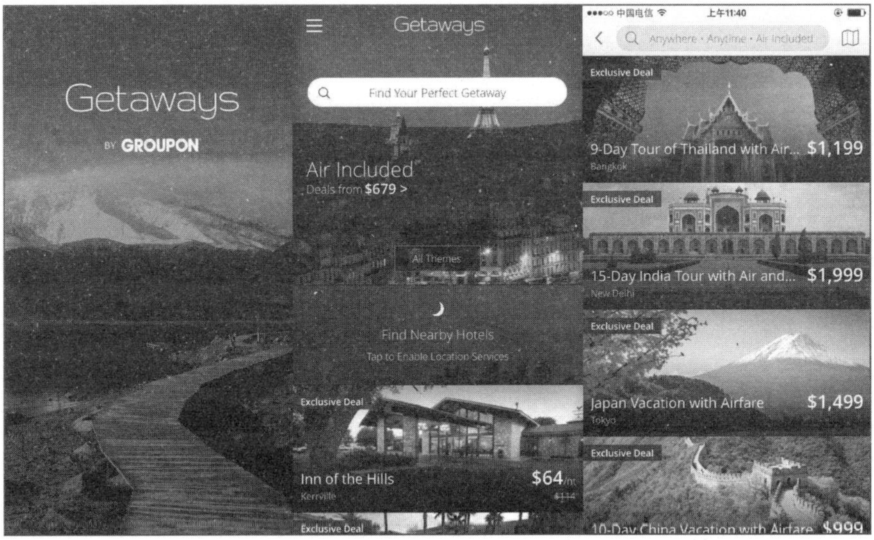

图2-8　Getaways应用手机页面

12月，Groupon将业务从线上发展到线下，试水在悉尼市区建起临时商店，顾客可以亲临店面选购并立即拿到货物，更可以在网上预订，到店面提货。这一方面避开年末的快递高峰期，更能保证在平安夜到来前将礼物送到。

第四季财报说明，这些改变有效果，上市即亏损的Groupon终于开始盈利了。在Groupon看来，转型成功了，只是看来并不像传统电商，而是一个有着电商、团购双重基因的“怪胎”，这种模式还有一个名字——O2O。目前，Groupon的实物销售业务收入约占公司营收的40%。因为转型，所以盈利。

2015年7月，Groupon收购了外卖O2O创业公司Order Up，并宣布上线了自己的外卖O2O服务：Groupon To Go。目前该服务在芝加哥运行，并且还将会扩张到其他城市。

2.3.2 美团：积极拓展单线业务

从定义上来看，团购严格来说也是O2O的商业模式之一。在4年多的厮杀中，美团脱颖而出，成为千团大战后的胜利者，与大众点评和窝窝团成为团购行业的前三强。尽管不少媒体和投资业人士认为团购行业的前景很好，不争的事实就是，市场份额占据绝对优势的美团，却很难实现盈利，如图2-9所示。

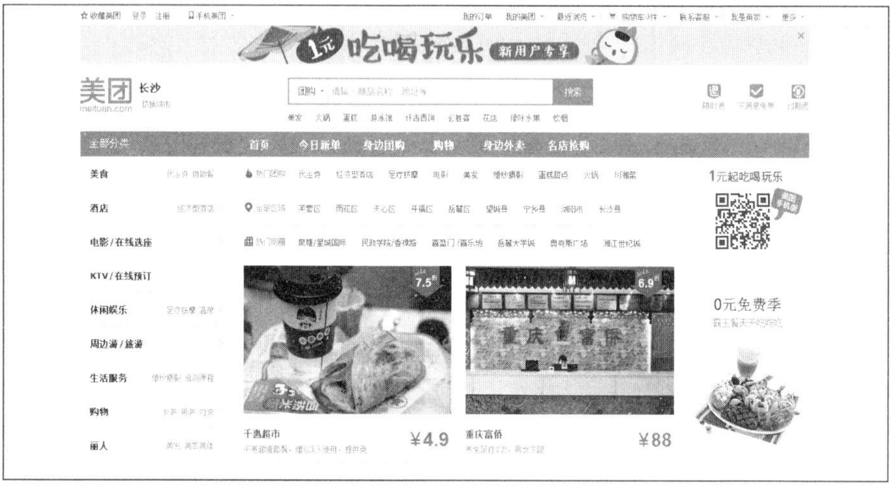

图2-9 美团PC网站

2014年以来，虽然团购市场仍然暗流涌动，点评获得腾讯投资，百度全资收购糯米，这两大事件让团购市场的格局出现了新的可能，但经过一年时间的竞争，团购市场格局整体已经较为平稳。但近期美团又开始风波不断，而引发这些风波的起因恰是从美团的业务线扩张。

事实已经表明，美团的市场份额很难再出现更大的提升，所以当务之急已不是再去与其他竞争品牌争夺团购份额，而是要将“强势”业务和“潜力”业务做得更强。所以美团此前将强势的电影业务独立出来做成猫眼电影，并取得了可观的成绩，而近期又将重金砸向极具“潜力”的外卖业务。

此前，美团宣称酒店业务已成业内第一也引起过不小的风波，众多OTA企业对此不满。如今美团正在招聘旅游业人才，暗中拓展旅游业务，看来是打算正式参战OTA市场竞争。

继58同城、赶集网合力拓展O2O业务后，美团也推出上门服务开放平台，开始接入上门服务提供商。美团的上门服务开放平台接入了家政、美业、汽车洗护等品类上门服务提供商。在美团网最新版的移动客户端，已经增加“上门”一级频道入口。目前美团网“上门”服务已覆盖北京、上海、广州、武汉、成都、杭州等城市，合作伙伴包括嘟嘟美甲、e家洁、云家政、赶集易洗车等，如图2-10所示。

图2-10　美团APP上门服务

美团已经在悄悄地淡化团购业务，从猫眼电影，到美团酒店，以及最近如火如荼的外卖业务，业务版图的扩张，将美团O2O的野心表露无遗。随着2015年7月1日的架构调整，O2O将成为美团核心业务的战略规划已经清晰浮出水面。

从电影到外卖，再到OTA，美团正依托团购来孵化其他垂直业务，而各项垂直业务的崛起将反过来稀释美团的团购属性。美团在用实际行动来褪去团购外衣。当团购概念已失去舆论和资本的宠幸时，美团去团购化的进度就必须要提速，“去团购化”是美团上市前的必修课。

在美团网上门服务开放平台中，美团网承担流量入口的角色，与上门服务提供商进行系统对接，用户在美团网进行决策与交易。用户在美团网提交订单后，上门服务商在线下为用户提供服务。美团网暂不向服务提供商收取佣金及手续费。

今年应该是美团网重点建平台、建生态的一年。不同的产品、不同的业务需要平台，还需要跟外部合作伙伴有各种各样的合作方式。上门服务开放平台的推出或意味着美团网这一布局的逐步落地。

美团网通过建平台来做上门服务O2O是在其团购基因的基础上做的。此前，美团网在电影、酒店、外卖等各个垂直领域也都是做平台，而服务的提供者均是第三方企业。

O2O行业涉及的范围很大，无论是垂直企业还是平台企业，并不是靠一己之力就能做好的。目前垂直O2O涉及的项目非常多，很难都去顾及。顺应生活服务发展的趋势，美团网通过平台方式引入垂直企业，有利于发挥自身用户流量优势，同时补全其在垂直业务多样性方面的短板。根据美团网官方统计数据显示，2014年美团网全年交易额为460亿元，用户量已超过2亿。

2.3.3 窝窝商城：服务业的天猫

团购鼻祖Groupon因抵不住持续加大的亏损，终于另谋出路开始转型为电商网站，希望成为一个消费者驱动的电子商务平台。然而在国内，2012年，位居团购业前三的窝窝团就开始转型商城模式，成为生活服务电商平台。目前窝窝内团已升级了业务，帮助商户进行移动电子商务，为商家提供了自主销售、灵活动销、用户管理的一站式平台，如图2-11所示。

2010年，中国互联网引入Groupon的团购模式一度疯狂增长，最多时有5 000家团购网站。窝窝团率先创新一城多单、一单多日的形式，一度交易额攀升行业第一。然而，团购不是完整的商业模式，注定将成为电商的标配。

2012年年初，当团购行业还在"红海"中以负毛利、预付款抢夺商户资源肆意竞争时，窝窝团却推出了商城模式，帮助传统的生活服务商户在网上开设品牌专卖店，让商户把线下门店延伸到网络上，将店内的各种服务，包括团购、卡券、限时售卖、特色菜等展示在专卖店里进行直销和促销。商家可以自主定价、自主销售、长期在线售卖，简单来说就是天猫模式。目前窝窝有近60%的收入来自平台使用费。

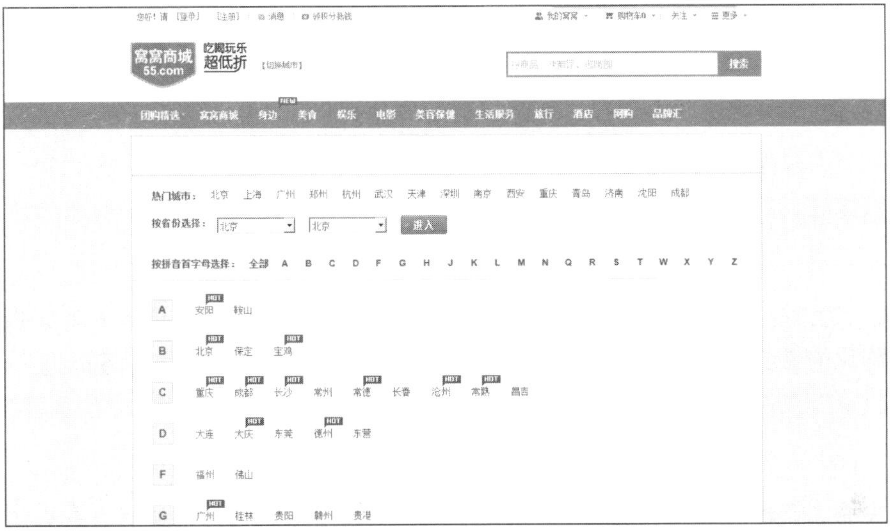

图2-11　窝窝商城PC网站

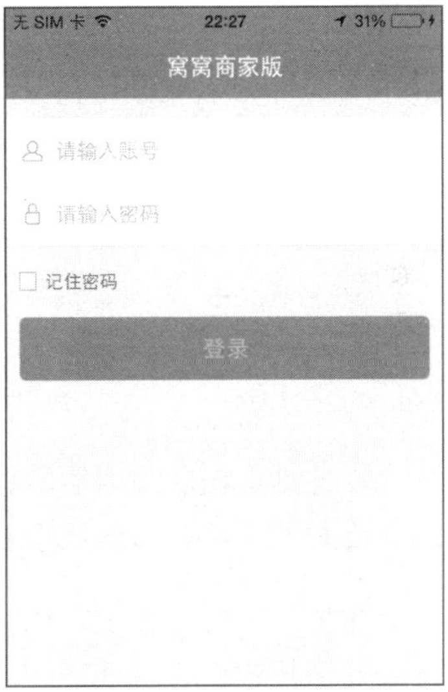

图2-12　窝窝商城商家版APP

生活服务业本地化，非标准化、消费及时性等特点，使生活服务电商比天猫这样的实物类电商更加复杂，移动化特点也更加明显。几年来，窝窝移动端交易额不断加大，目前其已有近70%的用户订单来自移动端。

2014年7月，窝窝升级了自己的服务，除了在窝窝平台（PC及移动端）帮助商户开品牌专卖店，进一步帮助商户建立自有的移动店铺客户端，还打通微信、百度直达号等第三方平台，让商家一键式管理后台，多平台内容同步，与用户直接联系，实现网上销售，灵活促销、提升回头客，如图2-12所示。

消费者的日常生活消费大多发生在家及工作地附近，会经常到一些固定场所去消费，重复消费频次高。有了窝窝提供的服务，商户不仅可以将互联网上各个主流入口的用户汇聚到自己的线下店中去消费，然后用移动店铺客户端将频次高的用户转化为会员，通过促销活动、新品上市、用户关怀等信息不断激活用户、黏住用户、刺激重复购买、与同行竞争。

在越来越多的用户依赖手机生活的当下，商户通过多条线上渠道向线下聚流，又从线下向线上导流，形成了一个正向O2O到反向O2O的良性循环，真正实现帮助商户拉来新用户、提升回头客的双重作用。

这种移动电商服务让许多生活服务商户非常乐于接受。目前，新辣道、俏江南、佐登妮等商户已升级自己的服务，更吸引了众多新商户合作尝试移动营销。对于电商化程度不高的商户，窝窝提供全面培训和专家指导。

同时又让消费者的体验获得较大提升，消费者不仅享受价廉物美、多样化的服务，还可线下支付。对于用户来说，在商品丰富度、服务质量、付款方式还是与商户沟通的及时和方便性方面，都比团购优越很多。

中国的生活服务商家IT化的程度一直较低，为了加速商户的电商化。窝窝正在开发本地商家基于智能手机开店和维护的在线直销系统，实现让商户在手机上管理自己的网上店铺。

"未来让本地中小商家可以像大型航空公司一样通过动态调整机票的折扣来出售剩余舱位，灵活、实时促销"，徐茂栋对该产品充满期待。随着商户电商化提高，窝窝平台上商户的数量和产品将会极大的丰富，从而将吸引更多的用户关注。

据统计，至2015年3月，中国移动互联网用户数突破了8.5亿，正在掀起一股O2O的创业大潮。中国的生活服务市场巨大，仅餐饮业每年都有2.5万亿的市场，这些交易就像实物类商品一样，正在从线下往线上转移。

然而要实现从线下驱动线上的本地生活商家直销模式，需要很强大的线下资源整合能力，这是很多互联网公司的短板，却是窝窝的优势。

目前，窝窝商城在140多个城市有线下团队帮助商户服务，有近4 000万的注册用户，30万家合作商户。全国有大约5 000万中小商家，未来生活服务电商的发展潜力很大。

2.3.4 大众点评二次创业，回归"主场"

1. 业内无敌

在谈论大众点评转型之前，先来了解一下大众点评的7年发展经历。在这7年时间里，大众点评的发展不算太快，但是业务却非常扎实，通过用户点评，积累了大量国内线下商家的数据信息。这种发展模式也让大家习惯把大众点评称为是一家“慢公司”——这原本是一个褒义词，意思是大众点评在风起云涌的互联网界显得不愠不火但也发展得有滋有味，但后来发展过慢却成为人们对大众点评最大的质疑之一。

2003年4月，大众点评在上海成立。现在的负责人张涛刚从海外回国，作为一个美食爱好者，回到上海后希望发现更多本地餐厅。当他去过了所有朋友推荐的餐厅之后，于是就想出了建一个网站，添加餐厅点评。

在上海创立为大众点评打下了很好的基础。当时国内互联网并不发达，而上海作为全国经济中心，网民数量相对较多。更重要的是，大众点评针对的是本地商户，而上海人是出了名的喜欢消费，热爱美食，这些人成为大众点评的第一批种子用户。如果大众点评创建在三线城市，那是很难发展起来的。

最初大众点评只有上海一个城市，一年后才开设了北京和杭州两个分站，直到2005年和2006年才真正完成落地。可见大众点评最初发展得并不是很快，而是一个城市一个城市精耕细作。

尽管成立后大众点评很快获得了一批质量很高的用户，但是一开始张涛并没有想清楚大众点评的商业模式，很长一段时间里大众点评都没有任何收入。当时大众点评网站都由张涛一个人维护。但由于当时并没有什么竞争对手，大众点评的发展还比较顺利。

2005年，大众点评开始商业化尝试，第一个产品是会员卡。通过和线下商家合作，持大众点评会员卡的消费者能获得一定优惠。但会员卡业务发展得并不是很好，虽然积累了一定的发行量，但效果并不明显。

在当时，人们已经有太多的会员卡，大众点评只能成为其中之一，对消费者并没有足够大的吸引力。而商家和大众点评会员卡对接也是一个很麻烦的事情。在移动互联网时代，通过手机客户端就能很好的替代会员卡功能。

2006年，大众点评获得了第一笔融资，投资方为红杉资本。外界估计此次投资金额在100万美元左右。当时大众点评已经成为上海相当知名的一个本地网站，并且开始向全国其他城市拓展。

同年5月，大众点评在杭州设立分支机构，这是在上海和北京之后，大众点评落地的第三个城市。而同在杭州的口碑网成了大众点评的劲敌。

口碑网于2004年6月在杭州创立，比大众点评晚了一年多，其业务模式和大众点评非常相似。

2006年10月，口碑网获得阿里巴巴投资，也成为大众点评最大的竞争对手。在获得阿里巴巴投资后，口碑网展开了一系列针对大众点评的活动，在吸引大众点评用户转投口碑网的同时，还将大众点评网的用户评论照搬至自己网站。在杭州设立分支机构是对口碑网挑战的直接回应。

虽然从公司体量上来说大众点评不如有阿里巴巴支持的口碑网，但是大众点评的用户质量很高，用户黏性强于口碑网，用户的支持帮助大众点评抵挡住了口碑网的竞争。同时大众点评也通过法律手段将口碑网告上了法庭。2008年，口碑网和雅虎中国整合成立雅虎口碑，但也未能对大众点评形成真正的挑战。

口碑网是大众点评前7年遇到的最强竞争对手。2008年之后，大众点评在商户查找和点评领域就没有再遇到过真正的挑战者，虽然爱帮网、饭桶网等也都涉足到类似业务，但对大众点评并没有多大的威胁。

虽然没有了竞争对手，但大众点评的发展仍然保持着较慢的节奏。到2010年6月推出团购业务之前，大众点评仅在全球6个城市设立了分支机构，分别是上海、北京、杭州、南京、广州和深圳。在这期间，大众点评在2006年10月推出了关键词广告业务，这项业务最终让大众点评在进入团购之前实现盈利。随后，在2007年大众点评获得来自谷歌的第二轮融资。

大众点评7年的发展波澜不惊，业务拓展得很慢但也很稳健，完全可以上市。但2010年由于看到了团购和移动互联网的机会，觉得可以将公司做到更大再上市。然而在将公司做到更大的同时，却遇到了更大的困难。

由于之前在没有太多竞争的环境中成长，进入移动互联网和本地生活服务之后，行业竞争的激烈程度已经远远超出想象，几乎所有互联网公司都看到了这个机会，竞争者里有创业公司也不乏互联网巨头。激烈的竞争和快速的发展节奏让大众点评措手不及。

2. 百亿级公司的野心

2010年，大众点评开始往移动互联网转型，其中大众点评业务上发生的最大变化就是从过去的广告业务，开始涉足团购等本地生活服务。由于大众点评通过多年的积累，已经拥有大量商家信息，因此被外界认为是最适合做本地生活服务的公司。2011年4月，大众点评获得1亿美元融资，开始“二次创业”。

在大众点评进入移动互联网和本地生活服务的时候，摆在这家公司面前的是无限大的机会。作为国内拥有大量线下商家数据的公司，同时大众点评也是国内少有的有线下经验的互联网公司。这种基因使得大众点评被认为是适合做团购的公司。

2010年6月，大众点评正式推出团购业务。这比美团、拉手等竞争对手慢了3个月。在大众点评推出团购业务的时候，国内已经出现了一批团购公司，“千团大战”的引子已经点燃。虽然如此，但当时国内团购行业仍然处在早期，所以大众点评不能算抢得先机但也没有落后。

团购只是业务的表现形式。在团购背后的其实是本省生活服务，是移动互联网打通线上线下的机会。对于国内互联网公司来说，最缺的是线下团队和经验，而这正是大众点评的优势所在。基于这一点，开始有媒体将大众点评定义为下一个百亿市值的公司。

几乎在推出团购业务的同时，大众点评在其移动客户端上推出了签到功能——这是来自美国Foursquare的一个功能借鉴，用户可以在Foursquare中的某个地点签到并留下评论，同时也可以通过Foursquare寻找附近的商户。

在中国，人们普遍认为大众点评是最适合做签到应用的公司，因为大众点评拥有最多的线下商户信息。但是大众点评的签到并没有成为一个杀手级功能，因为签到所提供的数据信息较为有限，很难对其他消费者产生价值。

签到是轻量级的点评，而大众点评的核心是更有效的点评，而非简单的签到。所以后来大众点评也渐渐淡化并放弃了签到功能。相比本地生活服务，签到只是很小的一个功能。真正能让大众点评释放出百亿市值的，是本地生活服务和开放平台。

本地生活服务以团购为核心，大众点评的优势在于和商家打交道的经验以及人们本来就习惯在大众点评上寻找餐饮等本地生活服务的用户习惯；而开放平台是指大众点评开放自己的网站上的商户信息，让其他公司或者开发者利用这些数据信息创造价值，大众点评本身成为一个平台。

在2010年至2011年，“开放平台”是最火的互联网概念之一，许多互联网公司都想做平台。3Q大战之后腾讯宣布将开放平台，和产业合作伙伴共赢。但是在线上对接线下方面，拥有大量数据的大众点评被认为是最有机会做成平台型公司。

由于大众点评集移动互联网、团购、本身生活服务平台这些概念于一身， 2011年4月，大众点评获得了来自挚信资本、红杉资本、启明创投、光速创投的1亿美元融资。大众点评一下子成为备受瞩目的明星公司，成为人们眼中的下一家百亿市值公司。

3. 激烈竞争

然而不到一年，大众点评就从明星公司开始变成了广受媒体质疑的公司。其中具有标志性意义的时间节点分别为大众点评的第三和第四轮融资。

2011年4月，大众点评宣布获得1亿美元融资。当时大众点评气势正盛，投资者的背书也让媒体更加看好这家公司。但仅一年多以后，2012年8月，大众点评又宣布以不低于上轮融资时的估值获得来自现有投资者的6 400万美元融资。两次融资间隔之短，让外界普遍认为大众点评的资金链出现了问题。

从团购业务的展开来说，大众点评的进展有点慢。“千团大战”的局势让团购成为一个非常烧钱的行业，而且几乎所有具备一定实力的团购网站都在拼命拓展市场攫取市场份额。到2011年年底，美团、拉手、窝窝团等团购网站都进入了上百个城市，而大众点评进入的城市不足30个。这让大众点评错过了很多机会。

在团购网站中，最为激进的是拉手网和窝窝团，同时它们也是打广告最厉害的两家，都在线下铺开了大量的广告。和这两家相反的是美团，美团没有做线下广告，把几乎所有广告费用都投入了线上。

大众点评的策略并不明确，大众点评在线下有广告投入，但却不如拉手网和窝窝团做得有决心，在线上的广告也不如美团做得那么多。大众点评的这种广告策略让人们对其团购业务形成深刻的印象。

虽然张涛强调大众点评是唯一能为商家做整体营销服务的团购网站，即商户新店开张或者持续运营阶段都能使用到大众点评的服务（分别为团购和关键词广告），但对于很多小商户来说，他们并不需要持续的服务。由于团购还处在粗放发展阶段，能不能拿下单子，很多时候要靠业务员的个人能力以及是否会给商户部分补贴。

在这种情况下，快速已经成为了公司运转的第一要务。但过去大众点评的发展节奏很可能不适应团购，可以说大众点评过去形成的习惯和经验在面临新问题时变成了包袱。而新兴的创业公司则没有过去包袱的拖累，可以很好地适应团购的节奏。

从团购规模上来说，大众点评在很长一段时间里都落后于美团、拉手和窝窝团，虽然这些公司有的发展也不是很健康，但这仍然让大众怀疑大众点评的真实实力。不过在2012年下半年到2013年，随着拉手和窝窝团纷纷出现问题，大众点评在团购市场份额上已经跃居第二位，仅落后于美团。

在团购之外，大众点评在餐厅查找和点评上也遇到了新的来自移动互联网的竞争对手，其中包括食神摇摇、饭本等。由于移动互联网能产生大量的数据，因此这些公司在一些细分领域让拥有多年积累的大众点评感受到了阵阵凉意。

另外，大众点评在2013年又成为各种收购传闻的主角，其中传闻最多的是将要被百度收购。一家被外界看作百亿市值的明星公司，沦落到收购传闻的主角，这也折射出外界对大众点评的态度发生的变化。

4. 二次创业，成功转型

2014年，大众点评提出变革和提速，变革是指大众点评对业务的改革，提速则意味着2014年大众点评将加快线下线上的拓展和融合。在提出变革的时候，大众点评已经确定将引入腾讯的战略投资。

事实上，在2013年下半年，大众点评一步步重新得到了外界的认可。一方面，在团购进入“剩者为王”的时代后，大众评点已经牢牢占据了行业第二的位置。但更重要的是，一家公司在经历过两年多的艰难却没有倒下，仍然能够在市场上占有一席之地，那么这家公司很可能将引来新生。

2013年下半年大众点评已经进入“创业绝望谷”的末期，已经看到了希望。而这是因为在过去两年大众点评经过了太多碰壁之后，完成内容和媒体公司转变为交易类型的公司调整。

张涛曾经表示一定会做平台，但是由于团购竞争激烈，直到2013年年初大众点评才正式发布自己的开放平台策略，并且仅仅做了非常有限的开放。

2013年夏天，大众点评深化了自己的开放平台，在原有的信息开放基础上增加了交易和用户开放，并且支持佣金分成，这让第三方开发者真正可以借助大众点评的平台来打造自己的产品。虽然现在大众点评的开放平台还在初期，但是未来很有可能有开发者能在这平台上做出有价值的产品。

在2013年的下半年，大众点评完成了事业部改革，成立信息平台事业部、交易平台（团购，会员卡、在线业务等）事业部、酒店旅游事业部、结婚事业部和预定事业部。

事业部的改革优化了大众点评的组织架构，明确了各部门的职责所在，大大压缩了决策流程，从而让公司能适应更快的发展变化。同时，也让大众点评进入团购业务之后第一次又从团购里解脱出来，设立独立事业部来做未来有大的机会的细分领域。

在团购方面，大众点评于2014年计划进入更多的城市。现在大众点评在团购上和美团的差距主要就在于大众点评在大量的三、四线城市没有业务，拓展更多城市也将帮助大众点评提升市场份额。

在2010年的时候，大众点评给自己贴的标签是"Foursquare+Groupon+Yelp"，但到了2013年下半年，这组标签变成了"Groupon+Yelp+Open Table"，团购（Groupon）和点评（Yelp）依然是大众点评的核心，但餐厅预定服务（Open Tabel）也成为大众点评下一个发力点。同时，张涛也希望将大众点评的酒店旅游事业部，做成中国的TripAdvisor——目前TripAdvisor的市值约为150亿美元。

大众点评的团购、点评、预订、结婚和酒店等业务最终能做成多大的规模现在很难预测，但是至少可以看到未来的成长空间。另外很重要的是，通过引入腾讯的战略投资，大众点评能够和微信以及手机QQ合作，从而更好地打通线上线下，并且形成交易的闭环。

TIPS:

"创业绝望谷"是对创业者最大的考验。在这段时间里，创业者必须努力调整，快速学习新的经验，从而把公司拉回发展的轨道。大众点评并非一帆风顺，过去几年大众点评差点"死掉"。可以说，在这段时间里张涛所做的事情，确实值得创业者们借鉴。

2.3.5　百度影业在即，糯米也已开始行动

2015年，春节档期的七天假日票房报收20.22亿元，较去年同比增长36%，其中有42%的电影票房为在线售票平台售出完成。

网票平台花样不断的低价促销助推效果显著，春节档的硝烟大战也是各有特色：猫眼电影主打与《天将雄师》的低价合作；大众点评则重点推广《狼图腾》；百度糯米更是与手机百度一起发力，祭出全线9.9元的低价促销大旗，力推自己的支付产品百度钱包。加上重启19.9元战略淘宝电影、力推188元12部电影的微信电影票……网票平台花样不断的低价促销对中国票房增速的作用不可低估。

可以看到，线上电影票作为手机打车之后另一个全民“刚性需求”，以及O2O服务的标准入口，已经引发了所有巨头和玩家的全力跟进，各家战略发力不断，俨然成为打车之后O2O领域二次会战核心，如图2-13所示。

图2-13　百度糯米电影团购页面

与阿里等网购平台率先推出“光棍节”逻辑相同，百度糯米网最先发力推出“3・7女生节”概念，并在2014年为百度全资收购后吹响了第一次宣传号角。商家自创节日进行营销宣传，已经被证明是性价比较高的商业行为。有了2014年的第一次甜头，百度糯米自然会在2015年女生节发力，如图2-14所示。

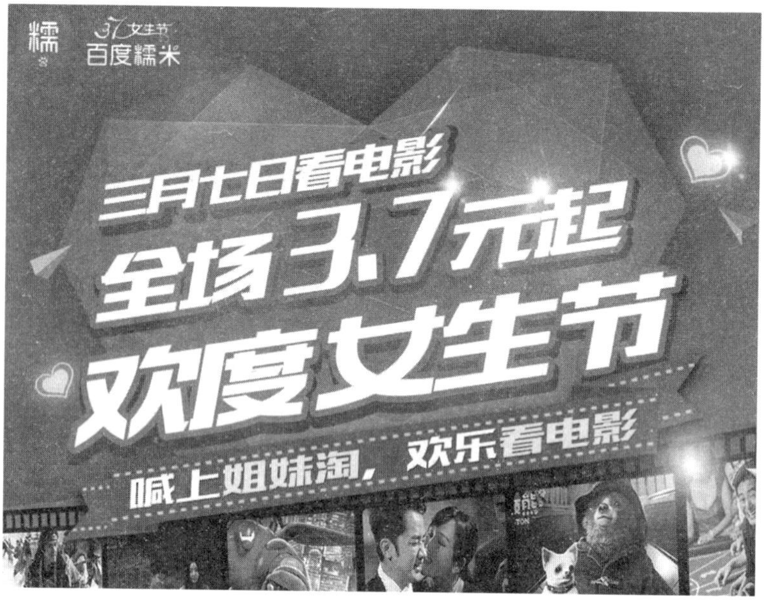

图2-14 “3・7女生节”宣传

而从公开信息来看，百度糯米这次大推“3・7女生节”的重点正是电影票，放出了全国800家影院3.7元选作购票的大招，另有超过800家则通过百度手机钱包支付减10元实现最低3.7元。这次活动的战略意图十分明显，正是通过百度强大的电影闭合产业链来完成对猫眼电影在线售票行业老大位置的撼摇。事实上，这也是在目前的战略环境和市场份额下，百度糯米想要进行战略逆袭的必经之路。

商业时代，没有不赔钱赚吆喝的促销行为，百度糯米的这次影票低价活动，战略布局意图至少有以下几点。

1. 以低价影票促销百度糯米其他O2O服务

3.7元超低价影票，正是建立在经济洞察的基础之上。百度糯米从电影上发力是很好的出发点，可以将大量消费型女性拉拢到自己的商业平台之上，将节日气氛和消费环境很好地融合起来。电影票的消费受众，也是其他O2O消费的主力军，这次的阵地宣传，相当于把广告只做给了最有用的人。

2. 百度钱包的二次抢滩登陆

新年档期火爆的红包大战，微信意在推广自己的信用卡绑定，支付宝则是搅局微信保住地位，百度钱包的电影营销策略意图也在于此。根据规则，只要拿百度钱包支付糯米的电影票，立减10元，第一次支付，再减10元。

这是百度在最有用的消费群体里边建立自己的支付闭合体系，出发点是不求微信一样的全面，而只做精准营销。女生节档期的3.7元促销，及其百度钱包支付立减10元的活动，无疑正在继续春节档的支付体系的战略部署。

3. 发力百度糯米，促进百度电影产业链的闭合

百度旗下拥有爱奇艺影业、百度糯米电影出票平台和爱奇艺视频等电影产业链，可谓是从电影的制作到宣传甚至到后期视频网站的播放，一应俱全。爱奇艺影业2014年才成立，便以《一步之遥》这样的大片亮相，而2015年，这家影业又投资和独家买断了多部电影的播映版权；同时爱奇艺视频自2014年年初便坐稳中国行业老大的位置，如图2-15所示。

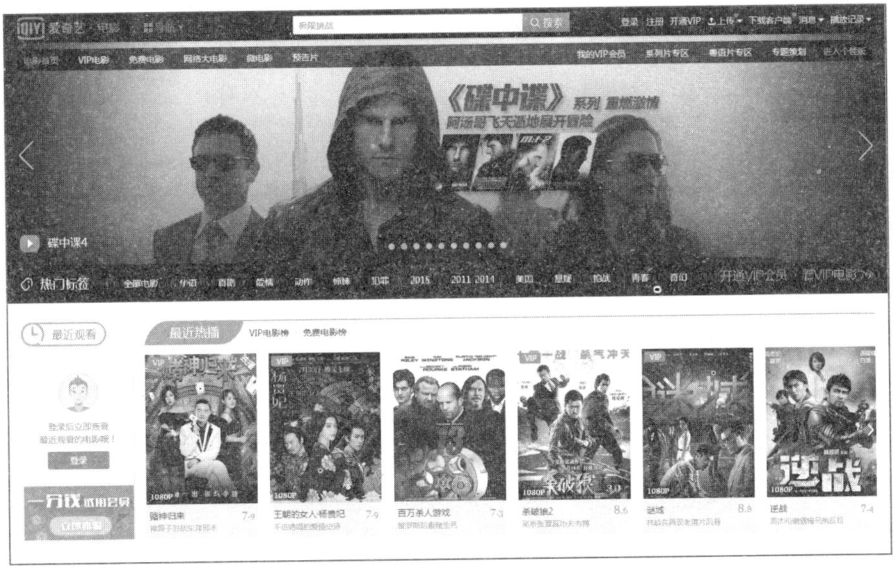

图2-15　爱奇艺电影网

如此一来，从整个链条来看，百度糯米旗下的电影票在线业务处于闭环中亟待提高的部分。百度在春节档会战刚结束便发起女生节O2O二次会战，意图明确，战略清晰。在线影票市场格局形成在2014年，大变化随时可能发生。

4. 为电影产业的营销模式创造百度场景

业内预测，中国电影票房未来将有2 000亿元的想象空间。按当下市场配比分析，这其中将有30%以上用于市场营销。也就是说，中国未来的电影产业营销环节，将有近700亿元的投放。

百度今年战略更明晰——主打电影票，死打电影票，并从长远出发整合相关所有资源一起发力。一旦取得在线售票业务龙头老大的位置，百度将能全方位实现电影产业的市场化营销方略，从宣发到售票融为一体，其他平台也将很难撼动这一组合。这是百度在电影战略布局中的最大野心之一。

电影在线售票业务，将是电影营销中的必争之地。2015年，围绕O2O焦点电影票展开的在线售票平台的行业大战，注定硝烟弥漫。对于电影市场来说，这是行业兼并与整合的必然结果，而对于影迷来说，未来的电影票可能不仅仅是3.7元的超低实惠，很可能连爆米花都能免费吃。市场经济的优越性，也正在于让影迷利益最大化。

第3章

分类信息网站
——O2O助推与移动互联网接轨

3.1 O2O为分类信息网带来新的机遇

分类信息又称为分类广告，我们日常在电视、报刊上所看到的广告，往往是不管受众愿不愿意，它都会强加给受众，这类广告称为被动广告；而人们主动去查询招聘、租房、旅游等方面的信息，这些信息被称为主动广告，如图3-1所示。

人才广场
天天有晚报分类信息专栏
广告服务热线：8568 1581
地址：市区胜利西路293号 柯桥山阴路326号

广本绍兴兴田4S诚聘
绍兴兴田汽车销售有限公司系广州本田4S销售服务店。位于绍兴县柯桥街道湖中路以东，钱陶公路以南，现公司正在筹建，诚邀有识之士加盟：服务经理、配件经理、网络主管、行政后勤管理人员、食堂人员及帮工、保洁员、保安若干名。
有意者请将简历和照片发送到邮箱sxxt_1@126.com或电话0571-28822979(绍县人才招字07-19号)

皋埠人民医院招聘
◆两名临聘护士
条件为：有护士执业资格，三年以上工作经验，籍贯绍兴，有二级医院以上工作经历者从优。待遇面议。(绍广核249号)
联系电话：88084074

爱你宝贝专业儿童摄影现招聘：
◆摄影助理2-3名
要求女性，26岁以下，高中以上。幼师毕业优先。电话85118857

企划师、采购员、成品管理员、质检员、网管各1名，保安(本地)2名，缝纫工若干名。
联系：13157506758吴先生

本公司聘女性小车驾驶员1名，要求初中以上学历，年龄在40周岁以下，从事驾驶员工作两年以上，待遇面议。
电话：85103766 13516757850

开元名都酒店康乐部聘：
联系电话：15925882758杨

要发才市
中国轻纺城人才市场每月18日均有招聘会。
电话：85708180

绍兴独品高薪诚聘：
◆美容经理 ◆顾问
◆洗头助理 ◆学徒
13588505978 13306758008

天逸阁养生足道休闲馆高薪招聘
◆优秀足疗技师120名：保底工资2000元，随到随保。

上虞地区诚聘

越秀外国语职业学院后勤处因工作需要，招聘：高压配电房值班员一名(退休返聘)、维修水电工一名，待遇面谈。
联系：88336651 刘玲老师

红日装饰招收：
联系电话：85334349

聘幼儿家教 女：
38岁以下，大专以上学历，品行端正，身体健康，普通话标准，英语流利，有音乐专长，要常住家庭。提供食宿，月薪3000元左右。
联系电话：13989522499

绍兴晚报·天天有
分类信息广告部
◆聘业务员
学历不限，表达和沟通能力强，具有积极向上的乐观精神。
◆客服专员
电话：13735332696

图3-1 报纸中的招聘广告

分类信息是Web2.0 的衍生物，是新一代互联网应用模式，它让网络变得跟老百姓更普及，更贴近生活更方便生活。在信息社会逐步发展的今天，被动广告越来越引起人们的反感，而主动广告却受到人们的广泛青睐。几乎每个地方的晚报、日报、生活娱乐报都少不了分类信息的身影，而且办得越好的报纸，分类信息的篇幅往往会越大。

当团购作为一种典型的O2O应用大行其道之后，分类信息网站如获至宝，也开始和O2O打起了交道，试着将O2O融入行业中。赶集、58同城这样的分类信息网站重新获得资本的关注，在很大程度上得益于O2O的概念。

TIPS:

信息分类是目前O2O最简单但是最直接有效的方式，这种相对其他互联网来讲比较重的模式在现在来看，几乎不可以复制。因此58同城和赶集网将会长期保持竞争态势。

3.1.1 分类信息的概述

分类信息网是互联网新兴起的网站类型，如同在网上打小广告。涉及日常生活的方方面面信息资讯。在这些网站里面我们可以获得免费、便利的信息发布服务，包括二手物品交易、二手车买卖、房屋租售、宠物、招聘、兼职、求职、交友活动、生活服务信息等。

分类信息网产生于传统媒介报媒的鼎盛期，又称为分类广告或主动式广告，通常在媒介窗口发布的广告，如户内外牌式广告、网站动静态标志广告、报纸分类广告等都属于被动广告，这类信息都是传播者强加给受众，使受众视、听、触等感觉被动接收。

现今人们生活在一个信息冗余的社会环境下，被动式信息传播形式越加让大众反感，而人们更愿意采用主动方式，根据需要，定点、定量去查找目标信息，按信息内容的行业和信息类型、信息范围归类的信息表现形式，分类信息媒介应运而生。传统媒体分类信息其主要体现方式为文字、图像。

分类信息网的崛起，很好地弥补了传统分类广告的不足。分类信息网不仅信息量大，而且信息随时在线，永不丢失。更重要的是利用分类搜索，可以保证用户在任何时间、任何地点，都能非常方便快捷地查询！这也是为什么美国在线的分类广告能够在短短5年内，击败传统媒体分类广告，创下年销售额2亿美元的惊人业绩的原因。

分类信息网以内容编排精细化、及时、空间无限等特质，在大众生活及商务活动中备受关注和喜欢。分类信息网相对于传统的小广告来说还拥有以下优势：

（1）便捷性

分类信息是一种按钮广告，网民在网上获取信息是主动的，只要对某样产品或服务感兴趣，只需轻按鼠标即能进一步了解更多、更详细的信息，从而使网民能够按照自己的选择亲身体验产品、服务。

（2）精准性

分类信息是典型有自己阅读率的广告，在Internet上，可以通过访客流量统计系统精确统计出每条分类信息的浏览次数，这些量化的销售数据有助于广告主正确评估广告效果，审定广告投放策略。

（3）海量性

分类信息讲究规模性，报纸分类信息因为报纸版面有限，不能提供更多和更详细的信息。而网络分类信息的信息容量几乎无限，尤其是网络分类信息还利用超级链接，可以使用详细的分层类目，构建庞大的数据库，提供最详尽的广告信息。

（4）时效性

分类信息具有时效性，网络分类信息在计算机上设计制作后，即可发送到网络进行发布，免去了排版、排印等程序。同时，网络分类信息具有随时更改信息的功能，广告主可以根据需要24小时调整产品价格等商品信息，并及时将最新的产品信息传播给消费者。

（5）情感性

分类信息还能潜移默化地使读者对网络信息广告产生阅读兴趣和情感忠诚，从而提升其参与程度，而这一点也有利于工商广告的刊出效果，使它赢得社会各界的认可，并产生积极的社会效益。

如今，互联网的高速发展，各种分类信息网站也如雨后春笋般涌出，最高的分类信息类站点雏形是各地的网络黄页，随着互联网技术的进步，不同分类形式的分类信息网站的并存。

电子商务类：阿里巴巴、中国供销商、慧聪网等，如图3-2所示。

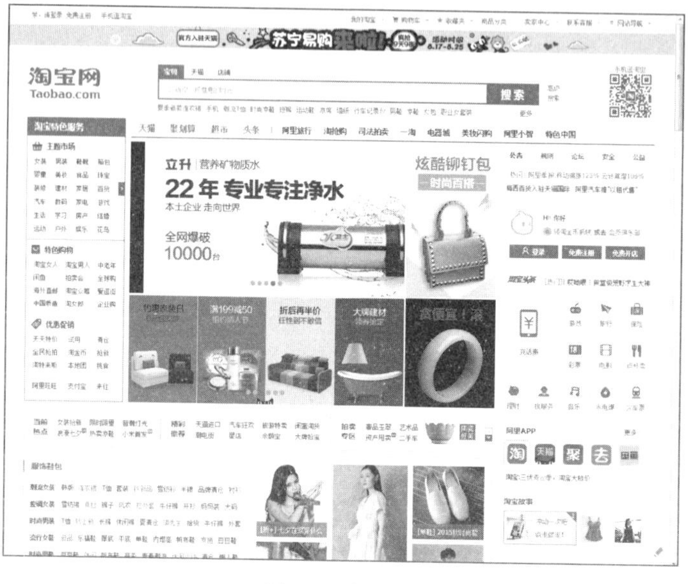

图3-2 淘宝网

网址导航类：hao123、雅虎、265、2345等，如图3-3所示。

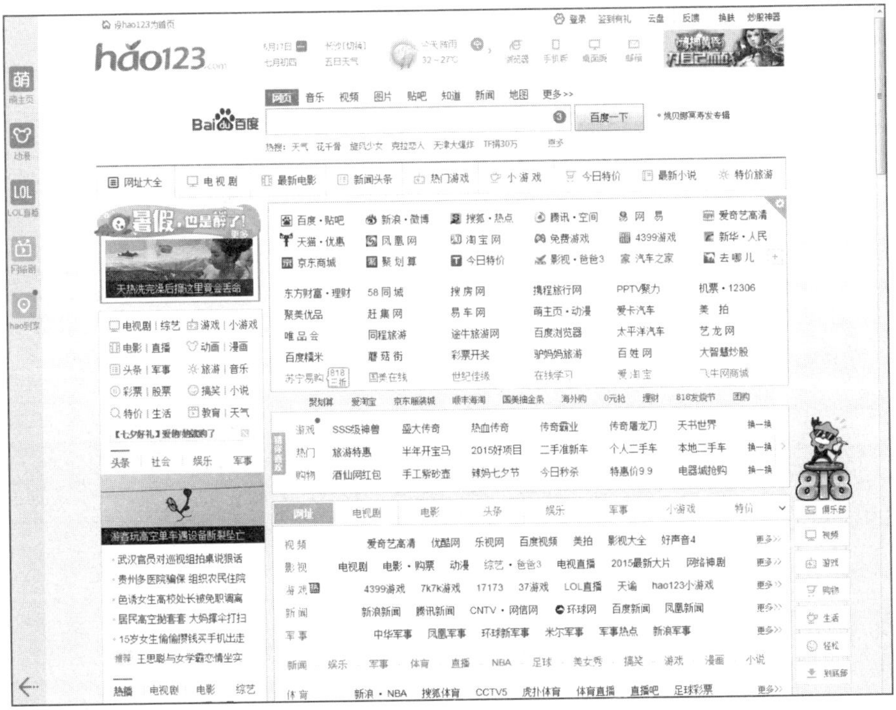

图3-3　hao123

分类目录类：站长目录、站长分类目录、云目录分类、YY分类目录等。

企业黄页类：信息114、中国黄页网、电信黄页、网络114、全球黄页等。

行业门户类：中国工业信息网、中国工业电器网等大型行业门户。

生活信息类：分类信息站点，百姓网、58同城、赶集网、雅虎口碑分类信息、天天分类、便民网、中国分类信息网、八戒信息网，如图3-4所示。

同城小区类：中国小区网、口碑网、登道网、就爱分类网等。

校园分类：零点校园网、国内资料网、阿里分分、同一校园网等。

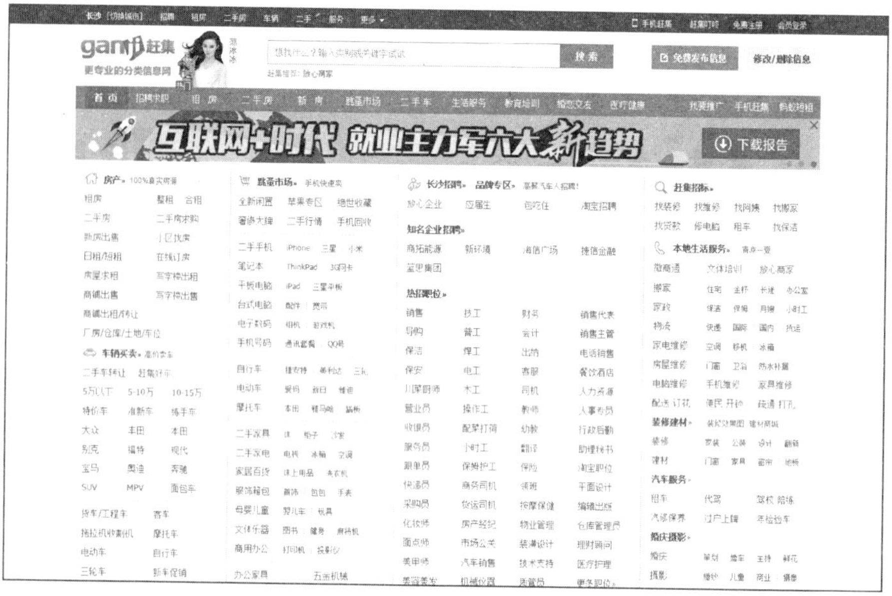

图3-4　赶集网PC首页

3.1.2　为什么分类信息网站要转向O2O

分类信息行业的鼻祖是Craigslist，由于Craigslist的成功，自2005年开始，分类信息像一场飓风刮过了中国的大江南北，在互联网内掀起了一股巨浪。

移动互联网时代的到来，分类信息网站作为Web 2.0的一种典型形式，受到了严峻挑战。企业不得不纷纷开始转型，寻找新的出路，而O2O正是分类信息网寻找的最合适的转型之路。**O2O本身指向的是生活服务信息领域，从这方面来说，O2O就像是为分类信息网定制的转型模式。**

分类信息巨头赶集网和58同城，不约而同都转向了O2O领域，不同的是，赶集切点是二手车，发展垂直细分“赶集好车”；58同城则选择了生活服务，成立独立全资子公司“58到家”。

58同城在2014年第三季度，总营收为7 200万美元，会员营收为3 700万美元，在线营销服务营收为3 490万美元。其最大头的支出在销售营销费用上，约为4 730万美元，其中1 960万美元是广告费用，也就是获取移动下载和PC流量的费用，剩下的则是销售团队的开支，如图3-5所示。

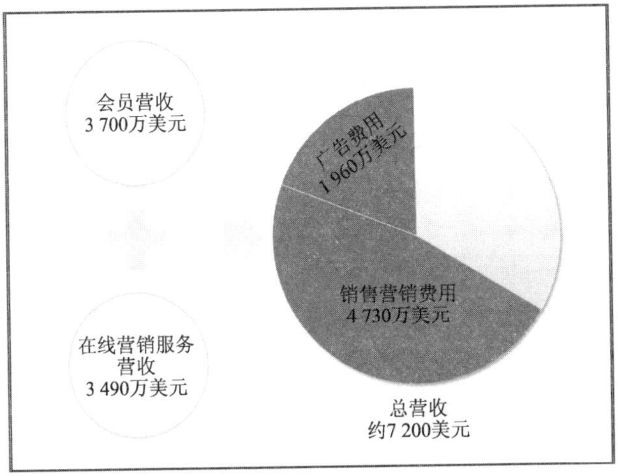

图3-5　58同城第三季度营收情况

也就是说，付费会员和百度联盟等广告费各占其收入的一半，流量获取和人海战术的营销人员开支是最大支出。赶集网与58同城两家公司一直胶着，业务也类似，财务状况可以参考。

58同城招股书显示，在他们5 000多名员工中，有4 000多人是从事市场、销售和售后工作，超过总数的80%，而58同城的研发人员只有574人。而Craigslist发展了19年，也只有30多名员工。

Craigslist每年营收3亿美元，人均创收1 000万美元；而58同城营收过1亿美元，人均创收2 000美元，仅仅是Craigslist的1/5 000。

分类信息网站在中国的玩法完全不同，要想扩大营收，在互联网人口红利进一步下滑的时候，必须购买更多流量，加大人手，这就导致支出的上升，58同城的财报显示微利。

在旧有的模式下，分类信息网站泛而不精，模式粗犷，即便是上亿条流动信息，但却难以赚到超额利润。

要想获得高收益，必须打开新的有想象空间的市场，找到一片新的蓝海，并且要深入交易，把控交易流程。对分类信息网站来说，O2O正好是这根稻草。

尤其赶集网还在等待上市，O2O不但要做，而且要比58同城做得快、做得好，这样才能受到投资者的青睐。

2015年4月17日赶集网正式宣布和58同城合并，据知情人士透露，赶集的投资方对公司上市前景预期并不乐观，因此强力撮合赶集网与58同城。两家公司此次的合并将采用约5:5换股的形式进行，根据最新的股价，合并后新公司的市值将超过100亿美元，并进入美股市场中国互联网公司前五的序列。

目前在O2O领域火爆的项目，有着以下几个特点：

（1）细分领域。滴滴快的专注于出租车叫车；e代驾则是面向酒后代驾，都是垂直细分迅速做大。

（2）四级市场。从一线到四线城市，都拥有巨大的市场，尤其是中国幅员辽阔，几百个城市涵盖过来，小生意也变成巨无霸。

（3）高频应用或者单价较高。滴滴快的是日常出行，不光频度高还牵涉核心移动支付，所以投资商都愿意掏钱，而房多多等应用，虽然用户不会经常买房换房，但一单下来就可以有很大营业额。

TIPS:

分类信息网站有一定优势，毕竟在房产、家政、汽车和招聘等领域深耕多年，拥有品牌优势和流量优势，但分类信息网站有近百个类目，进入细分市场做哪一块，可以根据各家公司的经营重点，找不同的切入点。

3.1.3 分类信息网站“身价上涨”

2014年6月27日晚间，58同城联合腾讯控股公司发布公告，腾讯以7.36亿美元投资58同城，获得58同城19.9%的股份，双方互为首选合作伙伴。为什么会是58同城呢？

在腾讯宣布入股58同城的消息传出后，不少业内人士不禁发出这样的疑问，但当腾讯将分类信息网站58同城与O2O的概念合并在一起解读的时候，似乎又不难理解了。一直被不少人认为是“过时”了的分类信息类网站，在O2O时代下似乎又迎来了价值的重新发现。

分类信息应用是O2O最初级的但是也是最庞大的模式，是巨头布局O2O不可回避的一个市场。目前的互联网市场当中巨头自己开始经营已经不现实，因此腾讯要入股58同城。58同城、赶集网和百姓网这样的分类信息网站具有最大的特点是其覆盖的生活服务范围非常宽广。

分类信息网站主要是满足网友生活服务的各方面的信息获取，随着社交网络和各种垂直领域的网站的冒起，分类网站的重要性一度被用户所忽略，但是随着O2O概念的提出，生活服务类需求在互联网上呈现的重要性也日渐突出，生活服务类网站又开始了第二春。

58同城、赶集网和百姓网更像服务版的淘宝，他们将数以百万计的游商成功运作到网络上，其中蕴藏的商机想象空间巨大。

以招聘为例，赶集网去年招聘收入增幅达到180%，而垂直招聘厂商前程无忧的增速仅为10%～15%；赶集网2015年仅3月份1个月的招聘收入就达到8 000万元，2015年的招聘营收能达到7亿～8亿元。而中基层招聘的市场规模至少是2 000亿元。

此外租房、二手房市场的体量并不比招聘小，二手车、本地服务也前景可观，以家政为例，家政市场规模也逼近万亿元。58同城、赶集网和百姓网所覆盖的生活服务领域数以百计，几乎每一个领域都能诞生百亿市值的公司。

58同城、赶集网和百姓网作为这些生活服务的聚合平台，已经耕耘10年，品牌深入人心，流量优势明显。BAT巨头切入生活服务，选择分类信息行业显然要比单独选择某一个领域的垂直厂商要划算得多。

BAT近年来频繁收购、投资的背后，既是彼此间布局的角力，更是因为既有的线上业务增速变缓，急需寻找新的增长动力。入股58同城，腾讯的利处更大。腾讯在自己的O2O版图构建过程中添加了有力的一员。

分类信息行业是中国互联网非常有特色的行业，实实在在的连接线下，企业招聘、房屋出租、本地服务……在很多企业看来，他们做的事情其实都是不赚钱的“脏活、累活”，但实际上，这需要很强的下沉运营能力的积累，从而将几千万城市游商和用户广泛的生活服务需求对接。

与其他O2O领域的乱战相比，分类信息行业已经形成稳定的格局，特别是58同城和赶集网合并之后，占据了市场的绝大部分份额。在合并之前，两家公司就早已实现盈利，增长迅猛，这意味着投资分类信息行业，既能保证低风险又能拿到可观的投资收益。更何况此类投资还可以为处于增速焦灼状态的BAT增加新的业务增长动力，相信腾讯入股58同城，目的就是希望打通O2O闭环。

58同城上市已经证明了资本市场对分类信息行业的认可，腾讯入股则证明了BAT对分类信息行业前景的看好。不管怎样，分类信息行业都迎来了最好的发展机遇。

3.1.4　分类信息平台怎样与移动互联网接轨

现代人无时无刻不在感受着移动互联网带来的变化，感受着移动互联网对原有的生活、工作、学习各个方面的生态系统造成冲击，有的在随着这股潮流在滚动，有的还在观望或者是心有余而力不足。

分类信息网站，曾在人们生活中占据着不可或缺的地位，例如国外的Craigslist、Avito，国内的58同城、赶集网、百姓网等，生活中找房子、找工作、找家政之类的事情都离不开它。

在高峰期，国内分类信息网站曾达到3 000多家，但随着市场不断的淘汰，如今能为人们所熟知的分类信息平台已经极少，其原因一方面是因为用户的成熟，另一方面则是因为市场的竞争，而最重要的原因是移动互联网造成的分流让很多分类信息平台措手不及。在移动互联网的这波浪潮中，分类信息平台该如何与移动互联网连接呢？

在探索分类信息平台如何与移动互联网接轨之前，首先需要了解分类信息平台在移动互联网上面临的壁垒。

（1）外界侵蚀

移动互联网是一块巨大的蛋糕，人人都想来咬一口，但是就目前来看，移动互联网真正能“生钱”的就那几块：LBS、O2O、电商、社交增值服务、手游等。其中的LBS、O2O是大家口里的“肥肉”，争夺者中不乏百度、阿里巴巴、腾讯、高德、新浪等巨头，此前引爆的百度导航和高德导航大战，就是出于抢食O2O以及LBS的野心。

分类信息平台里面的很多服务与O2O及LBS有冲突，例如酒店预订、生活配送、票务服务、婚庆搬家等，都与地图导航甚至是微信都存在根本上的冲突。

分类信息平台面临的不仅仅只是几大巨头的冲击，细分领域的产品冲击也不弱，像专门的酒店预订APP及专门的本地生活APP，以及其他招聘、房产等垂直化的移动产品都在和分类信息平台抢食；分类信息平台本身走的就是大平台的路线，现在反而被一些“小而美”的移动互联网产品给逼得节节败退。

（2）渠道劣势

渠道劣势主要有两个方面：一个是自身的渠道优势不明显，另一个是与其他渠道合作得太少。

自身的优势不明显是因为移动互联网目前的入口太少，而且需求存在问题。一个是社交、一个是浏览器、一个是APP分发，当然还有其他的渠道。本身入口就少，而且用户对分类信息平台的需求并不是太高，用户今天租房子需要信息，以后每天都需要租房信息吗？今天找工作需要信息，以后每天都需要找工作信息吗?即使今天花了5元推广得了个用户、租了房子，但过几天又把它卸载了，这样如何逃离“火了就死”的局面？

与其他渠道的合作太少可以说是分内信息经营者比较木讷，或者说是对移动互联网不敏感，嗅觉不够灵敏。移动必社交不只是一种怪圈，它还是一种基础服务，和地图导航一样的基础服务。

目前58同城、赶集网等APP产品都内置有交友服务，不过更多的是婚恋交友功能，并不具备太多基础社交的属性，与新闻客户端、阅读器、视频等移动互联网基础服务的合作太少。须知，移动互联网并不是单打独斗就可以赢的，合作是当前比较常见的手段。

（3）自身产品的缺陷

分类信息平台在PC端有很大问题，首先是虚假信息泛滥的问题，其次是信息爆炸，还有用户体验差等弊端。PC端的问题没有解决，就直接将PC端的信息复制到移动端上来，作为一个信息流输入和输出的平台，其最基本的问题没有解决，用户又怎么会使用它呢？

一个产品如果自身就存在巨大的缺陷，但又想在移动互联网上取得成就，其结果就只有被其他的垂直细分的产品吞噬。用户对于产品是很挑剔的，当然，用户还不至于因为分类信息平台的移动产品迟到上线怎么样，让用户恼火的无疑是在这个APP当中遇到了骗子。保证输出信息的真实性、及时性，这才是分类信息平台的根本。

分类信息平台要想与移动互联网接轨，可以从以下几个方面进行：即团结做好生态系统+合作+自强。

（1）团结做好生态系统

百度和高德可以说是其中的典范，虽然高德被百度“扎了一刀”，但是对于整个导航平台来说是有利的，免费可以让用户形成对导航的使用习惯，从而引导市场用户量增加。

分类信息平台在百度和高德身上要学习的是，如何把整个分类信息行业带动起来，让用户形成使用分类信息平台的习惯，让分类信息平台也成为一个基础服务，构建一个特色的分类信息平台，即使其他垂直产品、BAT等来抢食，也抢不走分类信息所构建的移动生态系统。

Craigslist在这方面是做得很出色的，很多人都抱怨说这个网站又破又不好看，但是它的用户量却是十分大，不仅是因为它让用户形成了使用习惯，还因为它所构建的平台规则。

（2）合作

在前面提到的一些渠道问题，其实是可以解决的。对外方面，笔者在微信上发现某分类信息平台直接与微信公众平台合作，用户选择接入自己的地理位置以后，输入关键词就能查到想要的信息。

既然能与微信合作，那么就能与易信合作，与米聊、啪啪等合作，对于分类信息平台来说，他们当然希望扩散的用户量越大越好，虽然这样会增加一部分人力成本，但是PC端的一部分人力完全可以转移过来。还有包括移动阅读产品，甚至可能是敌人的地图产品，移动视频都可以尝试去合作。

至于自身方面，预装是手段之一，其次就是结合PC端的资源，把自身在移动产品的推广打造成统一平台，集中一个点出击，避免东一枪西一枪乱打。

（3）自强

用户量再大，如果自身产品不行，最后也只会让用户流失，更何况移动产品的推广费用比PC端的推广费用高得多。移动互联网还有一个特点就是传播速度快，所谓“好事不出门，坏事传千里”，如果用户使用某个移动产品时的体验不好，它传播的口碑将会非常快。

移动互联网可以让用户之间的距离变得更近，这也导致了无论是好的还是差的，它的传播速度都比PC端要快。分类信息平台应该打造的是全新的移动生态系统，而不是在现有瓶颈的情况下，穿一身“新装”继续前行。

3.1.5　分类信息O2O：巨头布局新战场

生活服务分类信息网站58同城宣布获得腾讯7.36亿美元的战略投资，后者将占有58同城19.9%的股份。此次大额资本运作案，是腾讯继投资大众点评、滴滴打车、京东、乐居之后，再次出手布局O2O，扩张自身的电商生态体系闭合圈。

在业内人士看来，这次联姻，腾讯将与58同城合力探索O2O本地化服务，而分类信息行业也将迎来最好的发展机遇。

据了解，2014年腾讯旗下微信海内外月活跃用户总数已经达到3.96亿，与2013年的3.55亿相比，增长了4 000万。而微信的“同门师兄”QQ的同时在线人数也突破2亿创下新高，其中通过手机QQ、平板QQ等移动端登录的账户超过七成。由此可见，腾讯不管是在PC端还是在移动端上都占据着入口和大量的流量，但腾讯自身却没有好的商业业务可以变现。

而58同城基于本地化的生活服务业务，受众广、需求大，能很好地和腾讯的用户流量及其他资源对接起来。腾讯在线上社交业务的能力毋庸置疑，但其线下以及业务交易的能力却存在短板。腾讯知道O2O是当前大势所趋，在前期尝试自营电商和O2O失利后，只能被迫采取合作的方式加紧布局电商O2O。

在移动端购物成为一种流行趋势，腾讯也在考虑是否除点餐外，还能做些别的业务。58同城是中国最大的本地生活信息分类服务网站，将极大地丰富腾讯的应用场景。

腾讯方面表示，成为58同城的第二大股东后，会帮助58同城进一步扩大用户基数，提升用户体验。商户从而也可以更好地管理客户关系，并利用位置定位功能更有针对性地向用户推广服务。

58同城是一个分类信息发布的平台网站，此前在58同城发布信息没有过多的个人信息认证，这就导致了众多浏览58同城的用户对其不信任。而联姻腾讯后，借助微信与QQ这两大入口，58同城如同QQ空间和朋友圈，让发布信息的人和浏览信息的人彼此之间的信任度更高，也将提升该行业的发展水平。

此外，由于分类信息行业经过10多年的成长，培养了用户习惯，流量优势明显。互联网巨头切入生活服务，选择分类信息行业显然要比单独选择某一个领域的垂直厂商要划算得多。

TIPS:

对于尚未在分类信息行业布局的阿里巴巴集团，业内人士认为，阿里巴巴肯定会在近期步腾讯的后尘，和58同城业务重叠且具备一定竞争力的赶集网擦出火花。

3.2 分类信息网站O2O落地化案例

对于分类信息网站来说，移动互联网不仅是突破口，更是试金石。O2O是分类信息网站的救命稻草，各类分类信息网站都在全力运营，试图将O2O掌握在手中，在移动互联网的时代下，成为行业中的翘楚，实现鲤鱼跃龙门般的华丽转身，而O2O能否成功落地是关键，分类信息网站是如何让O2O落地的呢？

3.2.1 赶集网：辟O2O新径

2011年团购网站进入发展高峰期，据团800数据显示2011年8月团购网站数量高达5 058家。在团购网站即将转冷的时刻，赶集网于2011年11月推出首个O2O业务“蚂蚁短租”涉足房屋租赁业务，试图借此获得现金流，如图3-6所示。

说起来，租房业务确实是相比房屋买卖更切合实际的利民服务，而且涉及的消费者也较为广泛，只要是在城市里，就必定时时刻刻有人要租房。而该网站一改以往全部免费，采用抽取佣金的中介模式，这也可以看作是向“收费”转型的信号。

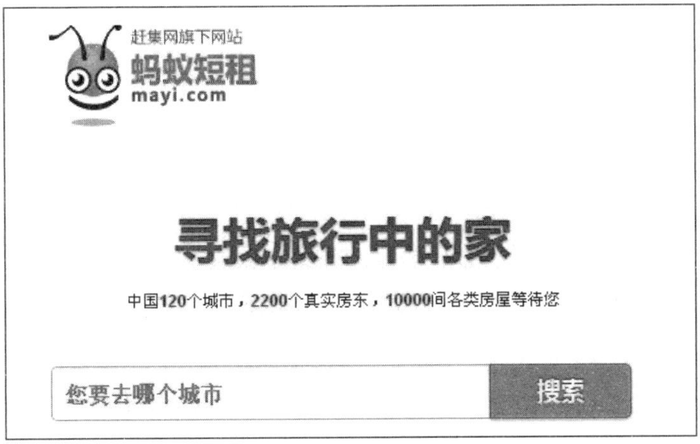

图3-6　蚂蚁短租

“蚂蚁短租只是赶集网向O2O领域的一个尝试。”杨浩涌表示，未来赶集网的标签是本地、生活，还会有更多的O2O业务。蚂蚁短租模仿的对象是成立于2008年的Airbnb，截至2014年10月31日，Airbnb估值已达130亿美元。2011年12月杨浩涌在做客“长城会G+1系列沙龙”谈到蚂蚁短租时，他对媒体表示：O2O当道，产品与执行力才是核心！

蚂蚁短租的O2O模式为：线下的商家房源在线上平台得到展示，租户通过线上支付，并入住后，蚂蚁短租会把租金转给线下商家，赶集网提成为10%～15%。赶集网承诺提供专人验证房源、预付保证留房、蚂蚁担保交易等服务，解决了电子商务当中的信用问题。

2012年3月，团购市场的恶性竞争，千团的混战，致使赶集网降低了团购业务重要级，并把团购的一部分员工调至短租房业务；紧接着4月赶集网把团购业务部分外包，与窝窝团联合运营。联合运营后窝窝团主要负责线下产品营销和活动，赶集网负责流量导入和线上运营；7月赶集网宣布放弃团购业务。2013年1月赶集网将蚂蚁短租业务正式进行分拆。

在2014年8月12日，赶集网获得老虎基金和凯雷资本领投的2亿美元融资，赶集网计划于2015年上市。赶集网本轮融得的资金将用于产品研发，尤其是无线端的创新；市场投放，进一步拓展市场的份额；同时还会进行O2O领域探索及新业务的尝试。

2014年10月，赶集网推出汽车后市场O2O上门洗车服务“赶集易洗车”。车主通过微信、移动端APP或线上PC端进行下单，赶集易洗车的技工将会提供上门洗车服务，每次25元。下单时需要填写车牌号码、车辆位置、洗车时间、车辆信息、是否清洗内饰、称呼、手机号码、备注等信息。如果只清洗外观无须车主在旁守候，如果需要清洗内饰，洗车师傅会主动和您联系索取钥匙，如图3-7所示。

图3-7　赶集易洗车APP

在房产O2O领域，赶集网与上海青客时尚生活服务股份有限公司及链家旗下的自如友家，联合打造精品公寓。青客和自如友家提供线下的服务保障，以及100%真实房源；赶集网依托平台优势，为线下导入更多优质流量和品牌曝光，切实打造白领租房O2O产业链。

2014年10月30日，赶集网在杭州举办的“全球电商领袖峰会”上，赶集网CTO罗剑表示：赶集会参与支持一些O2O的创业项目，整合平台的资源推动O2O领域的快速发展。而在一些尚无创新或有一定创新难度的O2O领域，赶集会支持内部的孵化，推行赶集自己的O2O项目，在未来几个月内，赶集的内部O2O项目会不断地与消费者见面。

3.2.2　58到家：58同城O2O“革自己的命”

构建一个以居家场景为核心的上门服务体系，由58到家的平台直接连接劳动者和用户，并定义服务流程和价格，这是58同城正在做的事。

以上门家政服务为唯一的切入点，从提供分类信息的半闭环服务转变为O2O的闭环服务，是58同城在移动互联网时代的二次革命。为此，58同城成立了与58同城并列的新公司58到家，创业元老陈小华出任CEO。

过去三年，58同城一直在摸索怎么打通闭环。作为一个分类信息提供商，58同城的服务范围很广。本地生活服务里面，只要是报纸上有广告的，楼道里面有贴条的，房产、招聘、教育等五花八门的信息全部能在58同城上找到。信息服务是个半闭环，虚假信息、服务质量投诉等问题始终困扰着58同城，但这已经超出了这个商业模式本身能够掌控的范围。

2012年年初，58同城酝酿向“电商化”的转型道路，陆续开通了手机、票务等分类版块的在线交易功能，开始让58同城从一个纯粹的分类信息平台涉足C2C交易。

同时，58同城也一直尝试将线下传统中介公司改造成信息化公司，但很难标准化。到了2015年姚劲波才发现，通过移动互联网直接连接劳动者和用户，是一种行之有效的方式，因为劳动者想赚钱就愿意接受新标准。像滴滴打车，如果要把中国3 000家租车公司集合到一起非常难，但直接和司机结合就要容易得多。

更关键的是，近一两年，很多细分领域O2O公司的崛起令58同城感受到了巨大的危机，在很多细分品类，58同城受到了冲击和挑战，原来58同城上的那些不引人注目的细分类别，随着可以连接每一个人的移动互联网的出现，已经或者正在发生着巨大的裂变。

比如代驾，在58同城只是300个业务之一，做了好几年依然是每天几十单的业务量。而成立于2011年的e代驾是个帮助用户就近寻找代驾师傅的平台，这家公司仅用三年的时间就发展到了国内100个城市，拥有4万名代驾师傅，最近的估值达到了2.5亿美元。

e代驾发展起来之前，所有人都用58同城提供的信息寻找代驾师傅。现在，58同城的很大一部分代驾业务已经被e代驾抢走了。58同城不得不领投了e代驾这轮融资。几乎在58同城的每个细分业务领域，房产、装修、结婚等，都有许多O2O模式的新创公司如雨后春笋般生长起来。

成立于2012年的房多多是让经纪人为代售房产寻找购房者的平台，今年的预计交易额达2 000亿元。很多人都看出整个生活服务领域将会爆发一次革命。这是危机，也是风口。

早在一两年前，58同城的创新部门就开始各种尝试，在O2O领域寻找新项目，做了包括代驾在内的各种创新。58同城的内部流程是，员工若有想法，在不影响主业的前提下可以做，做到一定规模证明有市场以后，再由公司立项讨论，决定要继续做还是投资后进行整合。

经过两个季度的自然淘汰，58到家最后被保留下来，春节后正式立项。O2O的范围很广，姚劲波说他们要专注，只做最有优势的家政服务，让58同城的这部分信息服务演化成闭环的服务，如图3-8所示。

图3-8 58到家PC页面

3.2.3 百姓网：推微站抢三、四线市场

分类信息网站以招聘、租房为两大主营业务，然后是二手交易和其他信息展示。由于一、二线城市有强大的人口吸引力，而且集中了大多数优质企业，所以市场对招聘、租房的需求特别强烈，在此基础上为58同城和赶集网提供了充足的营收空间。

当58同城与赶集网在北上广争得你死我活的时候，百姓网正悄悄地转变方向，深挖三、四线市场。在移动互联网和O2O大潮下，分类信息三巨头正往不同的方向前进，58同城侧重于挖掘O2O市场，赶集网发力移动招聘和移动房产，百姓网则选择坚守分类信息，抢占三、四线城市。

58同城的直营模式会在各地设立分公司，而赶集网以代理为主，无论直营或代理都需要较大的人力成本，不过，在一、二线城市投入人力成本可以换得可观的回报，58同城不菲的会员收益就是直营的功劳。

然而，在三、四线城市，人口规模比较小，外来人口数量也远不及一、二线城市，同时，企业之间的人才竞争也没有那么激烈，这就导致招聘、租房两大业务的变现能力不足，直营、代理都很难保证人力支出能换得适当的营收回报，而且三、四线城市众多，直营、代理都难以管理。所以相比而言，三、四线城市更适合做广告模式。

移动互联网和O2O市场爆发，分类信息一、二线成熟趋于饱和，三、四线城市市场潜力有待挖掘，在多重因素相互作用下，分类信息三巨头开始走向不同的道路。

赶集网从年初转变市场方向，将主要精力放在深挖招聘、房产等市场，推出赶集工作通、赶集懒人找房等独立APP，试图在移动互联网打破原有招聘、房产行业的市场格局，进而完成对58同城的弯道超车。

58同城在完成上市又获得了腾讯7.36亿多美元注资后，开始加强投资力度，试图全面提升生活服务职能，除了前不久2 000万美元投资e代驾外，近期正在重金扶持一个全新O2O服务品牌“58到家”，正式涉足家政、搬家等生活服务市场。

百姓网始终坚持互联网轻模式，公司发展至今只有100人左右，且大多以技术为主，连其他两家公司人数的零头都没有，更似一家纯粹的互联网公司，并没有人力成本压力，从分类信息服务中获得的广告营收完全可以自给自足，所以，在移动互联网时代继续深挖三、四线城市的分类信息市场显得更加游刃有余，如图3-9所示。

在三、四线市场，随着智能手机普及加速，手机网民呈现快速增长趋势，这为分类信息服务提供了更多的使用空间。但是，分类信息涉及面太广，摊子过大，信息过多，变现能力不足，在三、四线城市缺少足够的运营人员，58直营、赶集代理都因人力成本压力难以深入腹地，此时始终坚持互联网轻模式的百姓网开始打起了各地站长的主意。

图3-9　百姓网PC页面

微站，是百姓网在移动互联网时代的主打项目，以返佣8成广告收益的方式激活地方站长的积极性，进而带动区域内的分类信息精细化运营。这符合汇聚、协作、共享的互联网发展思路，不过，具体效果还有待进一步的市场反馈，如图3-10所示。

图3-10　微站示意图

以APP为主的移动互联网时代，许多PC站长流量流失严重导致收入锐减，在此环境下越来越多的站长开始尝试微信淘金，然而微信相对封闭，获取新用户的门槛较高，三、四线城市用户对公号体系认知不足，导致地方站长既难以获取新用户，又难以在微信公号基础上变现。

站长的失落正是百姓网的机会，通过营收分成来激发各地站长在百姓网上淘金的热情，庞大的站长群体在个人利益面前势必会认真对待，相比难以变现的微信，百姓网提供变现的机会很难被拒绝。

另外，对于百姓网来讲，移动互联网时代对信息的精准性要求越来越高，这就需要各地区有专门的负责人来运营，而百姓网的轻模式又无法分配专人负责各地站点，所以，激活已被移动互联网淘汰的PC站长是一场双赢的合作。

为了快速让市场普及，百姓网尽力降低微站准入门槛，现在不仅站长可以在百姓网淘金，而且只要懂得互联网运营的人都可以建立百姓微站。对于一些三、四线的小型团队，完全可以同时运营几个细分类别，百姓网只负责提供技术支撑，微站的营收潜力完全看运营者的运营能力。

TIPS:

条条大路通罗马，很多人更看好58同城和赶集网的发展方向，对百姓网坚持纯粹的分类信息市场的营收感到担忧，其实，只要街头还有小广告存在，只要用户还有发布信息和搜索信息的需求，百姓网的轻模式就能存活下去。

3.2.4　口碑网：满血复活再续O2O

阿里巴巴在火热的本地生活O2O市场中又添加了一把柴。6月23日，阿里巴巴集团与蚂蚁金服集团联合宣布，双方将各注资30亿元，共60亿元来打造一家本地生活服务平台公司，命名为“口碑”，如图3-11所示。

双方各占50%的股权。蚂蚁金服支付事业群产品运营部总经理范驰将出任口碑公司CEO，专注于协助本地生活服务的转型与升级。口碑网也发出一条微博，高调宣布“我们回来了”！

随着移动互联网的发展，包括餐饮在内的本地生活服务正在面临一个新的转型机遇。2014年，本地生活O2O市场规模已达到2 350.8亿元，BAT也不能再旁观。百度全资收购糯米，腾讯入股大众点评，阿里也需要在这块有业务布局。

图3-11　口碑网PC页面

阿里巴巴和蚂蚁金服联手成立新的口碑平台，将有助于利用双方积累多年的优势和经验，帮助本地生活服务更好地解决痛点，并更好地适应这样的转型升级。尤其是阿里巴巴的移动电子商务平台、云计算服务，加上蚂蚁金服在移动支付、消费信贷、信用体系以及小微贷款等多方面的经验，都将帮助各类本地生活服务商更好地顺应新的市场需求，一起为消费者提供更好的服务。

蚂蚁金服方面表示，成立独立的公司将让口碑团队更加聚焦与专注于本地生活服务生态的建设。由于同时涉及线上线下，这一市场需要口碑团队有将互联网和传统商业结合并产生化学反应的“混搭”能力，这跟纯互联网操作有质的区别。

同时，阿里巴巴与蚂蚁金服的大数据资源，能够帮助线下商家更加了解自己的消费者，更加精准地触达、服务自己的消费者，以及大幅度地帮助商家提升运营效率。

如今的阿里巴巴集团对线下的渗透能力与4年前已不可同日而语，在线上以及线下都已经获得了丰富的资源积累。线上的阿里巴巴电商领域是一个巨大的导流机器；在线下蚂蚁金服在交易、数据、信用等领域的积累已足够庞大，甚至对于商家能够提供整套的金融服务。

目前最大的问题就是进入太晚，O2O的大格局已经初见雏形，美团、大众点评、饿了么已在各自领域取得了较为明显的领军地位。但市场最终格局一日未定，O2O的市场的补贴大战可能就不会完结，在巨额的现金的补贴下，一切的营销都是伪命题。

新口碑网想要从中杀出一条血路改变用户习惯并没有那么容易，也必定需要对用户的强势资金补贴。但对于整个阿里巴巴生态而言，口碑网的复活为阿里巴巴弥补了本地生活信息这一大短板，至少是一条不错的护城河。

3.2.5　手机QQ：生活服务公众号

2014年11月第一个手机QQ上的“生活服务号”——YTO圆通速递上线。手机QQ的生活服务号，与微信公众号基本运作模式是一样的：商家推广二维码形式的“生活服务号”，用户关注后，通过对话的形式获取服务，如图3-12所示。

图3-12　QQ公众号平台

不同的是，QQ生活服务号在显著位置保留了与商家客服一键语音通话的功能，通过手机QQ接通的并非传统的客服，而是专为手机QQ用户设计的、带有可视化菜单的服务。事实上，使用过程中的感受，更像是通过语音引导来完成寄件、查件等服务，因为这些服务也可以通过底部的菜单直接完成，就像微信公众号那样。

这就是最有意思的地方。在QQ的公众号上通过语音通话（引导）能做的事，在微信公众号上使用菜单一样可以完成。但两者的感觉是不一样的。正如我们要把一件事通知给某人的时候，可以微信或QQ留言、可以发短信或打电话，但打电话一般都是紧急而重要的事情。当我们需要道路救援时，首选的解决方案恐怕不是通过公众号填写请求表单，而是直接一通电话找到道路救援。

与此同时，当我们打过去求救电话时，又不希望一遍一遍地报上自己所处的具体位置（有时候也不知道），这时候QQ生活服务号提供的可视化菜单和“融合通信”功能就可以派上用场——直接在通话过程中将位置发过去即可。

腾讯QQ高级产品经理翁翔坚（Neo Weng）称，所有服务类的APP，都是延迟的，如果通过语音加载的方式，将会更加及时。手机QQ并不是说百分之百都偏向于服务类的商家，也不是说连接所有的商家，只是希望连接那些实时服务为主的商家。

翁翔坚告诉雷锋网，手机QQ的生活服务号将会一个行业一个行业去做，目前已基本完成快递业的接入模型，下一个行业是银行客服，未来还会在道路救援、保险定损、票务预订、代驾租车等方面给用户提供呼叫服务。

第4章

外卖与打车
——O2O落地化的主要战场

4.1 巨头进军外卖O2O，打响吃货保卫战

2015年，外卖O2O进入加速发展阶段。聚美优品、京东等巨头纷纷跨界进军外卖O2O行业，大打“差异化”牌，“分时外卖”一时间成为各大平台抢占市场、吸引用户的法宝。随着移动互联网的发展，“懒人经济”时代已经到来。在民以食为天的国内，外卖O2O正成长为潜力无限的巨大市场。

机遇伴随着挑战，盈利模式、物流配送、食品安全成为外卖O2O行业的几大痛点。在行业竞争从“砸钱”的粗放式竞争逐步向提升用户体验过度的档口，如何通过差异化手段打造品牌，提升用户体验，将成为平台巨头们在竞争中突围的关键。

1. 巨头扎堆进军外卖O2O

如今，餐饮外卖O2O已步入发展快车道，饿了么、淘点点、美团外卖、百度外卖等餐饮平台已成气候。近日，聚美优品、京东等巨头分别推出“分时外卖”服务，加入外卖O2O的激战中。

聚美优品正式推出“美天早餐”，试水以周为单位的早餐配送服务。“美天早餐”菜品来自庆丰包子铺、永和大王、麦当劳等餐饮连锁品牌。从定位客群来看，“美天早餐”覆盖了北京20余个白领密集的商圈和写字楼，并针对国美、腾讯、爱奇艺等公司员工开通了“公司专场”。

聚美优品主打早餐，京东则推出“拼豆夜宵”，联合饿了么，主攻23:00～5:00点的夜间餐饮配送市场。

此外，一号专车也与麻库小龙虾和麻辣诱惑合作了“一键龙虾”专车送餐服务，专攻小龙虾“吃货”群体。“楼下100”社区平台则推广芝士下午茶配送。连咖啡、爱鲜蜂等电商平台还提供咖啡、茶点等特色配送服务。

一场通过差异化配送服务吸引用户的餐饮外卖O2O大战即将爆发。业内人士分析指出，餐饮外卖O2O市场经过一年的发展，已形成巨大的市场规模，基本格局也已初步建立，作为后来者，聚美优品、京东通过差异化定位主攻“分时外卖”不失为明智之举，有利于聚拢稳定的用户群，为后续拓展市场打牢基础。

2. 懒人经济造就巨大市场

2014年O2O风暴席卷餐饮行业，随着移动互联网、大数据技术的发展，“懒人经济”兴起，餐饮外卖O2O亦顺应潮流成长为目前投资风口中的宠儿。

在国内市场，餐饮外卖O2O正展现出巨大的市场潜力。一方面，民以食为天，中国“吃货”众多，市场规模庞大。据国家统计局数据显示，2015年前3个月全国餐饮收入累计值达7 458.1亿元。

另据《2015年中国外卖O2O行业发展报告》显示，2014年我国餐饮外卖市场范围已超越1 600亿元，外卖O2O营业额为 95.1亿元，同比增加125%。

随着餐饮业竞争压力加剧，商家纷纷转向O2O平台寻求新出路，未来餐饮必定发展成“平台+商家”模式，巨头集中入市正是着眼于未来的提前布局。

另一方面，在互联网+的时代背景下，“懒人经济”成为新商机。越来越多的用户开始尝试在线预订，可以想家，外卖O2O乃未来餐饮业的发展趋势。消费模式的改变使得外卖O2O用户快速增长。

数据显示，2014年中国餐饮行业O2O在线用户规模达到1.93亿，2015年将超过2亿人，2015年中国餐饮O2O在线市场规模将达到2.64亿，比2014年增长36.79%。面对如此巨大的市场，餐饮平台商不惜大量“烧钱”，也要跑马圈地。

此外，手机APP已成为餐饮平台商的必争之地。随着移动互联网的发展，餐饮O2O用户越来越倾向于使用手机等移动设备进行订餐。数据显示，2014年餐饮行业O2O用户中78%通过手机等移动端进行交易，远超PC用户22%的比例。

这是外卖O2O快速发展的重要原因，也使得平台商在差异化产品定制、配送时段选择等方面能提供更多选择空间。

外卖O2O市场的迅速崛起带来巨大商机，众多平台巨头的“入市”必将导致新一轮“洗牌”，也将加速外卖O2O市场的迅速扩大。

3. 提升用户体验成突围关键

虽然餐饮外卖O2O市场吸引巨头纷纷“入市”，但挑战同样不少。首先，盈利模式尚不稳定，前期“烧钱”将带来不小的资金压力；其次，餐饮外卖对物流配送的要求较高，物流配送成为外卖O2O的一大痛点；最后，食品安全是餐饮行业的“生命线”，外卖O2O保障食品安全的措施仍不完善。

目前餐饮外卖O2O市场已从拼补贴优惠的粗放式竞争，逐步进入拼用户体验阶段，在这场突围战中，如何强化配送服务的“最后一公里”能力、如何提升用户口碑、如何以差异化手段塑造品牌优势将成为破局关键。

首先，通过差异化手段打造具有影响力的品牌吸引用户。由于餐饮行业市场巨大，用户消费喜好迥异，通过自由配餐，分时配送的手段“专攻”特定用户群将成为外卖O2O的主要方式。如何找准定位，把握用户需求，迅速吸引用户将成为大部分商家需要面对的课题。

其次，自有物流团队建设将成为各家的竞争发力点。由于餐饮外卖对及时配送要求较高，目前物流行业并不能完全满足用户需求。如何在配送“最后一公里”上获得优势，将成为获胜关键。同时，自有物流团队配送员身着统一服装，配置电动车和送餐箱，会让消费者感觉更正规、放心，增加信赖感。

最后，用户体验的打造是创造竞争优势的关键。“外卖”与“外卖服务”，尽管只有两字之差，但给用户带来的体验差距却很大。对于餐饮O2O企业而言，不但需要快速送达，还需要对服务流程管理及技术手段进行优化，提高配送人员的服务质量，打造完整的用户体验。硬件的比拼“烧钱”，打的是规模，服务的比拼“靠人”，决定着商家、品牌的高度。

外卖O2O市场崛起是餐饮业的趋势，也是平台商的机遇。群雄逐鹿，只有“硬功”远远不够，唯有苦练“内功”，打好“差异化”牌，在品牌和服务上下足功夫，方能在即将来临的激烈竞争中成功突围。

4.2 外卖O2O关键词

2014年年初，团购大战的硝烟还弥漫着，当烟雾渐渐散去的时候，周围都在谈论外卖O2O，润物细无声，当察觉到的时候，外卖O2O已经遍地开花了。外卖O2O的发芽或许细而无声，但是这之后的发展呈破竹之势，用轰轰烈烈来形容都不为过。

也许你对外卖O2O的了解仅限于在手机上下单，领个红包，开门从外卖小哥手中接过热腾腾的饭，没关系，简单六个关键词，这一年的外卖O2O大致情况你基本就心中有数了。

4.2.1　新风口

中国的餐饮市场规模上万亿元，团购、外卖都是入口，O2O的意义在于把商户聚集到平台，借信息化能力，帮助餐饮企业形成交易闭环，获得最为丰富的用户数据。团购之后，外卖O2O迎来了新一轮的井喷，之所以能够成为继团购之后的新一个风口，主要有以下两个原因：

一是外卖O2O自身门槛低，拥有明确的用户场景，功能强大且简单快捷。能够快捷、安全、优惠地吃上热腾腾的饭菜，这种“小确幸”（微小而确实的幸福）对于每一个在繁忙都市奔波的人来说都很向往，正是这样明确的用户场景给外卖O2O成为风口的理由。

二是美国餐饮配送网站GrubHub的上市以及巨头、资本的进入，给外卖市场提供了无限想象空间。外卖的刚需一直都存在，但此前苦于缺乏资金，外卖O2O的订餐系统和物流团队的建设提不上去。

2014年4月，美国在线外卖网站GrubHub在纽约证券交易所上市，IPO当日股价一度上涨50%，市值一度超过40亿美元。资本的疯狂追捧自然是炒热了外卖O2O的概念，巨额资金相继注入的同时又伴随着巨头的涌入。

2013年年底阿里巴巴推出移动餐饮服务平台淘点点，几乎同一时间测试上线的美团外卖北京主站吹响了美团进军外卖O2O市场的号角，到2014年4月百度外卖隆重登场，5月大众点评以8 000万美元入股“饿了么”并达成深度战略合作，共享外卖领域的商户数据和平台流量，整合外卖服务。

除了饿了么，到家美食会和易淘食几乎是在9月同一天宣布一个5 000万美元、一个2 000万美元的融资，外卖市场热得很，投资人乐于在这里投钱，反正天使轮之后有A轮，A轮之后有B轮，依此类推，抬高一个层级。

随着团购的市场红利逐渐消解，互联网企业们需要寻求新的机遇。目前外卖O2O的主要玩家，如图4-1所示。

项目名称	简介	模式	定位	今年融资情况	主要投资方
饿了么	线上线下一体化运营	平台	高校→全部	D轮8 000万美元；E轮3.8亿美元	D轮大众点评；E轮今日资本
美团	借团购资源上位	平台	全部	C轮3亿美元	泛大西洋资本
大众点评	泛吃喝玩乐生活平台	平台	偏白领	E轮亿元及以上美元	腾讯
淘点点	“淘宝+天猫”模式	平台	全部		
百度外卖	基于地图的外卖平台	平台	全部		
零号线	外卖平台+餐饮解决方案提供商	平台+自建物流	城市白领	A轮金额不详	红杉资本
到家美食会	家庭用户的外卖美食会	自建物流	城市家庭用户	D轮5 000万美元	京东商城
易淘食	B2B2C模式，一站式餐饮功能平台	平台+自建物流	全部	B轮2 000万美元	
生活半径	基于LBS，解决你的半径生活	平台+自建物流	全部	B轮5 000万元	国企投资基金
外卖超人	全球在线订餐平台	平台+介入送餐	白领+外籍	E轮8 800万美元	
点我吧	广义外卖网，餐饮、超市外卖+及时送达	平台+自建物流	中高端	B轮数千万美元	赛富亚洲基金
我有外卖	手机外卖订餐应用	平台	白领	A轮8 000万元	小米科技

图4-1　外卖O2O的主要参与者

4.2.2　新模式

想要进军外卖O2O，不一定非要做成大而全，从某个细微处着手开辟新模式，也不失为一种出路。外卖O2O由于产品高度的不确定性以及物流配送流程的难掌控，目前依然是一个高度碎片化的市场。

生活半径专注于配送市场，甘当绿叶成为其他流量平台的“管道”，简单来说，就是一些如饿了么、淘点点、美团等纯线上平台负责将订单给商家然后就此打住，而生活半径则要继续完成物流配送环节。

同样是注重配送市场，易淘食在自建物流方面有一个著名的“200条军规”，即12分制考核，配送人员具有“配送员+服务员”的双重身份。

易淘食在创立之初就强调致力于帮餐饮企业做自己的平台，而不强调做第三方平台，易淘食认为配送是有标准的，包括产品的密封，基本的服务质量等。

除了配送之外，零号线玩的是概念，其主打的王牌即“将餐饮企业电商化”，其创新之处在于推出“厨房店”的概念，即厨房就是店面，极大节约了选址、装修、服务员劳务费等成本，能够让商家将精力和资金放在打造极致的菜品上，这一创新效果很显著，“厨房店”的数量在零号线平台上只占了7%，却占据了30%的销售额。

“我有外卖”则玩的是硬件，因此融资能够获得小米的青睐。“我有外卖”称自己的硬件为“O2O外卖机”，用户在APP下单，商家通过外卖机接单，最快可达到90秒接单，并迅速反馈给用户，若商户端不及时，机器会自助发出催促警铃，另外，外卖机无须连接电脑、手机，也无须接连打印机，即可打印订单。

在外卖O2O的红海中，最重要的策略是，只要在对手忽略的任何市场空隙中找到未满足的需求点，就有生存的可能。

4.2.3　价格战

2014年2月，淘点点放出狠话，要拿1亿元做补贴，4月百度外卖悄悄上线，并于6月在北京发起每单补贴8元的攻势。

8月11日，饿了么联合分众传媒在上海推出20万份免费午餐活动，除了直接获取在写字楼里的白领用户，通过分众传媒在上海达到数千万人次的传播能力，饿了么还将获得品牌露出，在潜在用户中树立形象。

20万份午餐免费送、满减、赠饮、新用户优惠、免配送费，尽管每月外卖平台都会烧掉超1亿元的巨款，但烧钱大战的火越来越旺，丝毫没有减弱的趋势，如图4-2所示。

图4-2　价格战

价格战一向是中国人民群众最喜闻乐见的最强武器，尤其价格战在移动互联网行业被打车软件激烈竞争进化成补贴战。

先别急着说价格战没有技术含量，论技术含量的确几乎为零，但外卖O2O凭借着烧钱能够迅速获得订单，通常外卖单子都是强需+轻决策，用户选择低价是十分正常不过的选择。

用户喜大普奔、商户走量又有补贴、投资人看着业绩高昂舒心异常，何乐而不为?不过，这难免有一种用人参吊着精气神的即视感，实在不是长久之计。未来宜从可持续性的角度，考虑多花点资金在技术、系统上，考虑如何实现“快速送达”的核心痛点。

4.2.4 并购

2014年11月10日，作为外卖O2O大战曾经的玩家之一，开吃吧对外确认已被外卖超人以500万美元全资收购，原团队现已并入外卖超人，这成为外卖O2O行业内首例并购事件。

正如团购百团大战最后只剩下十几家团购网站一样，外卖O2O的淘汰率并不比团购低，那些外卖O2O的先烈们，比如饭是钢、绿淘等早已经消失不见。硝烟四起，外卖市场正被大块的瓜分，该站稳脚跟的也都靠着自己的看家本领站稳了脚跟。

外卖O2O正向2.0时代迈进，这其中必然伴随着“大鱼吃小鱼、小鱼吃虾米”的行业兼并整合，外卖超人之后，外卖O2O行业并购潮已经暗涌不断。

未来外卖O2O的企业必然将会越来越垂直化。圣诞节成都餐饮O2O平台“叫只鸡”获1 000万元天使投资，不仅自建中央厨房加工菜品，还提供“送鸡上门”服务。除了鸡，还有“叫个鸭子”，未来肯定还会出现诸如“叫盆鱼”、“叫只鹅”等利用单品实现爆破的小而美，如图4-3所示。

别急着质疑，只卖一道菜的黄焖鸡不还开了那么多家分店吗，至少只有一道菜的外卖O2O，效率绝对会提高不少。

图4-3　“叫只鸡”PC官网

4.2.5　“暴力”运动

外卖O2O的圈地运动，时不时还会伴随着“暴力”运动，外卖O2O的地面部队的肢体碰撞愈演愈烈，大有一种不见血不罢休的趋势，如图4-4所示。

2014年12月18日，饿了么把“暴力”搬上了台面，其官方微信“饿刊”发出一篇名为《美团，请放下拳头，拾起自尊》的文章，并获得广泛的转载。文章严厉谴责美团对饿了么员工无故殴打，彻底引爆了饿了么的忍耐底线。

图4-4　恶性竞争

文中提到，2014年12月17日饿了么绵阳市场部的一名女市场人员在从事正常的地推工作中，无故遭到美团员工的殴打，致使其鼻骨骨折，需要住院治疗，目前警方已经对此立案。

2014年11月14日在湖北荆州，美团城市负责人范某冒充外卖餐厅老板，打电话约出饿了么市场人员马某，到达约定地点后被冲出来的八个美团员工围住群殴。后经医院检查，马某左耳鼓膜破裂，听力严重受损，右手手指骨折。

而此前在10月份，一篇有关《搞外卖还是黑社会 饿了么全国多地暴力扫街形同黑社会》的文章开始在网站和微信上传播，其中提到，2014年9月25日，美团外卖员工董小平正在大学校区里发放传单，被饿了么员工夏宽等两人遇到，随后董小平被打，导致董小平头部受伤。

作为竞争对手，业务上出现冲突在所难免，但打架斗殴的方式明显是不智之举。毕竟送外卖上门，温文尔雅的礼貌男子肯定要比脸上青一块紫一块的大哥受欢迎得多。

2015年致力于提高员工素质将是每一个拥有外卖地面团队的必修课之一。

4.2.6 2.8万元罚单

2014年8月19日，浙江新闻广播联合浙江之声曝光的黑心作坊至今想起仍让人们心惊胆战。它们除了都具有无证经营、臭气熏天、脏水横流、厨房污迹斑斑等特点之外，还有一个共同点：这些黑心作坊都是“饿了么”、“美团”、“淘点点”等外卖点餐网站的推荐合作商家。

照片上诱人的美食，实际上可能是在居民区、板房，甚至是垃圾堆里做出来的，消费者看不到，工商系统管不到，卫生状况普遍较差，如图4-5所示。

图4-5 食品安全

11月28日，杭州市监局在两次约谈订餐网站并要求整改之后，开出了外卖O2O的第一张罚单，美团外卖网被杭州市监局处以罚款2.8万元行政处罚，饿了么被立案调查，同时对淘点点发出责令改正通知书。

想必平台方对商户的入驻肯定有严格的门槛规定，但是一线人员的前端调查门槛却不能令人放心，诸如此次的黑作坊事件，难免让人联想到地推部队在具体执行时，为了业绩，大概也只是睁一只眼闭一只眼。

企业发展要在稳定的基础上快速发展，多快好省并不是企业发展的核心法则，步子迈太大，一味地只注重商业利益，忽略消费者的感受和体验，将不能长远的发展和生存。

美团CEO王兴曾说过：“我不太担心现有的竞争对手，我们跑得更快。我在思考，有没有更新的模式，如果要革命，我希望是自己革自己的命。我始终战战兢兢，如履薄冰。”

快速“奔跑”并没有错，但是并不是要接受垃圾的商家信息，接受无证经营、脏乱差等不良信息。正如一把尖刀，锋利足够，但若持握方式不对，伤的是自己。只有练就绝世武功，才能够驾驭那一把绝世好剑。

这年头风口越来越多，“猪”也越来越多，外卖O2O的风口红利还将持续很长一段时间，站在风口，要做成那头“猪”，还是要拿出点看家本领来的。

4.3 外卖行业的O2O落地化案例

移动互联网快速发展，在我们的生活中无处不见。它将一步步改变我们的生产方式以及生活方式。整个社会的基础都将发生“质”的变化，由传统经济向知识经济过渡，达到智能化。

生活节奏越来越快，消费者对服务性要求更高，速度更快。衣食住行中，民以食为天，相应的订餐网站蜂拥迭起。2014年国内有15家外卖O2O网站平台。分别是：饿了么、到家美食会、淘点点、大众点评、美团外卖、点我吧、生活半径、零号线、绿淘网、美餐网、香哈网、外卖库、易淘食，129T和开吃吧。

4.3.1 饿了么：线上线下一体化运营

“饿了么”是中国最大的餐饮O2O平台之一。最高的日订单量峰值其实超过了200万，市场占有率高达60%。“饿了么”向用户传达一种健康、年轻化的饮食习惯和生活方式。除了为用户创造价值，饿了么率先提出C2C网上订餐的概念，为线下餐厅提供一体化运营的解决方案，如图4-6所示。

饿了么是整合了线下餐饮和线上网络资源，需求用户通过手机、电脑即可搜索到周边餐厅，进行在线订餐。线上聚集300万优质用户，线下连接5万家商户，外卖单量在6月份达到了日均30万单，占整体在线外卖市场的80%。

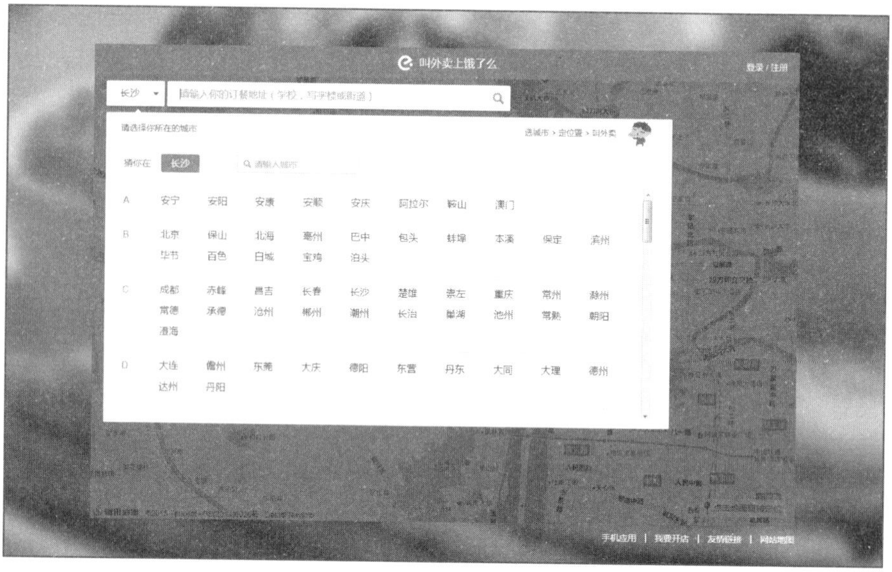

图4-6 饿了么PC网站

在外卖业务日益庞大后，饿了么正朝向汇集不同业务形态的生态系统发展，以外卖订餐业务为核心，物流、快消产品分发、外卖品类多样化等都在成长，向全面的O2O企业转型。

饿了么通过移动互联网，可以将上游的中小餐厅以一个外卖APP实现线上订单，而下游的商家，则使用区域运营模式：某个城市区域中的餐厅，只为自己力所能及的街道、小区提供服务，例如北京市五道口区域约有上千家餐厅，能给在这个区域订外卖的用户提供外卖服务。

4.3.2 到家美食会：家庭用户的外卖美食会

到家美食会成立于2010年，与饿了么几乎同时起步。那时还没有什么人大谈特谈O2O，可孙浩与张旭豪却都看到了这其中的机会。但是，不同于饿了么的轻模式以及高调、快速的扩张，到家美食会则是另一个风格：更重、更稳健、更低调，如图4-7所示。

到家美食会主打中高端餐饮品牌的外送服务，通过自建物流团队、到餐厅上门取餐并且派送至用户手中，来为原本不提供外卖服务的餐厅提供配送服务。这与饿了么、美团、百度外卖瞄准大街小巷的众多小餐馆策略不太一样。

图4-7　到家美食会PC网站

中高端餐饮品牌的外送服务市场空白。外卖行业并不是有了互联网以后才出现的，传统外卖提供商做的都是低端市场，中高端餐厅却一直不怎么做外送服务。到家美食会看到了外卖O2O的机会后就果断切入了这个空白市场。

中高端餐厅的服务能力比较成熟。一方面，这些餐厅对菜品的烹饪时间、烹制质量等服务细节都有比较好的品控。另一方面，大餐厅往往有自己的IT系统和良好的IT服务能力，到家美食会只需在IT系统上与其完成对接即可。

中高端餐厅能为到家美食会提供更大的利润空间，平均客单价高，自身服务获得餐厅较高的认可，因此餐厅给出的返佣比例也比较高，一般在十几元到二十元之间。对于到家平台上的每一张订单来说，其经济性要比其他外卖O2O平台都要好。

到家美食会不打价格战，用自己的服务理念和服务质量与用户和商家形成稳定的信任关系，从而形成自身的护城河。

到家美食会在2014年9月获得5 000万美元融资后，并没有进行高调扩张。根据到家美食会当时公布的数据，其在北京、上海、杭州等8个城市的服务，用户数量接近一百万，有超过1 000人的配送团队。如今，到家美食会的城市覆盖仍然是8个，配送团队增加到2 000多人，用户规模超过百万，日单量为数万单。

到家美食会更加强调经济导向，也就是看重每一个经济单位上（每一张订单）的毛利是不是可持续的，这个利润是不是能让公司持续往前走的，说到底，到家美食会要保证的是可持续的盈利能力。

外卖平台的盈利来自商家和用户的价值认可，而这份认可还是要回归到到家美食会可以提供的服务上。这也是到家美食会坚持要做重模式、做重度垂直的原因，只有这样才有可能对这个服务链条上的各个环节都做好服务品控。

4.3.3 淘点点：淘宝+天猫的营销模式

淘点点是淘宝于2013年12月20日宣布正式推出的移动餐饮服务平台，支持消费者点菜、点外卖和找优惠，如图4-8所示。

图4-8 淘点点PC官网

淘点点选择了一条比较新的模式。脱离了之前普遍的团购O2O逻辑，那种只靠打折吸引用户的粗放做法彻底被阿里放弃。但好景不长，经过一段时间的实验后发现，本以点餐定位的淘点点其中有一半以上的下单都是冲着“订餐”去的。于是在2013年9月，淘点点正式确定自己的定位，点餐和外卖订餐业务各占一半。

淘点点的模式非常简单，整体的思路就是在仿制淘宝。类比来说就是，淘点点就是要做餐饮界的手机淘宝。淘点点并没有建立自己的地推团队，更没有自己的物流团队，主要的模式依靠合作+TP推广，淘点点团队自身只是一个资源集合体。

目前，淘点点的主要合作方有这样以下几类：

1. 线下TP团队

这也是淘点点自己不做线下的原因，这些团队目前是帮助淘宝寻找中小商家的主力军，这些团队以说服并帮助线下餐饮成功注册淘点点并产生线上订单来与淘点点分成。目前，是淘点点的主要合作模式。

2. 大型餐饮连锁

与淘点点有过亲密接触的餐饮连锁有俏江南、便宜坊、嘉和一品等，这些连锁企业都以注册店面的形式接入了淘点点，也是淘点点近期做活动吸引顾客的主力军。

3. 餐饮系统提供商

数据是淘点点未来最大的看点，淘点点借助与多家餐饮系统软件商对接的方式接入了大量数据，并因此实现了线上点菜到店消费的功能，但这一点仍然是要与餐饮企业本身进行沟通后方可实现。

4.3.4 大众点评：以合作的方式圈地外卖O2O

外卖O2O目前正在风口浪尖，同为本地生活服务O2O领域的领跑者，大众点评在外卖领域却做出了非常明智的选择。2014年5月，大众点评与既有投资人斥资8 000万美元入股外卖平台“饿了么”，本次合作大众点评与饿了么在餐饮外卖领域的商户数据、外卖服务及平台流量方面都进行了深入的对接与整合。

大众点评网于2003年4月成立于上海，是全球最早建立独立第三方的消费点评网站，已成为本地生活必备的一家移动互联网公司。大众点评不仅为网友提供商户信息、消费点评及消费优惠等信息服务，同时亦提供团购、电子会员卡及餐厅预订等O2O交易服务。大众点评外卖是大众点评旗下的一个新增项目。2014年1月初，大众点评外卖在首页亮相，支持在线和电话下单，部分电话下单餐厅可查看菜单，如图4-9所示。

图4-9　大众点评外卖PC网站

与此前不同的是，大众点评“外卖”这一刀不像团购、预定业务等完全自己干，也没有选择酒店旅游业务与OTA合作分佣，而是采用入股合作、深度整合数据的方式。O2O是一个特别大的市场，即使细化到餐饮业务，也没有任何一家公司可以覆盖所有业务。

选择与饿了么合作，可以在自己运营的基础上覆盖更多商户和城市，为用户提供更加全面的外卖服务，助力其更快速打造本地生活服务O2O生态圈。

TIPS：

饿了么选择大众点评入股，其实跟大众点评选择腾讯入股很类似，即参股方不仅能带来公司发展必须的现金，还能带来流量、业务整合。而大众点评的外卖服务也可以随着入股饿了么得到快速提高。这样的合作就不是简单的加法，而是对双方都有利的乘法效应。

4.3.5　美团外卖：借团购固有资源上位

美团网于2010年上线，经历了行业疯狂扩张；2011年千团大战；2012年行业洗牌，年底坐稳宝座。2013年12月19日，美团外卖在美团北京主站测试上线。借助以前美团积攒的用户群，把聚会团购的白领扩张到足不出户的平日订餐大军中，如图4-10所示。

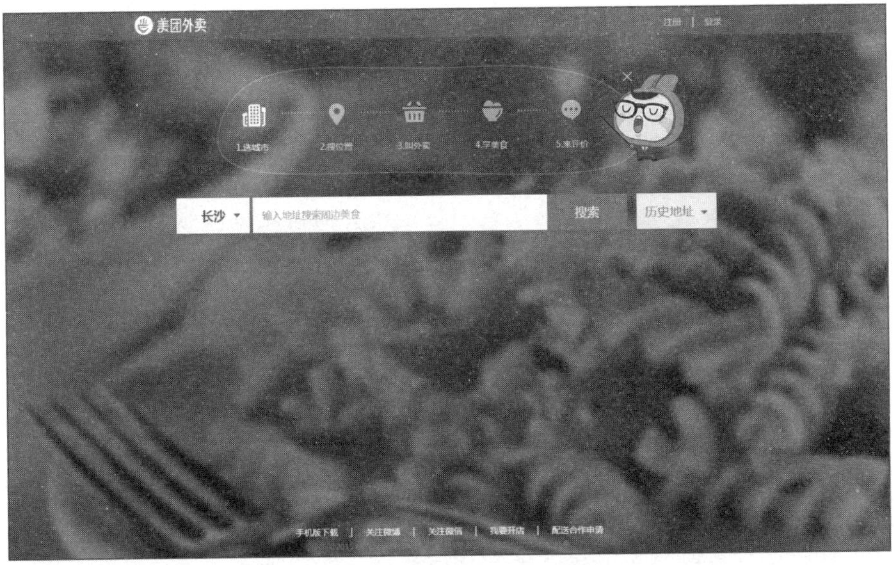

图4-10　美团外卖PC网站

美团外卖注重校园和商厦的推广，因为这类地方的人群大都没有时间离开自己的位置。更多的人要坐在电脑前工作学习或者并没有太多用餐的时间，如何买饭便成了问题。与此同时，美团外卖借由移动终端已经取得的成功来二次推广，利用已经形成的品牌效应进行线下宣传，在原有的口碑上提供新的服务，自然是水到渠成。

美团外卖的市场营销策划做到了“适时”和“重机”。在团购方面取得成功后，进而实施水平多角化的发展战略，充分利用了现有的营销能力和渠道，在已经获得的顾客基础和品牌效应下，形成了以团购的短期营销需求和外卖的长期营销需求的互补，形成了团购+外卖的完整产业链。

市场营销要立足于企业现状和销售目标，美团外卖为了提高服务质量，引导用户UGC积累点评，在“送餐时间”、“服务态度”、“外卖满意度”等几个方面进行消费者信息反馈。

在Search模式下，消费者在选择商家的时候也可以针对需求进行分类，必须按送餐速度排序，那么送餐时间较短的商家便会出现在最前边，这满足了顾客满意和企业利润最大化的市场营销管理的目标，便捷了用户的使用，也激励了商家提高服务质量，一举两得。

市场营销的核心功能是交换。无论是商家还是美团外卖都在合作中达到了双赢，以合同为基础建立了分销渠道纵向联合的联营形式，且双方都在宣传中得到了好处。商家通过在平台上展示和宣传自己的店铺，提高服务质量来吸引了更多的消费者，带来了客流，提升了交易量和知名度，甚至不用为了租用黄金地段的店铺支付大量租金而烦恼。

而美团外卖通过美团移动端直接性宣传和商家店铺内张贴的海报、桌角的二维码贴纸和外卖袋子上的信息进行间接性宣传，同样达到了推广效果，拥有了多余C2C、B2C数倍的现金流，吸引更多消费者和线下生活服务商家，同时平台上巨大的广告收入空间更是其日后盈利的重要依靠。

另外，美团外卖采取的拉式促销策划，通过创意新、高投入、大规模的广告轰炸来达到由下至上，层层拉动以实现产品推广的目标，也是其成功的一个因素。

在美团外卖刚推出的投入期内，借此达到先声夺人，快速占领市场的初期目的，进而扩大市场影响力，吸引更多人来尝试并成为其忠实客户。这种拉式促销和形成商家与平台双赢的广告效益的策划，是美团外卖迅速占领市场的成功之处。

TIPS:

美团外卖在市场营销策略中从洞察消费者的心理需求、利用自己的品牌效应和消费者的品牌忠诚度、把握出场的时机、采用适度地削价促销、互利共赢的广告模式、良好的策划方案等多个方面紧紧把握住，整体规划，在美团团购成功之后，迎来了美团外卖线下交易的新的春天。

4.3.6 点我吧：不只有外卖

“点我吧”依托餐饮外卖起家，联合快客、联华等商超巨头大力发展超市商品外卖（外送），并提供跑腿等即时送达的服务；“点我吧”被定位为“广义外卖网”，是国内最早涉足外卖O2O领域的公司之一。2012年，“点我吧”获得戈壁投资200万美元的首轮融资，此次获得B轮千万美元融资，成为外卖O2O领域又一成功融资的案例，如图4-11所示。

图4-11　“点我吧”外卖PC网站

点我吧集合专业的在线生活信息平台和线下即时配送物流，为用户创造便捷、安心的生活，为合作伙伴拓展业务和影响力半径，开创第三方外卖服务。其服务类型主要分为以下三种：

（1）取送：必须是小件物品，体积不能超过配置的专用配送箱；

（2）代购：仅限普通商店的商品；

（3）便民：仅可选择与公司合作的日常生活服务商家，无须支付跑腿费。

“点我吧”外卖有以下5个特点：

（1）“点我吧”定位于中高端的餐厅外卖，合作商家包括外婆家，翠华、汉堡王等知名品牌餐厅，定位白领市场的外卖O2O服务，注重服务品质，为客户提供便捷安心的高品质外卖服务。

（2）“点我吧”提供平台服务的同时，还提供线下的物流配送体系，一个商家最大配送范围达到6公里，商家只需配合做好餐品即可，属于重物流的外卖O2O平台。

（3）“点我吧”无分区模式，以用户为中心，以商家为中心的模式，最大限度地保障商家利益，满足消费者需求。

（4）“点我吧”的调度系统使分布在城市里每一位配送员都是可定位的，系统会自动根据订单情况，进行一系列的算法，将订单分配给最合理的配送骑士，智能规划其最优路线。

（5）“点我吧”依托外卖服务所积累的运营经验和运营能力，大力发展了本地生活中的超市商品外送等“广义外卖”服务，解决了物流人员的工时利用率问题，确保了盈利可行性。

“点我吧”不同于其他外卖网站的是超市频道，其超市频道的销量已经占到了点我吧整体订单量的35%，并且增长速度已经远超外卖业务；此次融资后，“点我吧”大力发展超市频道，为同城居民提供超市商品的即时配送服务。

餐饮外卖在中餐和晚餐时段是高峰期，其余时段配送员则比较空闲，超市频道可优化人力资源配置。超市商品不同于外卖餐品，其处理流程相对而言简单许多，对网站的销售额的贡献也十分巨大，超市频道可以打破外卖网站单一的业务结构，给外卖网站带来新的生命力。

4.3.7 生活半径：外卖O2O的“绿叶配送”

宅男宅女们日益增多，使用微信、大众点评、美团、淘点点等APP叫外卖逐渐流行。不过，很少有人注意到，在这些外卖APP背后，存在一家叫作“生活半径”的公司，没有这家公司，外卖的咖啡、粥、盖饭、蛋糕、小食品等，可不会自动到达家门口。

“生活半径”就是这样一家餐饮O2O（线上到线下）创业公司，不推广自己的APP，“甘当绿叶”成为其他流量平台的“管道”，如图4-12所示。

生活半径干的事，其实很容易表述清楚。先汇总展示商家信息，再利用后台调度系统把用户订单分发给配送员，最后送给相应用户。然而生活半径不愿被简单理解为“送外卖的”，准确一些的定义是：基于LBS（位置信息服务）的O2O本地生活电子商务平台。

移动互联网时代，各个线上平台的流量优势已经形成，“巨头天然具有优势”。生活半径深耕了4年时间，和用户有很深的链接。本地生活服务是服务质量的PK，不是谁流量大，就能站得住的。这就是生活半径舍弃自家APP发展机会，居于幕后，将流量拱手相让的原因。

图4-12　生活半径外卖PC网站

现在为大家所熟知的餐饮O2O大都属于纯线上平台，比如，饿了么、淘点点、美团等，负责将订单给商家，然后就此打住。生活半径要做的则是要继续完成物流配送环节。生活半径的期望是，成为“O2O”中铁打的线下“O”。无论线上的O是谁，都离不开线下“O”的支持。

4.3.8　绿淘网：打造优质的线下服务

绿淘网为消费者提供一个统一的、高品质的线上订外卖、线下配送的一站式整合性外卖平台。通过互联网电子商务技术、呼叫中心系统建立网络下单平台、400热线电话下单平台、专业化配送团队、呼叫中心、调度中心，着重为客户提供优质、高效、便利服务。主要经营的项目有：餐饮外卖、干洗服务、后期拓展粮油、蔬菜水果、糕点零食等在线预订及配送服务。

2013年6月，绿淘网设立天津分部，踏出了由北京市场向全国市场规划的第一步。绿淘网技术依托于专业的软件团队，开发出“电话订餐呼叫中心软件”，这款软件集呼叫中心、客户管理、配送监督为一体，整个订餐流程和业务达到无缝对接，确保订餐体系的进一步完善。

运营管理上，绿淘网借鉴并融合凯龙集团几十年的管理经验，不同部门之间互相协调，确保了整个服务流程的畅通。目前加入绿淘家族的有麦当劳、肯德基、庆丰包子铺、吉野家、京味斋等网站，如图4-13所示。

图4-13　绿淘网外卖PC网站

从消费者的结构分析来看，绿淘网的目标客户分为两类：商务外卖客户、家庭外卖客户。商务外卖客户时间主要集中在上班族的午餐，地点在商业写字楼。这部分客户对时间要求比较高，产品选择上以商务快餐为主，一般为团体订餐。

家庭外卖客户时间主要是家庭晚餐、衣物干洗，地点在居住社区。这部分客户对餐品质量要求较高，时间要求不是非常严格。

绿淘网拥有统一的线下配送团队，这个配送团队是绿淘网想要打造的核心竞争力。为了提高整体的服务质量，从一开始，绿淘网聘请了有着多年物流管理经验的段里军来负责这个配送团队，实施军事化管理，员工统一住宿、培训等。

目前配送团队已发展到50人。“得物流者得天下”充分地表达了绿淘网对物流的看重，打造标准配送服务的物流团队将会是绿淘网与其他竞争对手之间的门槛。

4.3.9　美餐网：菜单详细的外卖服务

美餐网成立于2010年10月，2012年2月15日，在线订餐网站“美餐网”(meican.com)获得徐小平真格基金及九合创投基金的联合投资；

2014年3月12日，已完成B轮千万美元融资，由NGP（Nokia Growth Partners，诺基亚成长基金）领投，A轮投资人KPCB跟投。

与融资同步推进的还有美餐的新版网站，更加强调餐厅、信息定制化以及信息匹配度。美餐网定位为“附近的外卖详细菜单”，目前在北京已收录8 000多家餐厅的数据，同时提供账户支持在线支付。

用户打开网站后，即可在地图模式下，基于所在地点，选择附近提供外卖服务的餐厅。而在餐厅的页面上，除了提供菜单详情外，也会显示外卖的时间，是否有送餐费，起送金额，以及送餐距离等信息，一应俱全。用户在线或电话下单后，餐厅依靠自有的送餐体系提供服务。而且用户还能追踪订单进度，甚至还可以催餐，如图4-14所示。

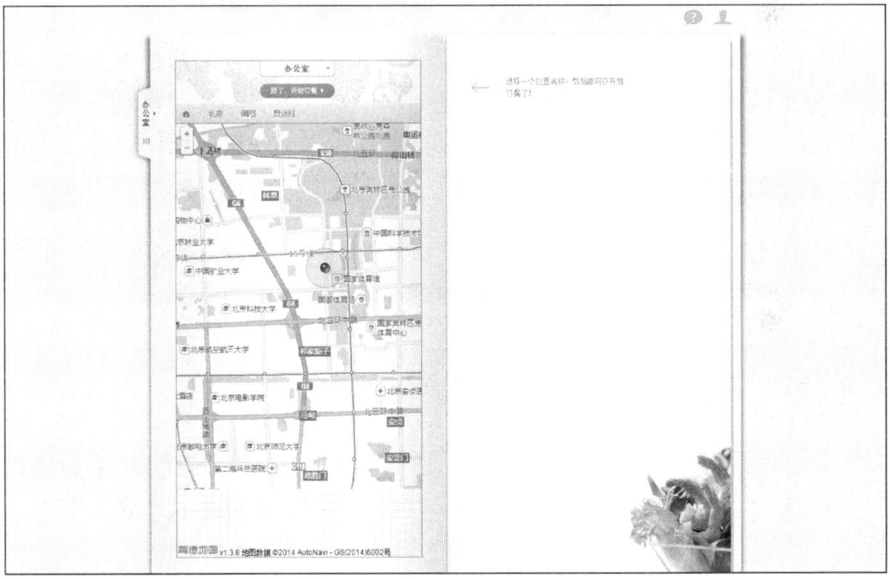

图4-14　美餐外卖PC网站

美餐网是一个提供小半径服务的在线订餐网站。在美餐网之前，订餐网站分为以下两种模式：

（1）既备餐、又送餐的模式，如丽华快餐、麦当劳；

（2）不备餐、只送餐的模式，如Sherpa's、到家。

第一种模式，送餐速度稳定，但餐品选择单调。第二种模式，受限于网站的合作餐厅数量，还要另付一笔送餐费。

区别于这两种模式，美餐网通过利用上万家餐厅的备餐、送餐能力，形成上万个小半径服务网络。帮助用户方便地找到附近商家，并享受送餐服务。所以，用户既拥有最完整的餐厅选择，又不必另外支付送餐费用。

从团购的O2O模式来看，团购网站对商家服务的把控能力非常有限，与商家的关系不紧密，因此时常在服务类团购方面出现问题，损伤消费者的积极性，也阻碍了其本地化服务的发展。对于O2O模式来说，如何去统筹兼顾线上交易和线下服务是发展的重中之重。

团购是通过有吸引力的价格，唤醒用户的沉睡消费需求。有的商家虽然接受团购价格，但提供的服务也经过了简化，与用户的心理预期不一致，可能产生很差的口碑。而商家做出让价，希望能获得正面口碑，有时却适得其反。所以两者的预期管理都没有做好。

美餐网满足的是刚性需求，不是以低价、省钱去拉动用户需求。用户每天要吃饭，美餐网帮他们和商家建立稳定的消费关系，并优化体验。用户在消费之前，预期就很明确，只要餐品和送餐速度稳定，第二天就还会持续消费。而商家也珍惜这样的稳定客源。所以两者的预期管理不容易出现偏差。

对于用户反馈的信息，美餐网会及时转交商家，帮助其改善服务。如果多次出现问题，美餐网会对餐厅降级处理，并提醒用户可能会出现的问题。

4.3.10 香哈网：不只教你做菜

香哈网是一个专业的美食网站。香哈网除了是专业的学做菜平台之外，还是一个免费的外卖订餐平台，24小时外卖送餐电话、外卖菜单等。涵盖了中餐、西餐、糕点等各种类型的餐馆，海量菜单随心挑选，仅需一个电话，美食到身边，足不出户，也能享尽美味佳肴！为用户提供周边餐馆的详细信息，如图4-15所示。

目前，香哈网上的餐馆信息已覆盖了北京市大多数的区域，收集了6 000多家餐馆。香哈网致力于为用户建立外卖订餐信息平台，同时为餐馆建立网络营销平台。香哈网通过菜谱APP推广，广泛的吸引流量，宣传自己的企业。

香哈网外卖通过食谱积累的用户，建立外卖平台。通过整合菜谱的人际关系资源，增加香哈网外卖的流量，从而获得广大商家的加盟，从中获利。香哈网是餐馆免费的信息展示平台，让顾客随时随地地了解餐厅的服务，同时，还能为餐馆建立起良好的品牌和口碑，充分利用了线上和线下连接的优势。

图4-15　香哈外卖PC网站

4.3.11　外卖库：随手拍外卖单积累信息

已经在业界热炒多年的O2O概念，近期随着微信等超级APP的普及，再次成为创业的热门领域。外卖信息是一个硬性需求，躲在大都市写字楼里的白领上班族们有着大量的外卖需求。

外卖库致力于做一个免费提供饮食外卖信息的网站，把各家餐馆的外卖菜单分局地区放在网站上，明确标注菜名、价格、送餐价格、送餐范围等信息。外卖库推出随手拍外卖单，希望用随手拍外卖单这样的众包行为打造更全的外卖信息。

打开外卖库APP，除了有与“饿了么”APP一样的附近品牌商家外卖信息之外，还在首屏的显著位置放置了“星探”的功能，即随手拍外卖单的功能，如图4-16所示。

外卖库将收集外卖信息的众包过程集成在APP中，用户点击星探功能，即可进入随手拍外卖单的环节,用户在APP的指导下拍摄外卖单的正面、反面和局部放大的店名和地址信息，如图4-17所示。

外卖库用返现和排行榜的方式来激励用户上传外卖信息，每个成功审核的外卖单信息都将获得2元的奖励，同时，外卖单还有一个上传排行榜和勋章积分系统来激励上传最多的用户，如图4-18所示。

图4-16　外卖库APP首页

图4-17　随手拍外卖单功能

图4-18　排行榜

在O2O外卖这一类的创业中，标准化、品牌化优化整个外卖流程是一个长期的工程，但在信息化的外卖信息还远远没有达到丰富的时候，外卖库的这种众包的方式不失为一个好的做法。既可以快速地丰富外卖信息，完成线下到线上转换的第一步；而且在后期的运营中，还可以充分利用众包所带来的社会化属性，发展社区化的运营方式。

如果社区化互动方向多走一点的话，外卖信息其实完全可以融合“街旁”签到应用类的城市探索功能，即打通商家发现和商家外卖销售的流程，让外卖这一形式的APP变成一个综合的线上—线下互动的社区应用。

4.3.12　易淘食：一站式餐饮功能平台

易淘食是国内首家一站式网络餐饮功能性平台，为顾客提供网络外卖订餐、餐厅定台、食品饮品订购及物流配送等服务。易淘食为消费者提供了线上线下的餐饮娱乐优惠、零食饮品网络订购服务以及安全的网络支付平台。同时为商家在广告营销、网络预订、人才招聘等领域建设有共享系统，如图4-19所示。

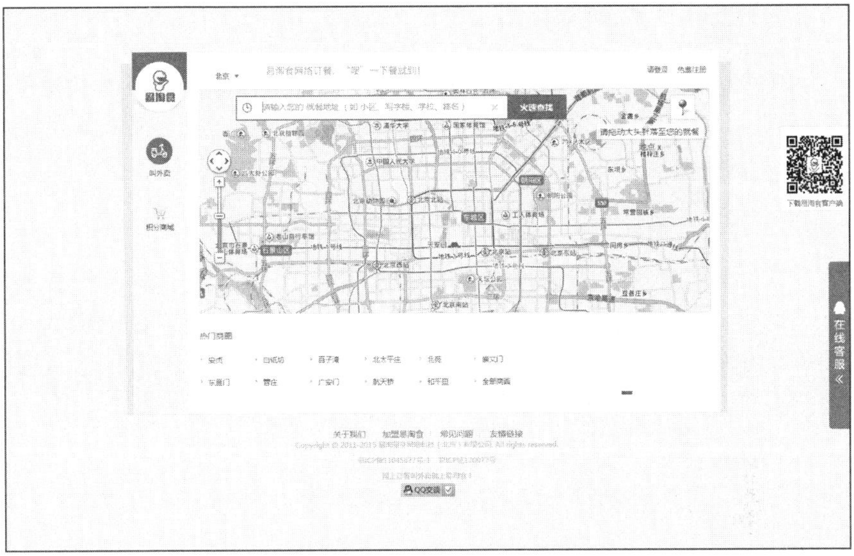

图4-19　易淘食外卖PC网站

在饿了么、淘点点、美团外卖、外卖超人等外卖公司都将重心放在“用户”一端时，走 B2B2C 模式的易淘食则想用先服务商家，由商家本身去获取用户的思路来进行差异化，为此，易淘食发布了“全网餐厅”系统。

易淘食的“全网餐厅”系统包含以下三个部分：

第一部分是帮商家做好电商化的前端——开发官网、移动App、微信公众账号、百度轻应用等面向用户的“门面”；

第二部分则是帮商家做后端管理，通过 CRM 系统、呼叫中心、物流调度系统等帮商家完成订餐下单、配送、用户管理等环节；

第三部分则是帮商家统一接入大流量的互联网平台，比如淘点点、高德地图、新浪微博、搜狗地图、百度地图等应用以及各种垂直的网络外卖与订餐平台，也就是说易淘食并不将这些商家圈在自身的 2C 订餐网站之内。

易淘食并不是餐饮O2O行业中的先行者。相反，易淘食成立之时，餐饮团购领域因美团、大众点评等互联网企业硝烟四起，网络外卖市场又被饿了么、到家美食会等新兴企业瓜分蚕食。易淘食是典型的后来者，最终以网络外卖为切入点进入餐饮O2O行业，这多少让人觉得有些匪夷所思，其实易淘食有自己的考虑。

团购模式虽然能够实现交易闭环，但是牺牲了商家的价格体系和服务品质，因此不能作为一个餐厅常态的互联网营销方式；网络外卖平台是常态式的分销服务，但市场上的现有平台的业务主体都是围绕消费者展开的，并没有站在商家角度帮助商家解决问题。

互联网公司的最大交易量都来自于品牌，因此“保证商家利益最大化”成为易淘食的错位竞争的“法宝”。餐饮O2O行业成功的关键便是一定要保证商家的利益最大化，只有让商家受益，商家才能主动配合互联网平台提供极致的用户体验，最终实现线上和线下的最佳用户体验。

4.3.13 百度外卖：做有技术的外卖

互联网最热门的话题莫过于O2O，而O2O中最激烈的应该属于外卖行业了，除了较早推出的饿了么，互联网巨头们也纷纷介入，如淘点点、大众点评外卖等。按捺不住的百度终于也出手了，百度外卖依托百度地图进入了市场竞争。

经历“忽悠”的阶段后，现在人们基本已经对O2O的成功法则达成共识：要甘于做苦活、累活、脏活。不过百度外卖却不是如此，百度外卖不光在品质上坚持“高大上”，还申请了18项专利，18项专利中包括12个外观专利和6个发明专利，丝毫没有O2O领域渐浓的“土气”。

6个发明专利，全部围绕物流优化。细看这6个发明专利，如果不说这些发明专利属于百度外卖，一定会认为这是哪家“拥有核心科技”的物流公司申请的，所有发明专利全部与物流配送相关。

简单来说，这6项专利包括掌管物流系统的“大脑”、订单的实时监控技术、调节运力合理排班的方法、配送路径优化技术、查找配送异常情况，甚至还有实境模拟类的高端测试技术。其中几项技术别说在外卖行业，就是放置在大物流行业来看，都有非常强的创新性。

比如“订单处理方法和装置”的专利技术，结合了骑士运力和订单时间等各方面要素进行订单分配，可以说是物流系统的大脑，对于拥有“百度大脑”的企业来说，做成节能又高效的订单自动化分配系统并不意外，这是百度外卖最为核心的技术优势，如图4-20所示。

图4-20　百度外卖PC网站

与其他外卖平台为拼规模不惜让黑作坊入驻不同，百度外卖走的是品质外卖的道路；跟别人靠销售人员跑市场的线下扩张路线不同，百度外卖用专利技术提升线下效率、深耕用户体验。

在几乎所有人都将目光对准O2O的时候，百度外卖却扎扎实实地做了可能主导未来10年O2O技术风向的专利创新。直到这些专利曝光人们才恍然大悟，原来百度外卖做O2O并不只是线上优势，线下才是百度O2O真正的抓手所在，且仍体现出百度强人的技术基因。

4.3.14　开吃吧：订单处理是关键

2014年，继饿了么、到家、易淘食、点我吧等外卖网站成功获得融资后，模式和饿了么接近的订餐网站“开吃吧”订餐网也获得了国外一家机构的数百万美元的战略投资。

2012年2月“开吃吧“获得知名投资人100万元的天使投资，这笔资金犹如雪中送炭，拥有资金后，“开吃吧”立即上线新功能，更新系统，还推出了自主研发的GPRS无线订餐机，首创了微信订餐及商家接单方式，低成本打通信息闭环。

在商家接单方式以及让订单信息行程闭环方面，“开吃吧”比竞争对手有更多的低成本选择。比如，订餐网站都有很大一部分订单都是通过双向短信下发及返回处理状态。但统计数据表明，这个模式会产生大量的客服工作量及无效订单。

因为短信通道的信息正常下发及处理状态上行的比例不可能是100%的。特别是国家对短信通道管制的时期，很多订餐网站都因为通道问题产生了很多的无效订单。

而“开吃吧”因为很早就接通了微信的消息机制，让商家通过微信接收订单并确认返回状态，用户也能通过微信下单，并跟踪订单处理的状态，及时收到微信的消息提醒。一方面提升了用户的订餐体验，另外一方面也极大地降低了短信通道的成本和因之而带来的客服成本。

另外，“开吃吧”还给商家提供一种自主研发的无线订餐机设备，用来自动化地接收来自于“开吃吧”平台的订单。在中国，大部分中低端外卖商家短期内是不具备上网条件的，所以通过这种相对较傻但比较稳定的方式接单，目前还算是一种比较好的选择，如图4-21所示。

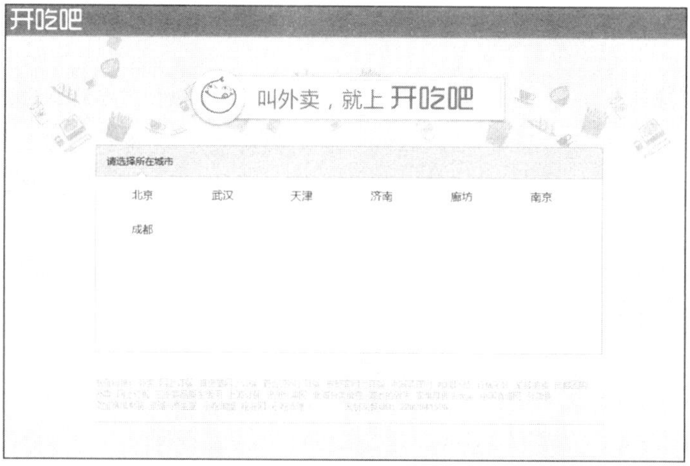

图4-21　开吃吧PC网站

4.4　国外O2O新形态：打车与外卖相结合

在国外，私家车与外卖O2O业务相结合已形成一种趋势，在餐饮界尤其是外卖O2O领域，这种新型业态或许应该叫作共享型配送外卖O2O，共享型配送外卖O2O是基于私家车的汽车辅助业务，案例如下。

案例一：Doordash商业模式学习打车软件Uber，45分钟送达

旧金山外卖O2O公司Doordash的商业模式基本就是学习打车软件Uber，利用O2O整合线上线下资源，做一家比轻资产模式略重的外卖O2O公司，更侧重快速物流跑腿服务，拥有物流配送团队，45分钟送达。

值得注意的是，Doordash手机端和PC网站端体验基本一致，而“become adriver”功能仅存在于移动端，拥有车的车主可通过智能手机申请加入Doordash的配送团队。而后者自身并不雇佣配送团队，仅通过技术能力管理松散的众包配送服务。在国内，达达的商业模式与Doordash极其相似。

目前，Doordash专注于送餐服务，未来会将服务拓展到生鲜的配送，有可能成为另一个Instacart；且其近日已拿到3 500万美元B轮融资，估值6亿美元。

案例二：Gesoo支付方式和配送方式学习Uber，1小时内送达

Gesoo是洛杉矶华人送餐平台，目标用户专注于具有更高食品忠诚度的华人用户。华人与其他美国居民不同，其第一选择永远是中餐，而地道的中餐比美式快餐价格更高，如图4-22所示。

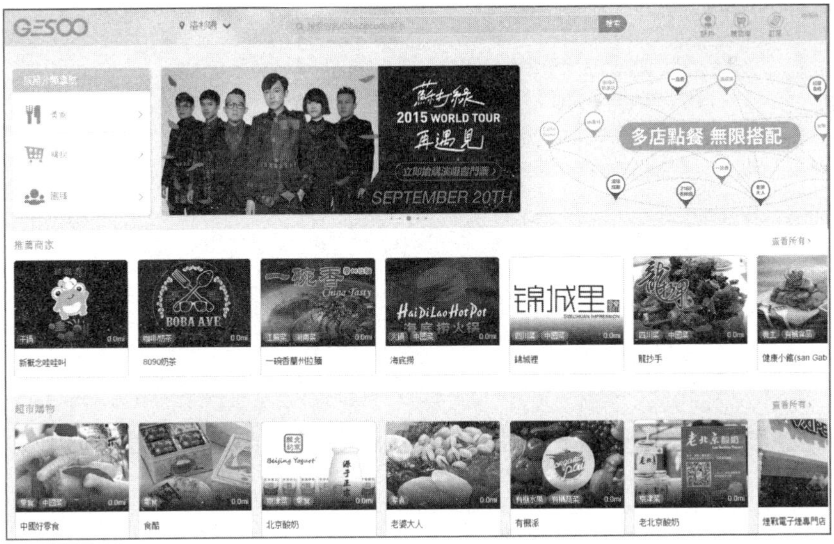

图4-22　Gesoo PC网页

用户可在网上看到洛杉矶最热门的数百家中餐馆、日餐馆和韩餐馆等，在网上点餐的价格要比实体店面的点餐的价格降低10%，而Gesoo通知相应的餐馆做准备，送货员1小时内会把餐送到用户手中，

用户只需支付每英里（1英里等于1.6公里）1美元的送餐价格。支付环节，用户可选择网上直接充值支付，像Uber一样绑定信用卡直接刷卡走账，也可选择送货上门支付现金。整个过程结束，Gesoo可从餐馆获取10%的提成比例。

与Doordash相似的是，Gesoo的配送员是拥有私家车的车主，车主像Uber一样与Gesoo签约，承诺可以提供送餐服务，同时可拿到80%的送餐费，一般月工资在4 000美元左右。

案例三：打车软件Ola推出外卖订餐服务OlaCafe，20分钟送达

除以上两家外卖O2O公司与私家车相结合的公司外，印度打车软件Ola宣布将推出一款外卖服务，而Ola的另一个身份是Uber在印度的头号劲敌。

Ola比Doordash和Sprig都上线早，但比Uber晚，成立于2011年，是印度孟买第一款支持在线预订出租车的App，以及向用户提供出租车以及机动三轮车服务。Ola效仿 Uber，除运送乘客的主要业务外，同时也尝试运送乘客以外的东西，比如其近日推出外卖业务OlaCafe，承诺在20分钟内送达，如图4-23所示。

图4-23 OlaCafe APP

使用该服务，用户需在该应用的地图下方点击Cafe按钮，进而从定制的午餐、快餐和晚餐菜单中选择，随后可使用现金或该公司的OlaMoney钱包服务付款，等餐过程中，用户可直接在地图上追踪订单。

案例四：打车软件Uber推出午餐外卖服务“Uber Fresh”，10分钟送达

美国打车软件Uber上线于2009年，并迅速成为世界型打车品牌，2014年8月，在美国境内测试午餐外卖服务。该业务的名字为Uber Fresh，提供每日轮换的固定食谱，一餐约 12 美元，无须配送费以及小费，送达时间也在 10 分钟左右，用户像正常使用Uber叫车一样约司机到最近的路边取餐。

Uber获得E轮融资后，总融资数额已达28亿美元。2014年年底，西班牙对Uber下达禁令，后者宣布其拼车服务暂停在西班牙运营，但会和西班牙政治家合作，开创一个经济框架，让Uber和共享经济永驻西班牙。随后，Uber的举措是推出送餐服务UberEats。

在国外，不论是Uber还是Ola，抑或是其他专车公司在扩张方面都受到各国政府的阻力，鉴于监管方面的压力，各打车、拼车公司不得不放缓其扩张的速度。为了与当地政府、出租车协会等“和谐”共处，和各国公民保持黏性，更多的是战略布局，UberFresh、OlaCafe等共享型汽车配送外卖O2O业务相继问世。

在国内，专车受地方政府限制也越来越多，未来，国内的打车、专车软件和外卖O2O业务可能也会出现结合。

4.5　打车软件O2O模式背后的战略布局

O2O模式原本是电商服务模式的一种，如今转战打车软件，打车软件从群雄逐鹿到楚汉相争背后不仅是“烧钱”那么简单，事实上是阿里巴巴和腾讯两大阵营对大数据和在线支付业务的试水。一旦大数据以及在线支付的价值被充分挖掘出来，面向更多领域的O2O业务也将迅速展开。

4.5.1　市场烧钱争夺战

不差钱，正好形容打车软件目前的状况。行业洗牌后，资金实力不太雄厚或市场运作不太好的打车软件逐渐消失，摇摇招车、百米等早已败下阵来。从漫天的打车软件竞争到现今“滴滴”和“快的”两大打车软件对垒，足以证明打车软件背后的坚实基础其实还是资金。

市场是商家的必争之地，而“烧钱”便是前期运营拉拢用户必不可少的手段。“滴滴打车”一共获得三轮融资，资金一共为1.18亿美元：

2012年A轮，300万美元，金沙江创投；2013年5月B轮，1 500万美元，腾讯；2013年12月份C轮，1亿美元，中信基金领投6 000万美元、腾讯跟投3 000万美元。

快的打车目前公开的融资情况是：2013年4月A轮，800万美元，阿里巴巴投资；2013年11月，阿里巴巴跟进投资近亿美元。

融资之后，在两款打车软件背后的金主“阿里巴巴”和“腾讯”以及支付宝等的支持下，乘客和出租车司机都获得了较大的实惠。在“快的”广告中可以看到：新用户打车就送30元。

更疯狂的是，由于快的绑定支付宝，司机安装支付宝即可获得50元现金及50元支付宝余额奖励；司机每天使用快的打车软件线上6小时即可获得5元奖励；北京用户看到快的户外广告，拍照并分享到微博上就能得到10元奖励。据估算，快的此次活动总投入将超过1亿元。

补贴的确是一个非常管用的策略，但同时也是一个非常容易被模仿的策略。就在“快的”抢占北京市场的同时，“滴滴打车”在杭州也出台了补贴政策。此外，在“快的打车”的补贴刺激下，“滴滴打车”与微信宣称的第三轮“10亿元重磅补贴”活动再次开始与“快的打车”进行对抗。

“滴滴打车”宣布，“使用滴滴打车并选择微信支付，乘客立减10元，每天3次，新乘客首单立减15元；北京、上海、深圳、杭州的司机用微信支付收车费，每单奖10元，每天10单，其他城市的司机每天前5单每单奖5元，后5单每单奖10元，所有城市的司机使用微信支付首单立奖50元。”

快的打车负责人表示，由于进入北京市场的时间较晚，为奖励司机使用自家APP，快的打车为司机提供一定程度的奖励措施，这些奖励也会根据市场需求而做相应的调整。滴滴打车会采取不同措施鼓励新老司机使用滴滴打车。

两家共计1.3亿元的投入，这仅是对北京市场的区域性争夺，预计全国范围将有近20亿元的投入，其背后金主的补贴力度可谓大手笔。

4.5.2　背后的大数据博弈与O2O战略

经过烧钱大战过后，根据易观国际发布的《2013年第3季度中国打车APP市场监测报告》显示，2013年第三季度，快的打车市场份额为41.8%，滴滴打车为39.2%，摇摇招车为9.0%，大黄蜂打车为3.9%，打车小秘为2.5%，市场竞争进入了快的打车、滴滴打车的双寡头时代。而快的打车在与大黄蜂打车合并后，市场份额提升到45.7%，快的打车已经成为名副其实的头牌。

无论是阿里巴巴还是腾讯，都是不差钱的互联网巨头，而巨头在打车软件上拼命砸钱显然不仅仅是为了抢占打车市场。其中包含了两个原因，一个是大数据，另一个就是可扩展到其他领域的O2O模式。

在腾讯和阿里巴巴竞逐打车软件以后，线上客户迅速增加，二者正在挖掘两款打车软件背后的大数据金矿。比如，在为期一个月的补贴推广活动期间，滴滴打车用户突破4 000万，较活动前增长了一倍。

通过对这些客户网络足迹的分析，两家互联网公司能够摸清用户消费、位置服务等一切活动偏好，进行有的放矢的业务推广活动。此外，阿里还全资收购了高德地图，这进一步增强了位置服务和消费数据结合的移动互联网市场潜力。这其中的商业价值是巨大的，通过移动互联网将使得O2O商业模式在打车软件上完美体现出来。

通过这些打车软件，互联网公司可以通过对用户打车习惯、打车路径等数据进行分析，乘客的生活信息等内容，提供多重附加服务，从而与商家以及消费者形成互惠合作。

O2O是互联网企业的大势所趋，打车O2O模式今后将大范围应用于其他领域。事实上，互联网行业看中的并不是打车软件本身，而是以打车软件为入口将自身产品进一步对接后形成的闭环。

当用户对软件产生依赖心理后，就好比我们所熟知的“大众点评”、“高德”、“百度导航”等为大众所熟悉的应用软件那样，在出行消费前很多人都习惯于事先用它们搜索一番，这就是用户依赖黏合度。

4.6　打车行业的O2O落地化案例

2012年3月，国内打车软件的鼻祖摇摇招车上线，随后，滴滴打车、快的打车等软件也陆续推出。仅在一年的时间里市场上就有了40多款打车软件。众多的打车软件都想搭上O2O这辆列车，发家致富，这些打车软件都是如何布置和实施自己的O2O战略的呢？

4.6.1 快的打车：联手可口可乐探索O2O营销新模式

2015年1月5日，快的打车宣布将与国际著名品牌可口可乐联手，启动横跨元旦和春节的大型品牌推广活动，双方均将在本次活动中投入上亿的资源。一个是国内最大的移动出行平台，一个是超过百年的传统快消品牌，消息一经公布，就引起了业内的广泛关注。

从1月1日起，可口可乐方面将提供一亿瓶分享装可口可乐，瓶身全部印有快的打车LOGO“快”字和二维码，用户扫描后即可随机领取3～10元不等的快的打车代金券，有效期7天。代金券将自动存入用户的快的打车账户中，用户只要使用快的打车叫车成功，在支付时即可直接抵扣车费，如图4-24所示。

图4-24 可口可乐

同时，从2015年1月12日至19日，快的打车软件内的积分商城里还将开通可口可乐专区，用户使用快的积分进行抽奖，每天将随机选取100名用户获得由可口可乐提供的定制“昵称瓶”可乐一瓶，用户可以按照自己的要求将姓名、歌词等作为元素定制在该瓶可乐的外包装上。

可口可乐是一家令人尊敬的传统快消品企业，拥有深入人心的品牌形象和强大的线下渠道。此次快的打车与可口可乐的合作，是年轻的移动互联网公司与传统快消品巨头在品牌推广和用户拓展上的一次有益的尝试，快的打车希望借此机会探索出一套全新的O2O营销模式。

经过两年时间的发展，快的打车已经成为一家覆盖全国358个城市，拥有上亿出行用户的移动出行平台。根据艾瑞咨询的数据显示，截至2015年，快的打车已占据全国打车软件61%的市场份额，位居行业第一。

年末到春节一直是各大品牌的兵家必争之地，此次快的打车与可口可乐进行跨界合作，快的打车可以借助可口可乐的线下渠道和产品拓展自身的用户资源，同时可口可乐也可以通过营销活动对快的打车线上庞大的用户群体进行大量的品牌互动与传播，可谓一举两得，互利双赢。这一模式是一次线上流量与线下入口的碰撞，或将为更多的移动互联网品牌与传统品牌所借鉴，开启品牌跨界营销新思维。

4.6.2　滴滴打车：77天用户过亿

利用14亿元进行微信支付活动营销，仅仅77天，滴滴打车的优势就逐渐在营销价值上释放出来了，用户从2 200万增加至1亿，日均订单量从35万增长至521.83万，实现了规模性突破，取得绝对领先优势，将打车软件行业推向单级格局。

滴滴打车是国内最大的移动互联网日均订单交易平台，滴滴打车在77天里以日均521.83万的订单量超过了京东13.27万单、淘宝410.95万单和美团21.91万单，成为国内最大的移动互联网日均订单交易平台，如图4-25所示。

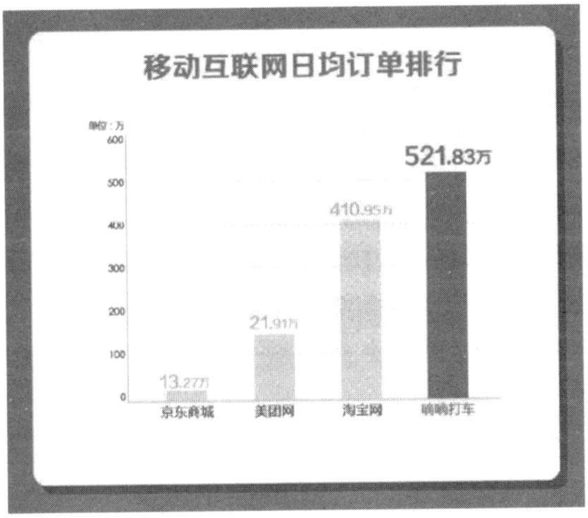

图4-25　订单排行榜

根据京东商城招股说明书数据显示，京东商城2013年完成3.23亿订单。其中15%的订单来自移动端，由此可以算出京东商城2013年移动端日均订单量为13.27万单。

据美团网对外披露的数据，2013年全年实现160亿元销售额，其移动端的订单已经超过PC端（大于50%）。按客单价100元计算，美团网2013

年移动端日均订单量为21.91万单。

淘宝网2013年实现1万亿元销售额，其来自移动端的订单约为30%。按客单价200元计算，淘宝网2013年移动端日均订单量为410.95万单。

从日均35万单到日均521.83万单，滴滴打车仅仅用了77天。由于补贴跌宕起伏，订单一直火爆猛增，从1月10日全国32个城市日均35万单，到2月24日全国120个城市日均316万单，再到3月28日覆盖全国178个城市日均521.83万单，滴滴打车的微信“组合拳”营销，最终在日均订单上的潜力立即引爆，如图4-26和图4-27所示。

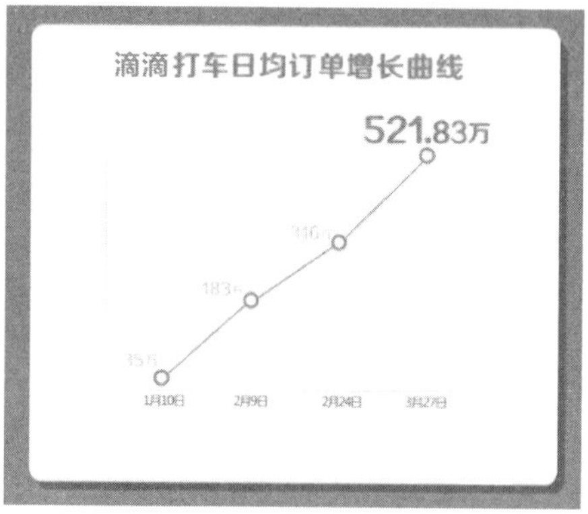

图4-26　订单增长曲线

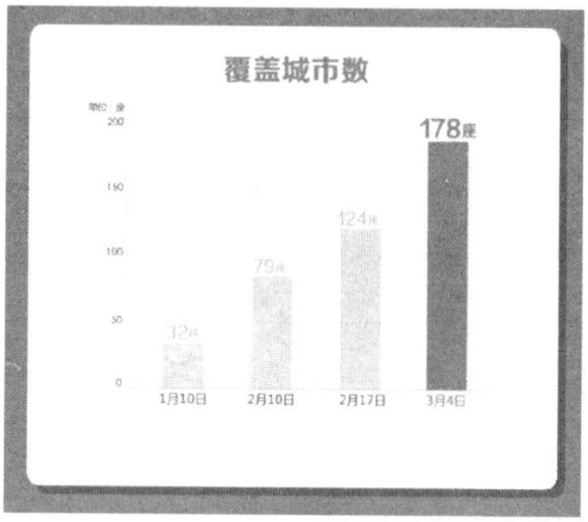

图4-27　覆盖城市数量

1月10日起，滴滴打车创新性地策划了微信支付立减/奖营销活动，“手机叫车+微信支付”组合显示出极强的协同效应，迅速成为覆盖最广的出行搭档，仅仅一个月用户数就较活动之前翻了一番，达到4 000万；2月17日，滴滴打车的“你敢打车，我敢立减”活动再次掀起高潮，良性用户正在沉淀，截至2月24日，这一次用户翻番滴滴打车只用了15天。进入3月份以后，滴滴打车引导行业回归市场理性竞争，逐渐降低了补贴，但用户的热度没有降低，3月27日，滴滴打车用户数突破1亿!滴滴打车的司机突破90万，如图4-28和图4-29所示。

据统计目前全国共有出租车约100万辆，从业司机200万人。也就是说，每两个司机当中就有一位在使用滴滴打车接收订单。伴随着用户数和订单量的暴涨，使用滴滴打车的司机数量也水涨船高，已经形成“司机乘客互相推荐”的良好氛围。

微信支付订单占总订单的比例达88%，成为移动支付市场最主流的支付工具。滴滴打车营销活动加速了用户打车习惯和支付习惯的养成，微信支付订单占总订单的比例在活动初期是82%，目前已经超过88%，如图4-30所示。

微信支付通过滴滴打车每日能完成400余万笔交易，也一跃成为移动支付市场上最主流的支付工具。数千万乘客和近百万司机都亲身享受到滴滴打车给予的补贴，其中乘客分享总补贴的60%，司机分享了另外的40%，如图4-31所示。

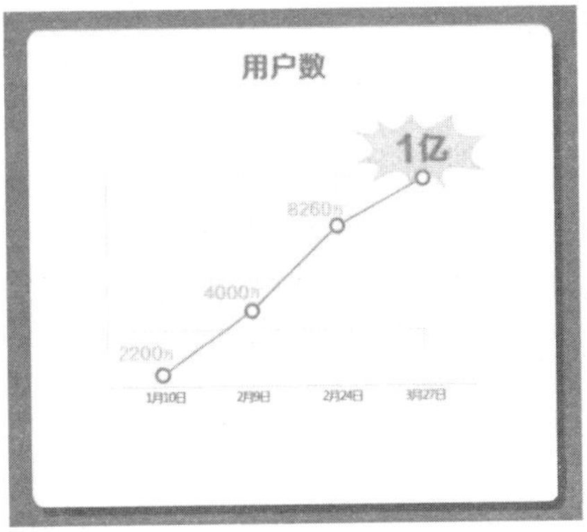

图4-28　滴滴打车用户数

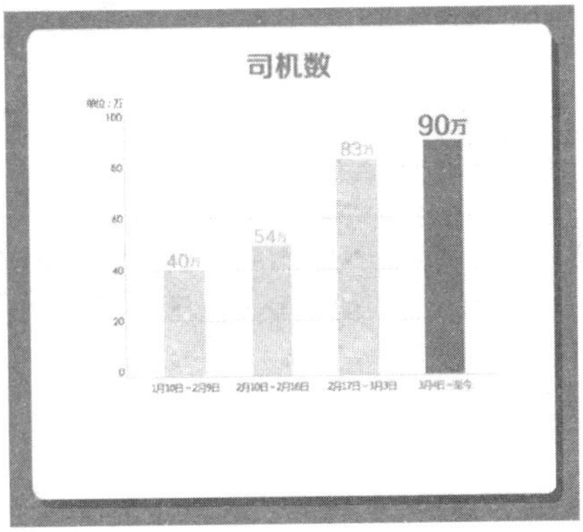

图4-29　滴滴打车司机数量

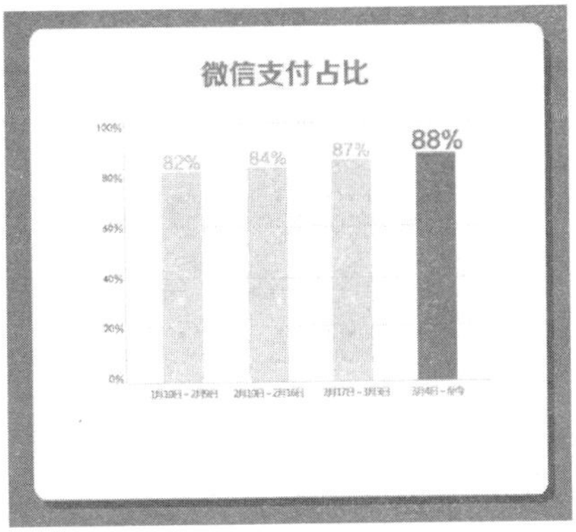

图4-30　微信支付占比

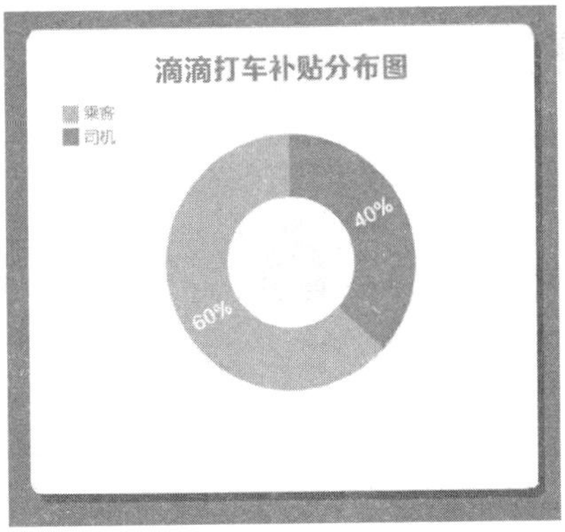

图4-31　补贴分布比例图

4.6.3　打车小秘：用微信开辟打车2.0时代

独立APP打车软件扎堆，打车应用被高度关注，一款基于微信平台与第三方共同研发实现打车的公共账号微打车（微信号Vdache）的微信打车产品悄然走入人们的视野，并快速被业界关注。此账号成功试水微信打车，打车小秘或颠覆打车应用现有格局，如图4-32所示。

图4-32 微打车

通过体验产品发现，整个产品跟现有的打车APP有诸多不同。

用户只需在微信查询功能中找到这个公众账号，关注后，系统会自动发来的第一条信息，其形式也同于一般账号的图文消息推送。点击进入，笔者发现其并未跳转至APP，而是直接进入HTML5的打车页面，之后的操作便与普遍打车应用功能相同，通过自动定位输入目的地即可完成整个操作。

“打车小秘”从产品源头上节省了用户下载安装这个环节；用户只需一键关注，无须下载，省时省力；最重要的，对于用户来说就是节省流量和实实在在的钱。

与传统打车APP不同，“打车小秘”在用户体验上做了最大限度的减法优化。在乘客输入目的地，点击“我要打车”发出打车需求的同时，乘客的坐标信息位置已经同步到出租车司机端地图上，微信的语音系统也会主动提示及帮助司机有效判断乘客的具体位置，司机确认接单后只需按照坐标接乘客即可，省时省力，从而实现真正的微打车。

“打车小秘”作为国内第一款在微信平台上线的微信打车工具，是国内领先移动电商易到用车旗下产品，也是国内第一款真正实现用微信能打得到出租车的移动产品，一方面凭借微信平台的影响力足够吸引大众的眼球，另一方面，颠覆以往打车APP的服务模式和瓶颈，也更符合趋势下的用户社交行为习惯。

此类公众账号的出现将挤压同类APP产品的生存空间，其优势有以下两点：

（1）依托微信的巨大用户群可迅速扩张。

（2）无须跳转便直接进入打车界面。（现有打车APP与微信的连接仅实现了点击后跳转出微信，最后动作的完成均在其APP中完成而非微信）这两个优势将使得同类产品面临竞争压力。

4.6.4　神州租车：利用加盟连锁的方式扩大市场

租车在汽车后市场中是一个细分市场，但这一细分市场具有非常独立产业链条，从汽车生产厂商到终端用户都是独立而完整的，并且不封闭，其很多节点都能够渗透到其他行业，但反向渗透很难。

举个例子，租车行业可以渗透到旅游产业中，自驾游与公务出行都可以深入进去。根本原因就是租车消费是解决人们“衣、食、住、行”四大刚性需求中的“行”，是最具性价比的消费行为之一。这样的属性，让神州租车具有“大数据，大共享”的基础，如图4-33所示。

图4-33　神州租车PC网站

神州租车的二手车O2O平台有明显的侧重，重线下，轻线上.

神州租车依托于遍布全国的营销终端店，并同步拓展到广大的二、三线城市，神州租车采用的拓展模式极具侵略性——加盟连锁。加盟连锁是传统行业快速拓展的不二选择，具有速度快，成本低的特点。

O2O模式发展至今，都逃不出一个怪圈，一谈线上无所不能，一谈线下就无可奈何，O2O落地就那么几个中心城市。中国幅员辽阔，人口众多是基本国情，“大数据，大共享”必须得有大的落地营销，大渠道、广度与深度至关重要。

其次，神州租车不用愁集客，线上不需要短时间内烧钱找车主，神州租车有足够的、性价比极高的车源储备，都是自己的车。

神州租车每年出售的二手车数量都在1.2万～1.5万之间，O2O平台运营起来，将会刺激其神州租车购买更多的新车，缩短在直营体系内作为生产资料的驻留周期，这样首先保证了在租车市场上的同业竞争力，其次，将会有更大量的优质二手车源源不断地涌向市场。

在这个过程中，神州租车具有一个独特的优势，二手车异地迁出迁入的政策性壁垒对于这个体系几乎不存在，因为这些车在成为二手车之前，从中心城市向外转移都是以生产资料的形式，既能减少公关成本又不会产生太多库存风险，卖不出先出租。

第5章

地图应用
——O2O实时实地无缝衔接

5.1 LBS：地图在移动互联网中的应用

LBS（Location Based Service）是指基于位置的服务，它是通过电信移动运营商的无线电通信网络（如GSM网、CDMA网）或外部定位方式（如GPS）获取移动终端用户的位置信息（地理坐标，或大地坐标），在GIS（Geographic Information System）平台的支持下，为用户提供相应服务的一种增值业务，如今，更是成为O2O的重要入口之一，如图5-1所示。

图5-1 LBS定位

TIPS：

在手机上可以用来定位的方式有两种：一种是通过移动和Wi-Fi网络进行定位，这种定位方式速度较快，应用范围较广，但只能确定用户的大概位置；另一种是通过卫星进行定位，定位较为精确，特别是在移动时GPS定位可以根据速度来判断你的准确位置，但这种定位方式只有在室外可以用上。两种不同的定位方式也决定了它们的用法有所区别，Wi-Fi和基站定位速度较快、相对省电，通常用来做周边服务；而GPS定位准确，特别是在有速度时更精确，所以通常用在汽车导航方面。

在移动互联网时代，知道别人的位置很重要，因为这意味着可以更好地为他们做些事情或者与他们展开合作。

对于商家企业，知道位置就能够有的放矢，为他们提供更好的网络体验，并利用他们的位置数据来优化体验，或者为他们提供相关信息。

对消费者而言，移动设备正在取代标签，成为需要定位的"事物"。与移动生态系统中的其他需要连接的事物一样，基于手机的定位应用程序的需求非常广泛。在某种程度上，几乎触及每个行业和每个用户。

5.1.1 LBS是什么

LBS它包括两层含义：首先是确定移动设备或用户所在的地理位置；其次是提供与位置相关的各类信息服务。

LBS意指与定位相关的各类服务系统，简称"定位服务"，另外一种叫法为MPS-Mobile Position Services，也称为"移动定位服务"系统。如找到手机用户当前的地理位置，然后在该范围内寻找手机用户当前位置处1公里范围内的宾馆、影院、加油站等的名称和地址，如图5-2所示。

图5-2 示意图

所以说LBS就是要借助互联网或无线网络，在固定用户或移动用户之间，完成定位和服务两大功能。

5.1.2 LBS的业务特点

LBS依托强大的后台地理空间信息数据库支持，其终端具有运动性、便携性和及时性等特点，广泛应用于应急救援、资产跟踪和现场人员自动化管理等领域。LBS的业务特点包括以下两点：

1. 覆盖率要高

LBS的覆盖范围一方面要求足够大，另一方面要求覆盖的范围包括室内。用户大部分时间是在室内使用该功能，从高层建筑和地下设施必须保证覆盖到每个角落。

根据覆盖率的范围，可以分为三种覆盖率的定位服务：在整个本地网、覆盖部分本地网和提供漫游网络服务类型。除了考虑覆盖率外，网络结构和动态变化的环境因素也可能使一个电信运营商无法保证在本地网络或漫游网络中的服务。

2. 定位精度

手机定位应该根据用户服务需求的不同提供不同的精度服务，并可以提供给用户选择精度的权利。

例如，美国FCC推出的定位精度在50米以内的概率为67%，定位精度在150米以内的概率为95%。定位精度一方面与采用的定位技术有关，另一方面还要取决于提供业务的外部环境，包括无线电传播环境、基站的密度和地理位置及定位所用设备等，如图5-3所示。

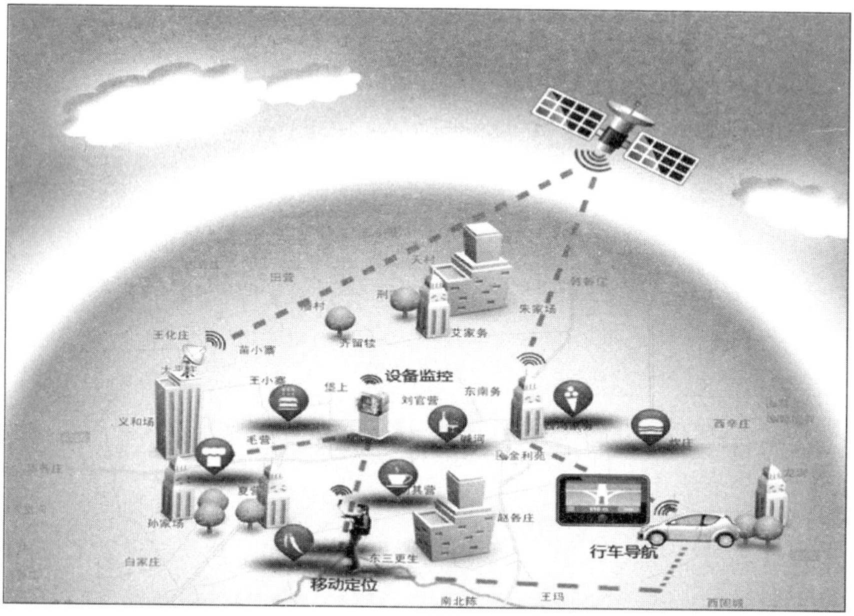

图5-3 覆盖特点

5.1.3　LBS的商业应用

随着手机地图成为移动互联网入口级的应用后，LBS的空间已然变得更大，越来越多的移动应用会跟位置紧密相关。特别在用户对交通出行、定位、生活服务、移动电子商务等旺盛的需求驱动下，位置服务与几乎所有的移动互联网细分产业的横向融合进程都在加速，如图5-4所示。当然，以刚性位移需求为主的用户需求，也更进一步加快了国内位置服务产业的发展，使其市场潜力巨大。

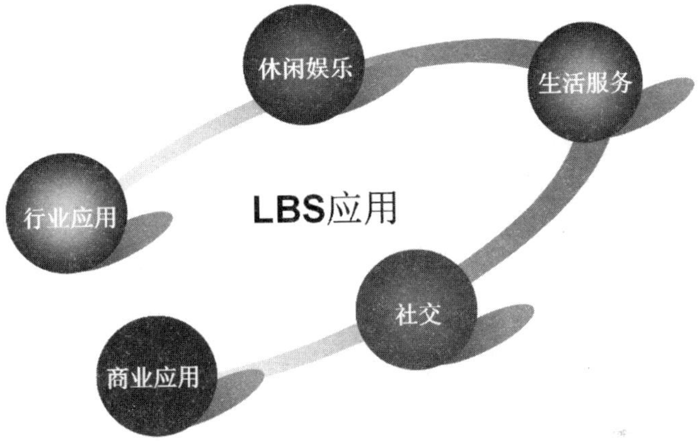

图5-4　LBS的应用范围

1. 行业应用：实现智慧城市目标

（1）**公交行业**。例如，城市的道路经常因车流量太大而引起各种事故、堵塞等，致使某一路段长时间无车到站或同时多辆车进站的情况发生；某些路段车辆过于频密而其他路段又过于稀疏，致使车辆呈不合理分布。针对这一系列问题，LBS能够为公交调度监控管理系统实时提供各路线车辆的行驶情况，这样调度监控系统就能根据LBS提供的信息来自动生成最优化的行车新计划调度车辆和管理车辆。

（2）**出租车行业**。如今，我国的城市租车数量迅速增长，但是行业管理的相对落后带来了种种弊病：效率低，费用高，实时性差，调度分散，资源浪费，行业发展受阻。现代化LBS管理可以更好地监管、调度出租车辆，并建立了一个统一、高效、通畅、覆盖范围广、带有普遍性的出租车监控调度系统，使出租车行业更加适应城市交通的不断发展以及改善社会治安。

（3）**危险品、货运运输行业**。在公路上运输危险品时，存在着重大的潜在危险性，如抢劫、火灾、爆炸、泄漏、中毒、污染等，其灾难性后果波及面广，影响十分严重。另外，货运司机在车辆驾驶过程中经常存在超速、超载等违规行为，车辆行驶过程中不按照预定路线行驶或违规进出目标区域，无法及时获取危险品货物状态信息等问题。针对这些问题，LBS技术的应用可以最大限度地减少危险化学品在运输过程中给社会、环保、经济带来的损失。

（4）**其他公共事业行业**。例如，110、119、122、120等公共单位车辆可以应用LBS定位迅速获取事发地点位置，通过LBS监测现场状况，可以调度相关警备车辆第一时间到达救援现场，极大地提高工作效率。

2. 休闲娱乐：为企业积累潜在用户

LBS休闲娱乐应用主要有“签到（Check-In）”模式和“大富翁游戏”模式。

（1）“签到”模式

“签到”（Check-In）模式主要是以Foursquare为主，国外同类的服务还有Gowalla、Whrrl等，而国内则有嘀咕、玩转四方、街旁、开开、多乐趣、在哪等。该模式的最大挑战在于要培养用户每到一个地点就会签到（Check-In）的习惯。而它的商业模式也是比较明显，可以很好地为商户或品牌进行各种形式的营销与推广。

国内比较活跃的街旁网现阶段则更多地与各种音乐会、展览等文艺活动合作，慢慢向年轻人群推广与渗透，积累用户。

（2）“大富翁游戏”模式

“大富翁游戏”模式的主旨是游戏人生，可以让用户利用手机购买现实地理位置里的虚拟房产与道具，并进行消费与互动等将现实和虚拟真正进行融合的一种模式。“大富翁游戏”模式的特点是更具趣味性，可玩性与互动性更强，比“签到”模式更具黏性，但是由于需要对现实中的房产等地点进行虚拟化设计，开发成本较高，并且由于地域性过强导致覆盖速度不可能很快。

在商业模式方面，除了借鉴“签到”模式的联合商家营销外，还可提供增值服务，以及类似“第二人生”（Second Life）的植入广告等。

3. 生活服务：便利人们的生活

LBS移动互联网化的应用正在慢慢渗透生活服务的方方面面，使我们的生活更加便利与时尚。

（1）**指南服务**。基于用户的地理位置，向用户提供新闻、天气等实时信息，用户可以通过相应的LBS应用查询火车、公交、当地黄页类的信息。

（2）**周边生活服务搜索**。以生活信息类网站与地理位置服务结合的模式，基于用户当前位置获取附近的餐饮、酒店、娱乐等场所，或者根据某个位置查询其附近的场所，用户也可以分享特色的餐饮、娱乐、停车位等相关信息。

（3）**旅游信息标注分享**。LBS在旅游方面的应用，具有明显的移动特性和地理属性，用户可通过LBS应用分享旅游攻略、旅游心得，并能够上传旅游景区图片，以及旅游景区签到，分享攻略和心得体现了一定的社交性质。

（4）**会员卡与票务模式**。LBS应用可以捆绑多种会员卡的信息，实现一卡制，同时电子化的会员卡能记录消费习惯和信息，使用户充分地感受到简捷的形式和大量的优惠信息聚合。

4. SNS社交：改变人们的关系

如今所说的LBS是LBS与Web2.0应用（如SNS、UGC）以及相应的商业、娱乐元素的结合，这大大推动了LBS的应用空间和实际价值，有些人将LBS认为是一种SNS，这确实言之有理。基于LBS技术的核心其实是人与人之间的互动，是实实在在的Social Network Service（社交网络服务）。与此同时，LBS又是一种轻游戏，人们在LBS上不停地签到，占山为王，成为一个地方领主，玩得不亦乐乎。游戏性增加了LBS作为一种SNS的趣味性，也提高了其黏性。

在互联网时代，人际关系的演变要经历4个过程：陌生人→熟悉的陌生人/陌生的朋友→熟人圈子→生活或工作中的朋友。通过SNS应用，两个陌生人之间有了初次的接触，并变为一般的朋友；这些一般的朋友关系要进一步发展，则需要一对一的沟通，这时就需要类似MSN、QQ这类沟通工具，从而成为较为熟悉的朋友；从熟悉的朋友再到生活或工作中的朋友，在这个过程中可以借助LBS应用形成更多的沟通与联系。

如果说传统的SNS是以人际关系作为维度，那么LBS则是以空间关系作为维度。在SNS上，我们告诉别人我是谁，在微博上透露自己关心什么，而通过LBS可以告诉别人我在哪儿、我喜欢做什么。

互联网的本质是虚拟经济，然而近年来随着人际关系与网络的结合，团购的盛行，未来互联网的趋势之一就是与实际相结合。无论是博客，还是SNS和微博客，更不用说之前的看网页聊QQ了，这些人际关系的交互行为都是发生在互联网上的虚拟行为，而LBS则成为人们虚拟关系在现实世界的突破口与汇集点。基于LBS，虚拟网络世界的人际关系已经得到了一次全新的构造，向现实世界迈进了。

（1）**地点交友、即时通信**。基于用户的当前位置，查询当前、曾经到过这里的用户，可以向在线的周边的用户发起好友邀请，可以与好友聊天，可以对好友的照片评论，可以查看好友的足迹。

（2）**小型社区**。地理位置为基础的小型社区，同一地理位置的小区可以发布新鲜事、召集社区活动、查看社区用户、邀请成为好友、分享家庭趣事等。

5. 商业应用：O2O的入口，连接线上与线下

LBS是一种基于位置为中心的服务方式，通过确定了用户的准确位置，然后为用户提供基于他所在位置的准确地理服务，其服务理念的中心都是围绕着位置这个“位置”展开的，这样的服务对于用户来说更具有价值，对于商家来说针对性也更强，LBS成为O2O的入口，是连接线上与线下的桥梁。笔者认为，LBS营销的商业价值主要有以下两个方面。

（1）协助本地商家推广

Millennial Media公司总裁兼CEO保罗·帕美瑞（Paul Palmieri）说过：“手机可以把消费者直接领到你的店里。你没法一边用笔记本电脑一边逛商场，但你手里可以拿着智能手机。”

传统的APP移动广告通常是帮助品牌提升形象服务，而LBS定位式的APP移动广告则是帮助本地企业和社区商家找到推广渠道。LBS营销的最大优势在于，它能够启动O2O的模式，增加消费者和商家的互动，拉动消费。

例如，星巴克官网在全美七大城市推出基于地理定位（LBS）服务的

APP——Mobile Pour。用户只需在自己的智能手机上安装Mobile Pour应用，确定自己的位置即可随时下单订购自己喜欢的星巴克咖啡，稍后踩着踏板车的咖啡配送员会很快将咖啡送到用户手中，如图5-5所示。

图5-5　通过Mobile Pour可以随时随地订购咖啡

据悉，星巴克之所以推出这项服务，主要是为了满足那些想喝星巴克咖啡，但又在附近找不到星巴克门店的用户。为了保证速度，星巴克在这7个城市的每平方英里范围内都安排了两名咖啡配送员。

另外，在美国，Sparkle平台上的手机优惠券应用Cellfire能够根据用户所在的位置，将该处店里正在参与活动的优惠券以彩信的形式自动发送到手机，用户在结账时出示手机便可获得折扣。笔者认为，这种主动的服务连同心动实实在在的让O2O落地了。

由此可见，LBS应用可以发挥位置化服务特色，将身边有价值的信息及时推送给用户，贴心的提醒不仅不会让他们感觉反感，反而能很好地体验到品牌的亲切和服务价值，刺激购买欲望，形成线上与线下的交互，不仅促进销售，还拉近了商家与用户之间的距离。

（2）线上线下结合，加强忠诚度

如今，越来越多的商家开始关注移动广告的潜力，不断开发提升“顾客忠诚度”的APP应用。LBS作为一种新兴的应用，它依托GPS定位等新技术，能够极大地方便人们的生活，并为用户带去实惠。

例如，当你准备出门去上班时，此时能做的应该是走到公交站台，等待公交车的到来，或者是在路边和别人一起“抢出租”。

如果是LBS的用户呢？这个时候他就可以掏出手机，登录LBS客户端，搜索一下附近有哪些公交站点，哪一路公交车最快、最近。同时，搜索一下附近的出租车，直接通过手机预约。几分钟之后，出租车来了，你还可以享受着比其他顾客更多的优惠价格。

智能手机和LBS让整个现实社会正在发生一种神奇的转变：现实的商店，可以看成一个个网站；现实世界中人们的活动，则因为可被跟踪与服务，变成了互联网中的流量；人们的现实活动，对比在互联网上从一个网站跳到另一个网站，其实并没有太大区别，在现实与虚拟中无障碍切换，实现O2O的落地。

TIPS:

对于商家来说，基于用户的位置推送周边的广告信息，一方面将极大地提高广告的精准营销程度；另一方面，商家可以结合LBS推出一些促销活动，如对那些经常签到的顾客提供优惠等。

5.2 地图战：O2O生态“核变”

有人认为LBS将重新定义互联网，O2O（Online To Offline）是线上与线下的结合，手机地图是基于地理位置的APP应用，移动平台上的地图业务因为对用户消费决策能产生直接、紧密的影响，将会更快对企业的营收产生反馈。LBS是O2O一个巨大的入口，无数涌入其中的互联网巨头和创业公司相信能够在这块市场中挖掘出巨大的商业价值。

在LBS生态链中，位置信息成为很重要的一环，移动互联网地图不仅拥有定位的能力，地图中还有很多生活服务类的门店信息，比如餐厅、电影院、商场、酒店等。不只是百度，很多有意进军移动互联网的巨头已经看准了手机地图这块大肥肉，以为手机地图是一个非常大的移动入口。这让手机地图成为众多巨头争夺的热点。

圈外人看BAT（百度、阿里巴巴、腾讯）三大巨头烧钱，百度端来糯米，阿里巴巴一统高德，腾讯分羹大众点评，似乎只是新一轮并购，跑马圈地，各玩各的。但在圈内人看来，以地图为入口，理顺三方O2O（线上到线下）生态圈布局，抓住本地生活服务的核心，就能从三方的一招一式中，看出此轮竞争蕴含的杀机和凶险。围绕地图入口，BAT构建O2O生态圈，烧的是钱，拼的是时间，如图5-6所示。

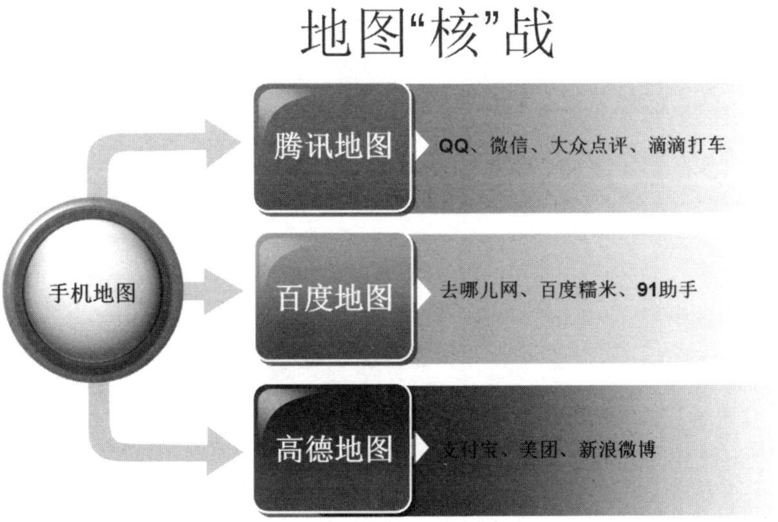

图5-6　被瓜分的地图

5.2.1　O2O+LBS精准营销

相对于电脑来说，手机最明显的优势之一就是可以体现出用户的地理位置信息，因此，在移动互联网时代，LBS（基于地理位置的服务）就成为移动互联网的一项典型应用，更是成为O2O这一商业模式的入口。用户可以使用拥有LBS服务的手机客户端随时签到，获得产品和服务信息，还可以积累积分，以享受商家的优惠和打折服务，是O2O精准营销中不可缺少的部分。

在LBS进入国内时，曾一度引起热潮，签到成为大家最熟悉LBS公司的模式，LBS公司希望借以积分、勋章、邮票等行为激励签到用户能带动消费，促进与商家的互动，从而形成一套新的商业模式。

在实际生活中，用户更偏向于签到的精神分享，签到的商业价值被弱化，而当人人、微信等配备LBS功能时，用户很快被抢夺，因为用户在这些老平台上的行为习惯是早已被培养好的，所以不会跑到其他新兴平台上去“折腾”，因此，LBS模式有了变异：基于LBS功能上的推荐消费，如图5-7所示。

图5-7　周边推荐

如果手机最重要的是“流量”，那么LBS最重要的必然是人流量，人到哪里，价值就在哪里。对比O2O与LBS，显然两者的共同之处很多，LBS本身也是线上与线下的结合，通过LBS服务，用户也可以进行商品查找和购买。

但是两者也有一些不同点，例如LBS不一定以产生购买行为为目的，某些LBS应用也可以通过社交功能聚集用户，然后在此基础上发展出其他的盈利模式。简而言之，LBS营销的最大好处就在于：不需要商家牺牲大量利润，就可以完成对消费者的营销。

O2O则是专注于用户购买需求的应用。正如LBS有可能成为移动互联网的“杀手级”应用一样，O2O也可能是决定未来移动互联网发展的一项“杀手级”应用。关键是O2O服务提供商需要具备平台意识，不仅仅将O2O作为电子商务的应用，而应当在此基础上聚集用户，形成平台，并提供一系列的增值服务，只有这样才能充分挖掘O2O这座金矿。

目前国内已经发展起多种多样的O2O服务，其中大多数服务也是利用了移动互联网的LBS方式，并进行精准营销，例如大众点评，如图5-8所示。

图5-8 大众点评APP

- O2O：团购、优惠券、推荐菜。
- LBS地图合作方：百度地图。
- 支付方式：支付宝、信用卡、储蓄卡。

用创始人的话来说“吃出来”的大众点评一开始只是做点评，在盈利模式的选择上，大众点评定位做电子优惠券、关键词推广以及团购等精准营销。

大众点评拥有语音搜索功能，提高人机交互体验。迷你地图标记商家具体位置。其个人中心很好地将点评、用户签到、用户关注、签到活动等整合到一起，用户可以添加想要关注的人，可以看看附近签到的用户对商家的评价，还可对这些签到评论，增加了用户之间的互动。还可以把你觉得好的体验商家通过新浪微博、腾讯微博、短信、开心网分享给好友。

团800：

- O2O：团购。
- LBS地图合作方：百度地图。
- 支付：支付宝、信用卡、借记卡。

这家于2010年创立的团购导航公司，收录国内近千家团购网站的信息，可以说团800上面的团购信息是最丰富的。单笔限额2 000元，每日限额2 000元。

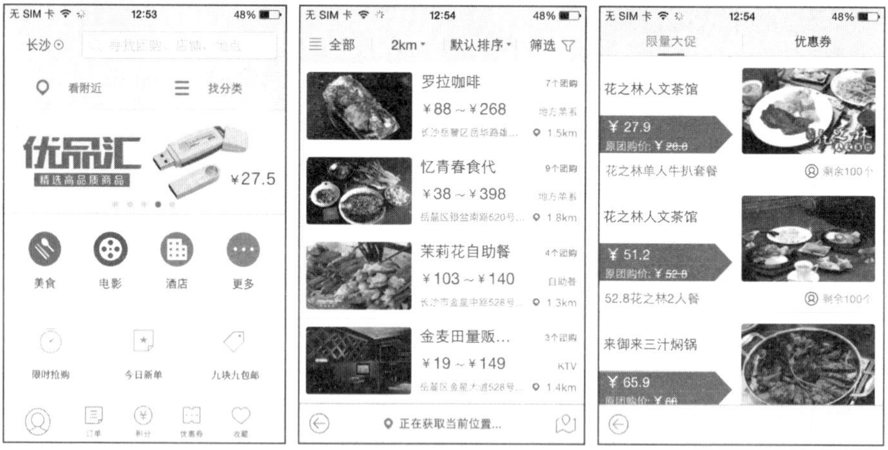

图5-9 团800 APP

由于其信息量大，所以在精准营销上，是让用户在“附近团购”里设置常用地址并保存。用户想要知道附近有什么美食，打开该应用，点击存储过的地址，就会显示。用户可以按距离远近查看，也可以按热度排行榜查看，值得一提的是，用户体验做得好的一点是，配置了地图标记，百度地图里直接显示每个商家的具体方位，用户还可选择消费半径，查看1公里、2公里、3公里以内的商家，让用户在时间上做参考。无图模式还可以节省流量，用户浏览更直接方便。用户可以进行点评。与社交平台整合，可以同人人网、开心网、新浪微博、腾讯微博进行分享。

O2O+LBS的营销方式精准、高效，资源调动更加充分，使O2O的运营更加自如，让O2O自然而然的落地。

5.2.2 LBS在O2O落地化中的作用

伴随着移动互联网时代的来临，互联网巨头争相布局O2O市场，O2O场景越来越多样化，打车软件/移动支付等行业的风靡，也带动了越来越多的传统行业开展O2O。

在O2O应用的TOP200中，68%的O2O应用都使用到了LBS功能，在未来LBS功能肯定会成为O2O行业的标配。这种现象主要是由O2O行业的特点和业务特色共同决定的。

1. O2O的重要入口之一

在互联网时代，早就有这样一句话："得入口者得天下"。入口是指用户寻找信息、解决问题的方式，成为入口意味着获得巨量的用户。虽然掌握用户并不直接等同于商业变现，但如果失去这个阵地，也就同时失去了成为行业巨头的机会，在O2O这一模式提出之后，找到进入O2O的入口就变得尤为重要。

随着移动互联网的发展，一些在传统互联网上已经被解析无数次的"观念"也在移动互联网上出现。互联网先驱们做浏览器、做资讯门户、做搜索、做社交，背后隐藏的都是对用户使用入口的明争暗斗。

在传统的商业领域，只要控制了渠道，也就离成功不远，在移动互联网时代，"得入口者得天下"的观点也同样适用。所有有野心的公司，进入移动互联网领域，都不是以单纯的服务来运作产品，无论是硬件还是软件，都是"野心家"们完成移动互联网布局的工具。根本的目的在于聚合用户到自己的平台上，通过后续应用和流量获得更高更广泛的收益。

当然，这也是众多互联网巨头斥巨资争夺移动互联网入口的根源。借用DCCI的定义，所谓"移动互联网入口"就是用户接入移动互联网的第一站，通过移动网络获取信息、解决问题的第一接触点，如图5-10所示。

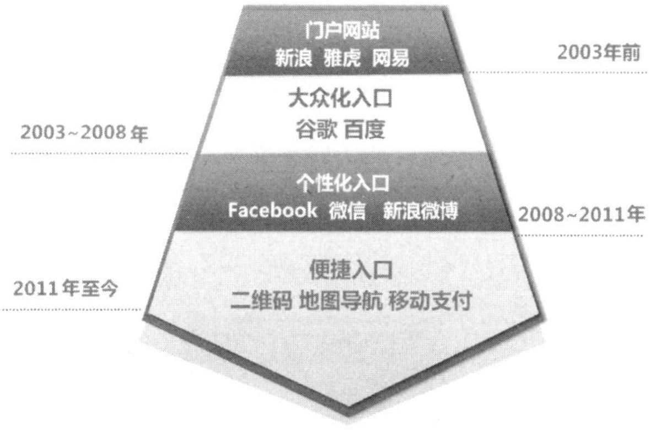

图5-10　互联网入口的改变

2. 改变交互方式

继2012年手机成为中国网民第一大上网终端后，2014年手机网民规模保持稳定增长态势，手机作为上网首选终端地位进一步巩固。在近两年来新增的网民中，使用手机上网所占比重为73.3%，远超使用台式电脑（28.7%）和笔记本电脑（16.9%）上网的用户。使用手机接入移动互联网的流量占移动互联网流量的71.7%，更多的移动互联网用户将手机作为他们首选或唯一的上网工具，如图5-11所示。

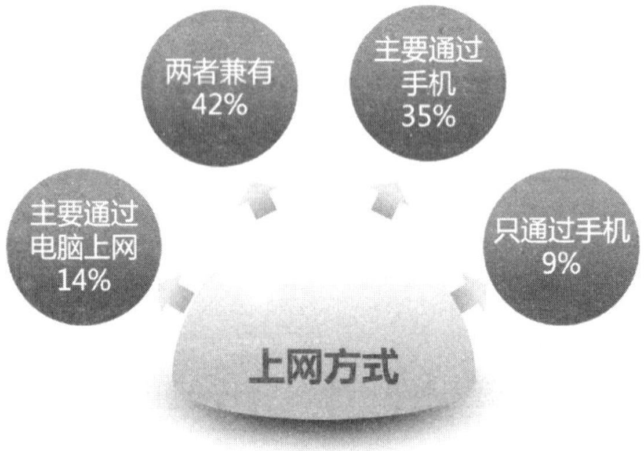

图5-11　网民的上网方式

与此同时，在电脑端所呈现的所有应用程序，都将在移动平台上呈现，其呈现方式将更多元化，更贴近用户需求，更方便用户随时使用，如图5-12所示。

图5-12　用户交互方式的改变

TIPS:

随着全球移动化的到来，人们观察事物的视角也产生了全新的变化。因为智能手机高度个性化，每个人都可以从自身视角判断市场。想赢取大移动营销预算的营销者，需要意识到当前这种大众化传播向个性化传播的转变，因为控制预算的广告主会基于他自己使用手机的体验来判断营销者的提案。他们对消费者未来如何使用手机的看法往往会被自身的使用经验所左右。

5.2.3　地图发展O2O的核心因素

地图成为搭载用户和商户之间联系的桥梁，已不仅仅局限于一款工具产品，而是承载了更多内容和服务的综合平台，正在成为发展O2O业务的重要平台和移动互联网的重要入口。

地图的天然优势是提供地理位置信息，与移动用户的移动性、位置性的使用行为相契合，介于地图上每一个POI点都是线下商户的位置信息，因此地图上搭载的各类地理信息数据，实际上就构成了完整的、真实的环境信息，形成与我们日常生活相匹配的场景，那么地图发展O2O有哪些重要因素呢？

1．用户

移动用户的上网行为虽与地理位置紧密结合，但目前用户对地图的使用场景主要集中在地点查询、路线规划及导航等基本功能，用户通过地图这一入口获取周边生活服务信息的习惯还未形成，用户活跃度和黏性都较低。

提高用户活跃度和黏性关键在于去工具化，为用户提供自然的社交场景，同时引入UGC模式，建立用户数据反馈的渠道和机制，鼓励用户提供数据，提高用户活跃度和黏性的同时丰富地图数据信息。

不仅地图需要用户，O2O同样如此。用户是O2O中的血液，是O2O运行的基本条件，大流量的用户带来大量的数据交互，数据为O2O营销提供可持续的依据。所以地图与O2O都拥有相同的需求，用地图发展O2O，可以促进O2O的落地。

2．数据

地图数据信息主要由两部分构成：一部分是基本路网和路况数据，另一部分是基于路网数据基础之上的POI信息。O2O的运行同样需要大量的数据支持，数据同样是O2O营销和落地的关键因素。

由于地图测绘关系到国家机密及安全等问题，基本路网和路况数据提供商只有高德和四维图新两家，而且这些数据的更新维护成本较高，其他互联网地图商均采用这两家的基础路网数据。

POI信息包括商场、写字楼、大大小小的商户信息等，这部分数据由于更新速度较快，仅依靠数据提供商的数据远远不够，各地图商除了自己抓取数据之外，更多的是与第三方合作获取更丰富的POI数据。

3. 商户

目前线下商家市场正处在一个庞大且无序的状态。对于地图商来说，虽然线下市场潜力巨大，但是要整合众多商家资源在地图平台，需要投入众多的人力、物力资源，这对互联网地图商来说无疑是一个沉重的负担。

线下商户对地图O2O的接受程度关键在于地图平台能否真正为其带来实际利益，主要取决于用户的数量和用户ARPU值，如图5-13所示。

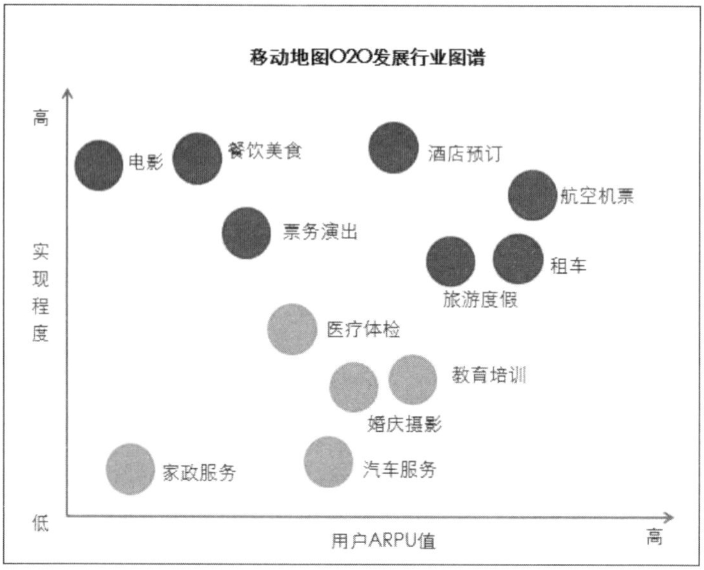

图5-13　发展图谱

分析认为，地图毫无疑问将是移动互联网的重要入口。但是这一入口如何能够引导用户到线下消费，不仅仅是地图平台向商家导流量那么简单，虽然地图平台如何提高用户流量也需要解决。从线上到线下，牵涉的环节还有支付、后续效果的监督等，都将是制约地图O2O发展的关键因素。

5.2.4　巨头的焦虑：O2O的地图入口

地图是O2O的入口之一，地图O2O承载了巨头从线上导流到线下，将用户和地理信息、服务连接起来打造一站式平台。

O2O概念表面风光，但要真正从线上导流到线下，将用户和地理信息、服务连接起来，打造一站式平台，考究的是里子功夫。而事实上，面对其中的诸多挑战，巨头解决起来还是有点力不从心。

（1）海量线下资源整合，并不是互联网公司的强项，甚至是一个大坑。大众点评精耕细作了10年依然存在不少短板，而团购通过促销方式走了一个捷径。对此，习惯做平台的巨头们，还是缺少一个“慢”的心。

（2）追求大而全，差异化特色并不明显。由于很多数据都是从第三方平台接入，实际上手机地图里边的差异化实际上并不明显。客观上导致用户迁移成本很低。

（3）用力过猛，但用户还是聚焦第一需求。尽管巨头投入不菲的市场资金用于用户习惯培养，实际上，过多的功能选择，用户点开频率并不高，使用最多的还是出行指引，而团购等需求用户还是倾向于通过垂直APP获取。

以竞争激烈的手机地图市场为例，百度、高德等巨头纷纷发力地图O2O，从单纯指路到全面的生活服务，都挤压在一个应用内解决，直接导致手机地图应用“体积”越来越大，比如高德地图的数据包近150M，如图5-14所示。

如何在移动互联时代抢占入口，或者说抢占到最多的入口？从IM、新闻客户端、移动分发、手机浏览器等，互联网公司的竞争接近白热化，并将战火燃烧至路由等最初接入环节，甚至有传言微信正在打造免费Wi-Fi入口平台。

手机地图还没有大热，巨头就瞄准了其O2O方面的商业价值，不惜投入巨资将其打造成全新的生活入口。比如附近搜索、打车、生活服务、团购、旅游等服务，用户任何一种需求都被设计到地理信息之中。

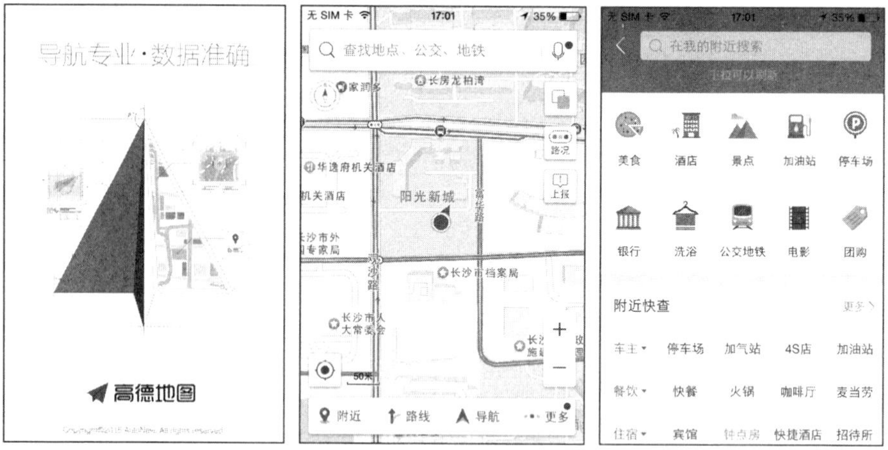

图5-14　高德地图APP

据中国互联网网络信息中心（CNNIC）最新统计，手机地图在手机网民目前总用户接近1.5亿，周边生活信息等热点查询的比例为29.2%，签到或位置信息分享比例为10.4%。有意思的是，这一点与PC软件极为相似，比如Office用户使用到的功能不到30%。

而对于巨头来说，投入巨大，周期长，商业化难以破局才是最大的挑战。高德移动产品部副总经理张海龙日前也坦言“对于入口型地图产品，平衡产品复杂度与盈利是目前地图产品的难题。自平台化以来，高德由盈转亏，股东及投资者承受的压力可想而知。稍有不慎，甚至可能演变为阿喀琉斯之踵。BAT，请耐心，请淡定。”

而对于没有巨头支持的手机地图，比如搜狗地图、图吧等怎么办呢？笔者认为，如果盲目追随巨头的O2O脚步，那样必死无疑，而垂直化的机会依然存在，这其中有两部分原因：

一是目前手机地图的市场集中度并不高。位于第一、第二的高德、百度加起来为50%左右，而第三、第四的搜狗手机地图、图吧地图加起来亦接近20%，其他地图则有30%左右。而市场上的增量空间也还不小。

二是集中资源，深耕差异化，是这些地图的机会所在。正如上文所说，手机地图变重事实上并没有真正讨好到用户，出行指引依然是最大的需求，只需要在这一块做到极致，就能获取最大化的用户需求。事实上，不少用户都装有两个以上的手机地图APP，当一个不能很好解决时，会调整到另外一个。

事实上，做回一款单纯的、工具属性比较强的地图没有什么不好，毕竟这是最大的刚性需求。大多情况下，用户打开地图之时出现目的已经明确。因而问题的焦点就转化为两个O之间的环节——2（就是顺利到达）。毫无疑问，这对地图厂商来说，可能是投入产出性价比最高的路线，甚至可以做到四两拨千斤的功效。

5.3 地图应用的O2O落地化案例

O2O的实质是将发展线下商户、在线支付、营销效果检测这三件事在互联网上有了一个很好的结合。而当O2O营销与LBS平台结合时，“精准营销”成为两者共同的目标。

在移动互联网大好的发展态势下，LBS行业再度被看好。未来是属于移动互联网的时代，而在O2O这样的生活服务类平台的支撑下，基于LBS位置定位的本地生活化服务商圈模式，将拥有更广阔的市场前景。

5.3.1 高德地图：移动生活服务O2O平台总入口

在高德副总裁郄建军看来，手机地图的演进将分为工具、入口、平台三个层次。位置出行服务只是地图的立脚点，接下来必须要将地图变成解决吃住行问题的入口。“用一个专门的手机APP或者浏览器做生活服务都不是最佳的，地图才是整合各类O2O服务的最佳入口。”

郄建军展示了一张二维图，他按照“线上线下模式成熟度”和“投入产出比”将26个行业归纳到这张图中。郄建军透露，酒店、航空、票务、旅游度假、买房和租车用车等领域已经足够成熟并且投入产出比很高，是高德重点关注的领域，如图5-15所示。

相比之下，餐饮、医疗、酒吧、美容美发等，完全搬到线上还需要漫长的过程，但这其中存在着巨大的需求，所以近期创业公司十分集中。而电影、家教、美容美发、影楼等领域虽然成熟度足够，但是受到团购恶性竞争冲击较大，ARUP值相对较低，市场潜力有限。

“高德地图的短期目标就是要整合各类服务，让用户打开一个App即可使用所有的服务。当然这不是靠高德一家就能做成功的。”郄建军强调，高德思路是与大量的O2O企业合作，让这些企业再和商户合作，目前已经与携程等第三方企业展开了战略合作。

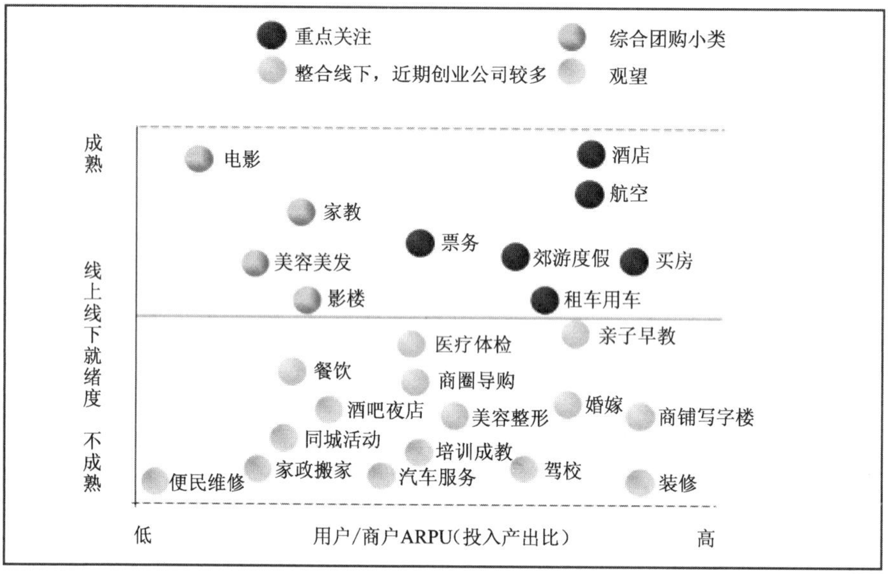

图5-15　O2O分行业图谱

郄建军表示，完成服务入口的搭建后接下来就是要构建平台。平台有两个层面：一是商品交易平台，二是用户社交平台。

郄建军指着地图上的商户信息页说，“每一个POI（地理位置信息点）点开就是一个小网站，以后我们的后台将直接对商户开放，让他们可以编辑页面，直接发布服务或售卖产品，并且提供会员维护功能，将地图打造成一个类似淘宝的商业平台。”

“在盈利模式上，高德既可以通过卖增值服务赚钱，又可以CPS（按销售付费）方式赚取服务分成。与淘宝不同的是，高德上的每一个商家都是实体店，而且高德可以根据用户的位置信息进行精准的推送。”

与百度不同的是，高德还希望能把人的因素引入到地图中。高德与新浪微博达成战略合作。最新版的高德地图可以让用户浏览、查找以位置信息为中心的微博文字、图片等内容，还能与好友进行分享、互动。

“我们可以实时把人多的地点在地图上叠加出来，用户就知道哪个地方热门。”郄建军说，高德地图的POI页面还可以同步新浪微博相关信息及评论，结合用户所处的地理位置、用户搜索的行为等，精准推送优惠和团购。

“我们认为，手机地图将成为各类O2O服务的总入口。移动互联网给了高德打破传统PC互联网垄断的机会，让我们在移动互联网上构建一个新大陆。”郄建军最后说。

5.3.2　百度地图：押注地图打造O2O大平台

2010年11月，百度的LBS产品“百度身边”正式上线，以美食、购物、休闲娱乐、酒店、健身、丽人、旅游等类目为主，整体属于信息点评模式，并整合了各种优惠活动信息。

从产品上来讲，百度身边和大众点评、QQ美食等相比并没有太多突破之处，而且百度身边并没有很好地利用百度搜索、地图等资源，其在百度公司的战略中一直也没达到足够的高度。

2012年10月百度身边被并入新成立的LBS事业部，2013年年初百度身边宣布停止网页版运营，移动端的“百度身边指南”也没有被推广开。

百度团购由平台逐渐转向自营，而依靠地图打造O2O大平台成为百度最为重要的发力点之一。百度地图2008年上线，2010年4月开放API，开始引入第三方网站增加POI信息。

2010年10月，百度地图上线了塞班系统的客户端，此后其安卓版和iOS版本受到不少用户的欢迎，成为移动端装机必备软件之一。到2012年10月百度分拆地图成立LBS事业部时，百度地图已经拥有7 700万用户，如图5-16所示。

正是看重地图有可能成为移动端最重要的入口级应用，百度地图于2012年9月发布4.0版本，主打免费语音导航、室内定位、实时公交、生活搜索四大功能，开始向本地生活服务O2O转型。

2012年10月正式成立LBS事业部后，百度地图快速增加了各类生活服务功能。除了把团购、酒店预订等服务整合到地图外，还包括2013年4月接入嘀嘀打车提供在线打车，2013年6月开始支持电影选座购票功能，2013年12月后支持餐厅订座功能等。

图5-16　百度地图

2013年11月，百度LBS发布了面向开发者的Openmap计划，包括赶集网、喜事网、小猪短租、订餐小秘书、珍爱网等各细分领域的网站都接入了该计划，百度地图向大平台方向发展的速度加快。

到2013年年底，百度地图用户数量超过2.4亿，日均定位请求超过35亿次，数据相比2012年同期有大幅增长。百度LBS对应的团队规模也从2012年10月的200多人增加到2013年年底的1 000多人。

百度的O2O战略以百度地图为中心，百度团购和百度旅游（包括去哪儿）作为两翼，打造大平台和自营相结合的模式。百度押注地图打造O2O大平台，影响其成功的因素包括以下几点：

（1）能否成为占据地图市场老大的位置。

（2）能否补齐评价和支付的短板。

（3）商户多快和多大程度上能够自主（商户成熟度）。

（4）能否改变用户把地图仅当成工具的刻板印象。

地图O2O平台的创建需要决策信息，同时要有支付手段以实现闭环，百度在这两方面存在短板。目前其评价信息主要来源于大众点评、QQ美食等网站，在引用上有一定品牌和法律风险，其平台积累的点评信息还明显不足。

而在更为重要的支付上，百度主要还是通过支付宝来完成交易，自身的支付工具百付宝尚未成长，相比支付宝及微信支付几乎很少为大众所知，支付闭环是O2O落地的一个重要环节。

百度要打造生活服务O2O平台，早期需要借助第三方网站导入商户信息，从长远来看，随着商户自身的互联网水平和意识的提升，它们将自主进行互联网销售与推广。

减少中间环节，让商户自主通过百度的平台开展O2O业务是百度更愿意接受的方式。目前，已经有一些意识较强的商户开始直接和百度LBS部门合作，但这个比例还不够高。

从用户的角度来看，地图虽然是用户经常使用的产品，但长时间的用户习惯导致地图大多数情况是作为交通出行的工具，地图仅作为工具的这种刻板印象在短期内很难改变。在用户对一个平台的认知度和习惯尚未形成前，添加再多的服务也只能是事倍功半。而习惯的形成是长期的过程，需要花大量精力去培育。

百度作为三大互联网巨头之一，有足够的财力和影响力去培育市场和转变用户习惯。前期，百度注定是投入大于产出，在做好产品的基础上、逐渐补齐评价和支付短板、再加上商户成熟度提升；有别于阿里巴巴从商业及交易方面切入和腾讯从关系链和体验角度切入，百度从决策场景和广告方面切入，百度地图成为生活服务O2O大平台的希望很大。

5.3.3　腾讯地图："零流量地图"的终极价值

四维图新宣布获得腾讯11.7亿元的战略投资。四维图新接受腾讯入股，对决高德的意图明显；腾讯通过投资四维图新，其目的是卡位O2O关键一环；利用双方优势，腾讯和四维图新将在车联网上展开合作。

在O2O运营模式中，除了支付以外，地图的路径指引也至关重要。此次腾讯选择入股四维图新，卡位的意图十分明显，希望借此赶上百度地图和高德；未来在地图方面，也将呈现BAT三巨头争霸的格局。

腾讯副总裁张弦曾表示，腾讯地图正在向平台化方向发展。电子商务（特别是O2O）、互联网金融是阿里巴巴、腾讯大战中国的两个主战场，而地图的作用是O2O入口，其战略地位十分重要。和移动社交相比，移动地图的入口优势稍弱，但依然称得上是重要的入口。

地图是离用户最近的入口，而O2O服务总与位置相关；无论是微信、手机QQ、团购，都需要地图作为指引。结合地理位置做O2O具有广阔的想象空间，因此在TAB的O2O大战中，地图是必须争夺的制高点。

地图O2O市场未必不存在，但是其很难独立存活。比如，汽车、社交平台乃至室内定位都是地图等LBS需求良好的载体。地图的应用是基于人们在不同的位置需求场景下，单独的剥离地图需求只能让地图产品成为空中楼阁。

O2O是一个绝对的慢行业，任何企图用一种模式短时间颠覆一个行业的言论都是空谈。地图市场也是如此，虽然大潮并未到来，但不代表这一市场不存在、没价值，反而未来依托于更多载体的LBS产品将从另一个角度为O2O行业带来惊喜。

5.3.4 随便走：实景导航或将实现最后一公里O2O

“随便走”要解决的就是在“步行”场景下找路的问题,通过调用手机中的GPS、陀螺仪传感器及手机摄像头,根据特定的算法算出用户当前位置与目的地经纬度的差值，融入当前实景环境给出前后左右的方位指示，如图5-17所示。

图5-17　随便走APP

下了地铁并不意味着目的地就到了，对于众多路痴而言，最后一公里的“扒地图”比在地铁上的个把小时都要难受，“随便走”要解决的就是在“步行”场景下找路的问题，这个工具最大的亮点就是能实现实景导航，将线上与线下进行同步，所见即所得。

用户无须再费心判别方向了。跟将坐标点融入地图来导航的方式相比，“随便走”是不涉及图片加载的。

一般情况下，人们步行的路程可能不长，但依然囊括了非常多的场景，场景是O2O的一个重要组成部分，这也是随便走非常关注的，因此它根据吃、喝、玩、购、住、行等需求做了以下场景划分。用户选择一个场景，“随便走”都会就近向你推荐相应的去处如餐馆、KTV、景点等，并通过实景导航把你带过去，实现地图+O2O的落地。

这些场景很多时候是出现在旅游过程中的，这点也跟团队创始人孙宏磊第一个创业项目有关——为旅游景区做互联网解决方案的B2B服务，因此他对游客出行遇到的问题略懂。至于选择步行这个场景做导航，一部分原因在于这是百度之类的巨头没做的（他们主要做车载导航）。

将来，同样是基于步行导航的场景，随便走会进一步优化商户的推荐，比如优先推荐人气餐厅（根据点评的数据）；加入线下找商品服务，比如朋友让在香港旅行的你带特定的礼物，便能通过二维码的识别找到附近有哪家店铺在卖这款商品；导航也会得到进一步优化，比如，用户在出地铁时不知道从哪个口出，便可通过环境识别找到离目的地最近的出口；以及可能引入群组的概念，方便用户聚会时共享实时位置，在实景导航下找到目的地，将线上与线下的资源更加充分的利用起来，真正地实现O2O的落地和发展壮大。

第6章

HTML5
——轻应用傍上O2O实现变现

6.1 HTML5与轻应用

当今的移动互联网正处于一个O2O飞速增长的时代，同时也是一个“轻”的时代。人们都在力求用手机直接获取服务，用轻应用来玩O2O，带动传统服务业的升级改造，显然是一件节省成本又增强体验的乐事，关键是实现了用户与服务连接的最短路径，引发想象空间，而轻应用的基础就是HTML5。

HTML5像是互联网行业扔下的一颗炸弹，有些人还未反应过来，原先专注的领域也许就将面临彻底的革新。比如前几年疯狂甚至有点野蛮成长的APP。

虽然HTML5从出现到标准尘埃落定，一直在争议中曲折发展，但是各种HTML5页面的推广以及HTML5小游戏在不断地涌现，以HTML5应用为重心的领域也在吸引包括互联网巨头的不断靠拢，甚至有风投也在此领域频频出手，看懂HTML5的未来，会发现一个新的移动互联网黄金时代就要到来。

6.1.1 HTML5的概述

超文本标记语言（HTML5）是万维网的核心语言、标准通用标记语言下的一个应用的第5次重大修改。“超文本”就是指页面内可以包含图片、链接，甚至音乐、程序等非文字元素。超文本标记语言的结构包括“头”部分（Head）和“主体”部分（Body），其中“头”部提供关于网页的信息，“主体”部分提供网页的具体内容，如图6-1所示。

万维网上的一个超媒体文档称之为一个页面（Page）。作为一个组织或者个人在万维网上放置开始点的页面称为主页（Homepage）或首页，主页中通常包括有指向其他相关页面或其他节点的指针（超链接）。

所谓超级链接，就是一种统一资源定位器（Uniform Resource Locator，URL）指针，通过激活（单击）它，可使浏览器方便地获取新的网页，这也是HTML获得广泛应用的最重要的原因之一。

在逻辑上将视为一个整体的一系列页面的有机集合称为网站（Website或Site）。超级文本标记语言（HTML）是为“网页创建和其他可在网页浏览器中看到的信息”设计的一种标记语言。

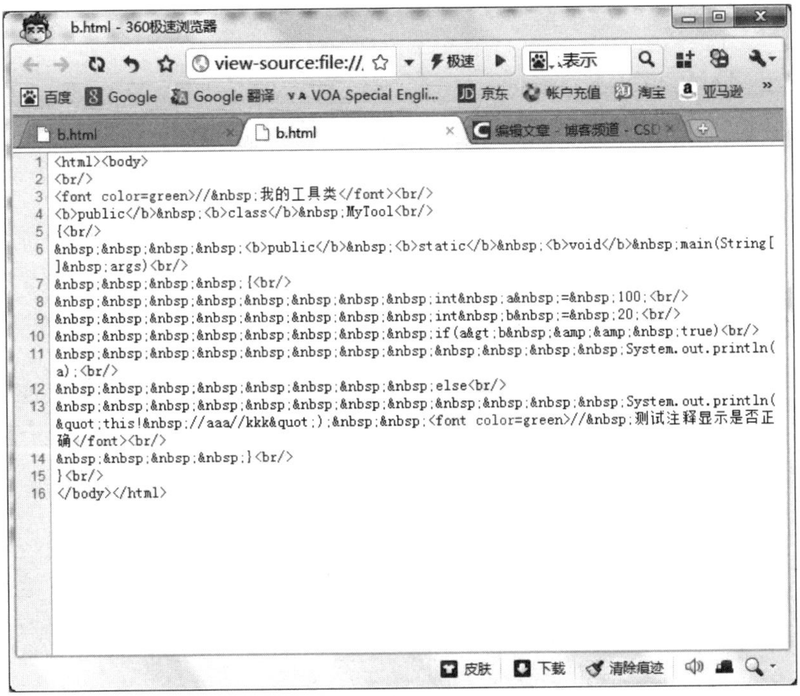

图6-1 超级文本标记语言

事实上，网页的本质就是超级文本标记语言，通过结合使用其他的Web技术（如脚本语言、公共网关接口、组件等），可以创造出功能强大的网页。因而，超级文本标记语言是万维网（Web）编程的基础，也就是说万维网是建立在超文本基础之上的。超级文本标记语言之所以称为超文本标记语言，是因为文本中包含了所谓的“超链接”点。

超级文本标记语言是标准通用标记语言下的一个应用，也是一种规范，一种标准，它通过标记符号来标记要显示的网页中的各个部分。网页文件本身是一种文本文件，通过在文本文件中添加标记符，可以告诉浏览器如何显示其中的内容（如文字如何处理，画面如何安排，图片如何显示等）。

浏览器按顺序阅读网页文件，然后根据标记符解释和显示其标记的内容，对书写出错的标记将不指出其错误，且不停止其解释执行过程，编制者只能通过显示效果来分析出错原因和出错部位。但需要注意的是，对于不同的浏览器，对同一标记符可能会有不完全相同的解释，因而可能会有不同的显示效果。

超级文本标记语言文档制作不是很复杂，但功能强大，支持不同数据格式的文件嵌入，这也是万维网（WWW）盛行的原因之一，其主要特点如下：

（1）简易性：超级文本标记语言版本升级采用超集方式，从而更加灵活方便。

（2）可扩展性：超级文本标记语言的广泛应用带来了加强功能，增加标识符等要求，超级文本标记语言采取子类元素的方式，为系统扩展带来保证。

（3）平台无关性：虽然个人电脑大行其道，但使用MAC等其他机器的大有人在，超级文本标记语言可以使用在广泛的平台上，这也是万维网（WWW）盛行的另一个原因。

（4）通用性：另外，HTML是网络的通用语言，一种简单、通用的全置标记语言。它允许网页制作人建立文本与图片相结合的复杂页面，这些页面可以被网上任何其他人浏览到，无论使用的是什么类型的电脑或浏览器。

在移动互联网时代，HTML5会带来一个统一的网络，无论是笔记本电脑，台式机，还是智能手机都可以很方便地浏览基于HTML5的网站，HTML5将成为建立链接线上—线下入口的重要工具。

6.1.2 什么是轻应用

作为BAT三极的其中一极，百度在O2O领域的作为气势汹汹，仔细观察便会发现：百度自从以百度钱包正式进军移动支付后，百度“即搜即用”的轻应用动作也颇为不少，旅游、票务、外卖……样样稳扎稳打，依靠良好的体验赢得了大量用户的青睐和驻留。

如果深一步分析，无论是技术实力，还是大数据基础，在未来的O2O战争中，百度轻应用绝对有可能凭借基于内容流、基于语音搜索和图像识别技术的购物模式，而成为一支后发力强大的奇兵。轻应用到底是什么，又会和O2O擦出怎样的火花呢？

轻应用（LAPP）是一种无须下载、即搜即用的全功能APP，既有媲美甚至超越Native APP的用户体验，又具备Web APP的可被检索与智能分发的特性，将有效解决优质应用和服务与移动用户需求对接的问题。

2013年 8月22日，百度在2013年百度世界大会上宣布推出“轻应用”，可实现无须下载，即搜即用和通过移动搜索智能分发，如图6-2所示。

图6-2　百度轻应用

轻应用（LAPP）有以下特点：

1. 无须下载，即搜即用

以往，开发者付出高昂成本拉动用户下载应用，每隔十天半个月还要推送更新版本，一不小心就遭到用户卸载。

例如，一款名叫多趣的旅游类应用，针对不同城市、不同景点有500多款应用，下载和更新成本成为横亘在开发者和用户间的高槛。通过轻应用，搜索“上海导览”、“周庄导览”的用户需求都可以直接调起多趣，开发者后端的每一处更新在前端都自动呈现，无须骚扰用户。

2. 破壳检索，智能分发

开发者开发的应用不再是信息孤岛，里面的内容都可以被索引，这跟原生应用形成明显的差别。

在应用商店里，只有用户输入明确的APP名称，例如“嘀嘀打车”，这个应用才能够被分发。而现在，移动搜索中自然表达的所有与打车有关的需求，比如“我要打车”、“从国贸到雍和宫”等，都将导向开发者开发的打车类应用，大大增加应用的曝光量和使用率，从源头解决分发难题。

3. 功能强大，全能体验

轻应用能够帮应用调起语音、摄像头、定位、存储等手机本地或云端的多种能力，让应用的功能更强大。

以好大夫在线轻应用为例，开发者不仅可以设置语音交流模块，还可以调起本地摄像头帮助用户拍摄化验单或患处，从而提供和Native App相同甚至更好的体验。

4. 订阅推送，沉淀用户

轻应用不仅支持用户搜索时实现调用，还支持用户主动订阅。如果用户有订阅需求并添加应用，相关开发者就能够将用户沉淀下来，并对用户进行持续、精准的信息和服务推送。

例如，很多视频类应用的用户有追剧的需求，百度支持用户订阅的功能，只要用户订阅了应用，每当有新剧更新，开发者都可以第一时间通知用户，增强黏性，从而与用户建立起更加稳固牢靠的关系。

O2O市场的长尾需求提供者也可将轻应用作为主要切入点之一。轻应用不仅仅是一个新增渠道(对于很多高频需求有Native APP来说，轻应用是渠道之一)，对有意O2O长尾市场的开发者更是一个机会。

O2O的盘子足够大，涉及生活中的方方面面，长尾市场机会足够多，就算有大型的O2O平台，也很难做到一家通吃。吃喝玩乐、衣食住行，各地区都有不同，大平台只能提供标准化的服务，而个性化的小众长尾市场，对于中小开发者已经足够了，轻应用不像微信那样已经争得头破血流，还有很大的市场空间。

6.1.3 微信公众平台

微信公众平台，简称WeChat。曾命名为“官号平台”和“媒体平台”，最终定位为“公众平台”，无疑让我们看到一个微信对后续更大的期望。和新浪微博早期从明星战略着手不同，微信已经有了亿级的用户，挖掘自己用户的价值，为这个新的平台增加更优质的内容，创造更好的黏性，形成一个不一样的生态循环，是平台发展初期更重要的方向。

利用公众账号平台进行自媒体活动，简单来说就是进行一对多的媒体性行为活动，如商家通过申请公众微信服务号二次开发展示商家微官网、微会员、微推送、微支付、微活动、微报名、微分享、微名片等，已经形成了一种主流的线上—线下微信互动营销方式，如图6-3所示。

图6-3 微信公众平台官网

公众账号就是I/O基础之上的小型生态链之一，当微信与I/O这两个词放在一起的时候，可以发现，微信对于移动互联网来说，并不仅仅是功能性的产品，它在移动互联网的层级上，可以往下，再往下，成为应用、模式、生态架构的承载基础。通过利用微信I/O创造出提供多样化服务模式的公众平台，企业寻找到一条在未来移动互联网上更有效的生存形态，而这个生存形态目前的代表，就是APP。

在移动互联网时代，各种营销方式层出不穷，O2O这一概念更是带来一股营销创业的热潮，在这样的环境下，微信公众平台比APP表现得更出色，原因有以下六点。

1. 微信公众号体量轻，进入门槛低

一个APP的体量，少的几兆，多的几十兆。虽然家里、单位都有Wi-Fi了，但是总有找不到Wi-Fi的时候，往往这个时候，最容易出现突发的APP需求。而依靠目前中国移动网络的速度，许多人是有心无力。而微信所提供的呢，就是搜索一个公众账号，添加，然后就可以使用，非常简单的进

入门槛，非常适合成为O2O的入口。

快捷酒店管家副总裁朱坤讲了这样一个故事，在去北京出差的高铁上，与旁边的一位乘客交谈中，这位乘客透露自己还没有订好酒店，而北京那天正在下雨，朱坤非常热情地推荐这位乘客下载快捷酒店管家的APP来订酒店，但是当这位乘客掏出手机看看自己移动网络的信号表示下载不会成功。

失望中的朱坤突然想起来可以让这位乘客加快捷酒店管家的微信来订酒店。最终这位乘客简单的操作就真的订到了酒店。这种简单的平台有效地增加了O2O的流量转化的效率，可以为企业带来更大的收益。

2. 微信应用体验轻

无论一个公众号在后台是否有很复杂的计算，但是在你的手机里面，它真的很轻，轻得几乎就是用简单的文字文本、图片、语音等进行无缝的沟通，在O2O中，方便商家与客户的交流。

而对于APP来说，一个大的APP光是启动就需要几秒甚至十几秒的时间，而且进入里面之后往往会有复杂的应用界面，在无形当中增加了用户的使用时间成本和心理负担，从而影响流量的增加，缺少客户，以至于O2O不能落地。

3. 微信公众号不用升级

对于许多不常用的APP来说，升级简直就是要了它们的命啊。一些用户经常说，有些APP平时不怎么用躺在那里安安静静的也就不会去管它，但是一旦它提示要升级的时候，反而想起来顺手把它卸载。这像个黑色幽默，但是却是事实。

对于大多数用户来说，升级过程的确是个不怎么好的体验，首先需要花费流量，其次需要花费时间，最后怕升级之后的版本破坏现有的使用习惯（有的升级还真的不如不升）。

而微信公众账号不一样，它所有的功能升级都在自己的后台完成，用户并不会去体验这个过程，他们可能在下一次打开这个账号之后发现功能更多了，仅此而已，其功能升级可谓润物细无声，保证了O2O入口的稳定性。

4. 搭车微信做免费社交

其实许多APP都有一颗做社区化运营的心，而做社区最主要的还是对自己的产品做营销。社区最主要的是人气，人多的小吃店人会越来越多，微信有数亿用户，但是绝大部分的APP本身并不具备做社区的规模用户群。

如果依靠微信的朋友圈呢？一个典型的例子就是“疯狂猜图”，这是一个轻得不能再轻的游戏了，本身并不具备太大的创新与用户黏性，但是依靠微信的社区分享的力量，“疯狂猜图”瞬间就火了，一度占领了APP Store的游戏排行榜首位。这款游戏本身并没有做过什么其他渠道的营销，唯一做了一个功能就是把游戏进程发到微信朋友圈让朋友帮忙。依靠微信社交的力量，四两拨千斤，扩宽了O2O的引流渠道，也增加了吸引力。

5. 微信内的各个公众账号实现打通

航班管家与糗事百科这种看起来八竿子打不着的两款应用，居然在微信公众账号里面“在一起了”。

糗事百科开放了API到航班管家，成为其一个小功能，当乘客在等航班的过程中，用航班管家查看了航班信息之后，可以顺便点一下按钮，就会出现一条条冷笑话，而内容来源就是糗事百科，乘客可以以此打发时间。这其实是一个非常简单的想法，简单的体验。

但是这种现象为什么没有在APP这种模式下产生过呢?在这背后其实有微信开放平台做背书。微信本身已经是一个开放平台，但是基于这个开放平台之上的应用能够继续成为一个二级的开放平台，这种无限延伸的生态链的力量有多大谁也不知道。

6. 不用跨平台

在移动互联网，安卓与iOS就像互相隔绝的两个世界一样，无论对于开发者还是用户来说，这都是一个噩梦般的存在：同样的功能开发者需要在不同的架构之下分别做开放，而用户经常会看到对方平台的人首先使用新功能，在做O2O营销时，这种情况让部分消费者不得不放弃商家，从而导致商家客户减少。

如果以微信做平台，就直接越过了安卓与iOS的隔阂，只要微信本身作为一个应用能够保持安卓与iOS版本的同步，那么，微信平台上用户就免去了以前的痛苦，公众平台刚好承担这一个角色。

6.1.4 百度直达号

百度直达号是商家在百度移动平台的官方服务账号。基于移动搜索、@账号、地图、个性化推荐等多种方式，让亿万客户随时随地直达商家服务，如图6-4所示。

图6-4　百度直达号平台

商家的直达号页面相当于商家的移动端网站，通过这一“轻网站”提供各种功能服务，比如餐饮企业的座位预订、订餐、服务评论、查看菜单等功能。用户可通过四种触达方式链接到商家服务账号：移动搜索的搜索结果第一条、@商家账号、地图跳转、基于场景和兴趣的个性化推荐。

直达号被认为是剑指微信公众号，微信公众号被认为“就是一个APP”，直达号也可以这么理解。而不同于微信公众号，直达号有以下几个特点：

1．客户范围广

百度直达号可以通过移动搜索需求精准匹配、@商家账号直达服务、手机百度“发现”以及百度地图“附近”等方式，帮助商家大量拉拢新客户。其中，@商家账号是一种极具创新的模式，可跳过原有的搜索页面，精准直达商家服务，大幅提升商家获取新客户的能力。而即将升级发布的手机百度“发现”和百度地图“附近”功能，基于地理位置以及大数据分析，可进一步提高商家的在线订单量。

2. 转化率高

百度直达号是“客户需求”到“服务获得”最短的路径，因此可以实现客户的高转化率。此外，直达号还具有强大的实时交互能力，可以实现与客户的24小时互动。另外，百度直达号还具备了完整的闭环式服务能力——如票务类的订票、选坐、支付；外卖行业的订餐、点餐、支付；医疗行业的预约、挂号等。这些强大的功能均保证了直达号的高转化率。

3. 客户黏性强

百度直达号使每个商户都拥有自己的CRM后台管理系统，并借助大数据分析实现对客户群体的标签化，以针对不同的客户提供个性化的服务，增强客户黏性，提高客户满意度，促进客户的多频次消费。

4. 容易开通

每个商户均可轻松开通百度直达号。对于已经有移动站的商家来说，只要通过快速直连，输入基本的信息，输入已有移动站点的网址，点击转化，即可拥有一个具备强大功能的直达号。百度针对不同行业，也推出了多个适配于细分行业需求的多个行业模板。商家登录之后，只需选择自己所处的行业，简单地编辑文字，上传图片等，就能快捷地开通直达号。

在拥抱移动互联网、转型O2O进程中，大多数企业，尤其是中小企业并不会选择自建平台，一方面因为建站、引流、维护等并非自己的长处，另一方面因为用户的需求较弱，远达不到强需求的程度。所以纷纷选择与平台合作来开展O2O，借平台流量、用户、大数据来跻身移动互联的时代，也因为自己的加入而壮大了平台。

商家服务号的意义重大，集营销、服务、CRM系统、大数据前端、入口为一身，是商家移动互联网化的主要路径，为线下商家解决移动互联化问题，为用户提供移动互联服务方式，也正是现阶段BAT三家都在强调的“连接人与服务”。

同时，商家服务号作为O2O中，Online线上服务和Offline线下资源中间的“2”，同样是连接的关键一环，谁拥有了这一领域，就意味着在O2O领域封疆获土，用户、商家两头占尽了。

作为线下商家移动互联网的入口，商家服务号一直是BAT三家争夺的重点。微信公众号、支付宝钱包服务窗、百度直达号，分别通过各自的核心优势社交、电商、搜索来连接用户。就目前侧重点而言，微信侧重于深度服务、支付宝侧重于延伸服务、百度侧重于导流。

TIPS:

BAT与线下传统企业的合作，搭建O2O平台，都采用了在自家重度APP上开发企业轻度应用，以此为O2O入口，连接人与服务。谁将成为移动互联网O2O的主入口是一个问题。

6.1.5 360 O2O开发者平台

在BAT巨头都在争相布局O2O时，360也按捺不住，推出O2O开发者平台与360轻应用开放平台，旨在扶持移动互联网应用的开发者，服务用户，共同培养O2O生态圈，同时还伴随着代表一种全新移动应用分发模式的H5流应用引擎。

360轻应用开放平台，是依托360庞大用户群体，海量优势资源，基于用户上网需求的变化及APP的发展趋势，为合作伙伴和广大第三方开发者提供的最彻底、最全面的互联网应用接入平台。

合作伙伴可以轻松快捷地直接提交应用到360应用开放平台，即可获得360桌面、360网址导航、360应用中心等三大应用入口，多种呈现形式的应用最优展现，面向所有来自于游戏、视频、小说、新闻资讯、音乐、购物、娱乐、生活、健康、工具等多领域、全行业的互联网应用，如图6-5所示。

360的O2O开发者平台集成了“公安部公民网络身份识别系统”签发的、加载在工商银行金融IC借记卡上的公民网络身份标识——eID，简化了APP的账户管理开发、打通线上和线下用户身份以及移动支付、方便了移动互联网开发者，用户在注册时无须输入用户名，把加载eID的工商银行金融IC卡在支持NFC手机背面一贴即可完成。安全便捷，不泄露个人身份信息，如图6-6所示。

图6-5 360轻应用开放平台

360的H5流应用引擎主要针对O2O开发者，可大幅度降低开发成本，开发者原本需要开发安卓、iOS等多个平台版本，但有了H5流应用引擎，只需开发一个网页版，即可横跨多个平台。

图6-6 加载eID的工商银行金融IC

“流应用”是360赋予“生活助手”中移动应用软件的新名称，是指一种无须安装、即点即用的全功能APP，可尽享包括缴纳话费、预约挂号、火车抢票、航班查询等在内的日常生活所涉及的各项服务。

因此探究用户的应用场景，不难发现流应用分发的优势在生活服务领域。所以，360在扶持开发者的同时，还可借“360生活助手”实现对O2O领域的布局，有利于将其传统的应用分发平台与“流应用”引擎形成优势互补的关系。

通过自身平台优势，联手工商银行的支付，加上公安部的eID和金联的网络身份服务，应用闭环已经形成。伴随着360在O2O生态链布局的正式启动，一个移动互联网的“流应用”时代或许即将开启。

6.1.6 Web APP开放平台“UC+”

2013年优视正式发布基于UC浏览器的UC+开放平台，未来将通过插件平台、网页应用中心及应用书签平台三个领域对外开放，如图6-7所示。

图6-7 UC+开放平台

而“UC+”开放平台则是依托UC浏览器的内核技术和云端架构构建，由UC网页应用中心、UC插件平台以及UC应用书签平台三部分组成。

1. UC网页应用中心

HTML5的出现，彻底改变了Web网页的呈现方式，为移动互联网带来了技术革命。无论游戏、视频、音乐、阅读还是其他应用，在HTML5的支持下都可以在浏览器上拥有更好、更便捷的使用体验。

UC网页应用中心是国内首个移动Web APP应用商店，用户可以在浏览器上直接调取使用Web APP，目前月活跃用户已超过4 700万，Web APP累积添加次数已超过1.8亿次，收录超过1 500款Web APP，国内超过90%的应用开发者都会通过UC网页应用中心推广Web APP。

在UC网页应用中心，UC浏览器用户只需找到所需的应用图标，点击“添加”按钮，即可即点即用无须下载、安装，在移动互联网时代下，让入口更加便捷，更容易链接线上与线下。

2. UC插件平台

UC插件平台开放的是远程插件，通过Android系统Service 组件与UC浏览器建立双向的沟通，实现浏览器和插件的相互调用。UC将很多功能封装成为SDK，开发者在这个基础上开发出来的程序能够直接在UC浏览器的多个场景上调用，这与微信平台的效果相似，增加了O2O的入口兼容性，保证入口的宽度。

3. UC应用书签平台

在应用书签平台体系下，用户通过扫描UC浏览器与合作网站生成的二维码等入口，即可直接生成一个当前网页的应用书签，并将该书签添加至UC浏览器首页。UC浏览器还将在已添加的书签上启动推送服务，方便用户及时浏览网站更新内容，也持续帮助网站增加移动端的访问量。

TIPS:

传统APP的下行不代表移动互联网的下行。随着硬件和网络的发展，行业整体还会迎来第二个高峰，契机就是轻应用（包括轻游戏）的崛起。在终端碎片化的时代，占得先机的企业有机会将超级APP转变为一个新型生态系统中的基础设施；而没有赶上第一波浪潮的企业则会有更大的机会推进移动化，轻应用相对传统APP的跨屏优势，也能让开发者拥有成本更低的创业机会。

6.2 HTML5助力O2O

移动互联网越来越火，HTML5也越来越热，经过这些年的发展，HTML5在互联网公司和开发者心目中已经有了很重的分量，几年时间的酝酿和试错，O2O也已经成为互联网创新服务的沃土，更是受到资本市场的青睐。HTML5对移动互联网会带来什么样的影响，和O2O又会产生什么样的化学反应呢？

6.2.1 O2O的入口，未来的趋势

APP到底是不是未来唯一的移动互联网的产品形态？对用户来讲，尤其对于O2O用户来讲，关注的是服务本身还是APP的本身？在提供很好的服务，提供需求的时候，还要解决用户获取应用的难题。用户需要先打开

一个所谓的推广页，打开一个按钮，再下载APP，最后才能使用服务，用完以后就关掉，过上一两周再使用第二次，这个逻辑是有问题的，垂直低频的O2O服务是不是一定要做APP？

在未来移动互联网的驱使下，尤其是智能手机的出货量在走低，每个人不会再像四五年前一样乐此不疲地使用各种各样的APP。每天使用的APP不会超过10款，剩下的APP会放在第三屏、第四屏。

现在是一个场景时代，关注用户已经不够了，需要合适的用户在合适的场景下使用商家的应用，这才是商家需要的。很多O2O的服务商，甚至不需要做一个APP，只需做一个微信公众账号即可。所以，未来的趋势是个体消亡，平台会诞生，单一的需求会融入一个平台里。

未来的移动互联网的产品有以下几个特点：

一是产品的去本地化，就是把所有的服务放在云端，降低用户触达你的成本；

二是内容的去中心化，对用户来讲，用户关心的是要用这个东西做什么，但并不关心是不是要装这个东西，因为每个人都不喜欢有一个东西长时间占用自己的入口；

三是场景的去搜索化，每个人在手机上搜索是一件很麻烦的事情，不管是移动搜索，还是各种各样新奇的搜索。搜索这个东西在PC端很火，但是在移动端是一种截然不同的获取信息的理念。

所以，移动互联网正在被HTML5重构。HTML5现在被认为只是一个应用层次的创新，将来可能是一个全新的互联网的产品形态。它有2个特点：

（1）所有的HTML5不需要安装，不需要让用户升级下载，同时也不会占用用户的内存。什么意思？我们叫内容就是服务本身，用户在微信里面点开一个HTML5的网页，网页里面就可以完成从注册登录到提交需求，到支付到所有的闭环，内容就是本身，而不是点开一个内容还需要下载一个APP，这是反效率的。

（2）跨平台，多屏，HTML5一个应用可以再一次开发，可以在苹果里面跑，可以在安卓里面跑，只需封装好即可，这是降低开发成本非常好的事情，还包括其他的开源生态，极低的开发成本，最强的是互动性和传播性特别好。

基于HTML5的特点，可以重新定义互联网的三种形式：

一是重新定义了APP，把所有的APP全部转换成为Web APP，不要让用户安装、升级，这些事情应该放在服务端和云端完成。

二是重新定义了Minisite，在微信朋友圈经常有这样的邀请函，各种互动的小广告，都是HTML5来做的，在营销方面是非常好的应用。

三是重新定义了游戏，现在所有的手游厂商要发展3个版本，即安卓、苹果、HTML5版本，这是一个很大的趋势。

6.2.2　HTML5重塑O2O

在移动互联网时代，唯一能同时在手机和电脑上面打开的语言网页就是HTML5。另外，能够展现出APP效果的手机网页兼容性强的也只有HTML5才能做到。在应用层面的特点：产品力，媲美原生APP，而且更有效率；传播力，非常好，拉低获客成本，放大传播效应；表现力，极大丰富了用户视觉与操作体验。

HTML5在移动互联网时代被普遍看好，并被各大互联网公司广泛推广，成为能够和APP一决高下的移动互联网的展现形式。所以HTML5肯定是一个很好的趋势，它会采用哪几方面重塑O2O的商业地图呢？

1.　重塑O2O产品形态

内容可以自由连接，让移动端的操作恢复到PC时代，只需一个链接即可从百度地图跳到美甲的应用，也可以从大众点评拉起另外一个上门按摩的服务，把任何的内容通过链接的方式串联起来。

2.　重塑入口体验

轻量化，零内存，不需要占用手机的任何空间，同时不需要升级，所有的版本升级通过服务商在后台服务端升级，用户感知不到这一切，一切都是通过云端搞定。

3. 重塑O2O的技术结构

很多O2O服务商做创业的时候，除了饭菜要做得好吃，按摩的师傅要技术好，还有一个工作要做——大量的技术研发，要招安卓工程师，苹果工程师，这对他们来讲是一件很麻烦的事情，HTML5可以很好地解决一次开发，随处运行。开发完以后可以在电视以及任何的LED大屏幕上运行。

4. 重塑O2O用户成长路径

以往什么样的O2O产品都需要一个APP，这个APP只能通过应用商店分发，现在不一样了，现在可以通过全渠道获客，比如可以通过微信，通过转发一个HTML5的应用，可以在微信里完成支付，完成内容，所以HTML5是很好地缩短商家获取用户路径的方式。

以往要先推广，然后让用户去应用商店下载，下载完了要交易激活，完成应用。现在可以直接打开HTML5，完成一切。最后是全渠道留存，在地图看到这个服务，下次通过微信打开还可以继续使用，不需要再装一个新的APP。

5. 重塑O2O的内容传播形态

以往必须通过APP来传播，因为既然叫O2O，第一个O其实是用户层面，用户怎么使用你？现在则可以通过场景秀，即是我们所说的场景应用。比如说做一个实时应用，把一个网页变成与原先APP一样的体验。再一个，可以做成一个小游戏去传播。

目前O2O基于HTML5有几种形态：一是百度的直达号，一个大的站点，通过一个接口把O2O接入进来；二是内容传播，像“一起秀”、“云来”这样一些东西；三是类似于360、葡萄生活，O2O用户导流平台；四是跟海底捞合作，帮助海底捞客人等位置的时候，用HTML5做一个小游戏，用户通过大屏幕用手机控制这个游戏。未来HTML5还可以做到更多。

6.2.3 O2O让HTML5实现变现

一款《围住神经猫》让人们知道了，原来HTML5游戏可以这样玩。一款《愚公移山》让人们知道了，原来HTML5游戏可以这样赚钱。一部是文艺片，一部是商业片，它们从不同角度让我们认识到了HTML5游戏的魅力与潜力。

在《围住神经猫》火遍朋友圈后，HTML5市场开始活跃，《愚公移山》创造了180万元的月流水，让越来越多的资本开始关注，如潮而来，倾城而下。

要迎接资本就意味着要能够盈利，而盈利一直以来都是HTML5最薄弱的一面，对于HTML5游戏来说，变现有三个方向：

一是企业定制、品牌推广，企业在品牌宣传时的介质。

二是HTML5作为交联点打通线上线下O2O。

三是HTML5作为游戏方向，可进行传统的道具付费、内容付费、关卡付费等模式。

以海底捞为例，在海底捞就餐总是可以体验到更好的服务，但是排队的问题一直是困扰海底捞的一大诟病，虽然已经使出了免费美甲、免费擦鞋等招数，但仍旧没有缓解食客因为排队而流失的情况。

这倒是激发了赵霏的灵感，于是磊友科技就为海底捞设计了一个HTML5的游戏营销方案。食客在排队时，可以通过扫描二维码玩一个小游戏，如果能荣登排行榜，就可以领取海底捞的代金券，如图6-8所示。

图6-8　海底捞推出的游戏

2015年1月份，这个HTML5游戏上线，在北京10家海底捞分店进行试玩，结果显示，20%～30%的食客愿意参与进来，达到了30万人次的访问。

从海底捞的成功案例开始，宝洁、可口可乐、旺旺等公司都踏进了赵霏的门槛，目前已有将近100家企业让他们定制游戏。一般这些小游戏都会被植入商家的微信公众号内，玩游戏并分享至朋友圈来赢取代金券，就是用积分抽奖等方式帮电信运营商消耗积分。

在海底捞火锅应用HTML5游戏让顾客打发时间，赚取代金券的过程中，HTML5就作为交联点打通线上线下O2O，顾客从线下到线上玩游戏，通过游戏再领取代金券到线下消费。商家需要打通O2O，吸引流量，

HTML5可以通过提供入口，实现变现，获得真实的利益。

据数据分析显示，2015年H5游戏商业模式中，依靠广告收入占比22.6%，依靠玩家充值收入占比39%，广告收入+玩家充值两种形式占比28.4%。这也预示着，2015年将有越来越多的H5游戏会开启道具收费的商业模式来尝试盈利，单纯通过经营流量和广告来变现的厂商比例会减少。

在互联网+的大浪潮下，移动内容日趋增加，营销互动化，营销游戏化既成趋势，因此也衍生出了很多H5的应用场景。怎么才能在短时间内，高速、低成本地创造出用户体验好，交互性强的内容，既成挑战。移动内容与应用的创作需求日益增加，营销互动化成为一大趋势，Egret Lark 1.0的推出，正是为了满足未来移动建站和交互推广的需求。

据了解，Lark是白鹭即将推出的一款神秘产品，它是一款基于HTML5技术所构建跨平台移动Web应用、微站和富媒体广告营销的交互应用框架，这套框架可以让开发者实现高速、低成本创造出适应移动互联网下的交互内容，如APP、微站、视频、音频和交互广告等。

这款产品所瞄准的目标市场是移动建站、体验营销、交互广告、口碑推广、娱乐交互、游戏传播，满足未来移动建站和交互推广的需求。据介绍，这款产品是专门为O2O、电商、广告、新媒体等运营者而生的工具。

6.3 HTML5轻应用的O2O落地化案例

HTML5的崛起同时带领着轻应用的到来。传统的APP正在受到轻应用的冲击，在这个O2O盛行的商品社会里，入口成为企业的必争之地，而轻应用应声到来，比传统APP更具有入口的优势，于是商家纷纷开始转向轻应用，试图从这个入口布局O2O的蓝图，利用轻应用能实现O2O的落地吗？

6.3.1 天虹商场：微信公众平台O2O

线上线下一体化是指传统零售商在发展实体店经营基础上，借助移动互联网通过线上线下结合，延伸推广销售的经营模式，这也是目前百货零售业在O2O方面探索的一种新模式。

自天虹商场接入微信以来，几个月的时间，会员总数已经接近40万，微信上成交单数已有门店日过千笔，近70人的客服队伍以虚拟微信人物“小天”的形象，每天在后台人工处理8 000余位顾客的各类咨询、疑问，处理各种售后、投诉，当然真正创造性提升和优化实体百货服务功能的还是天虹商场的产品创新与研发。

作为消费者来说去商场的主要目的就是购物，因此天虹商场在购物这块可谓做到了极致，消费者除了可以直接在商场购买商品外，天虹商场还提供了多种购物途径，比如在微信上购买商品，使用微信支付付款，然后选择去门店提货或者快递到家，还支持货到付款。比如在微信上买购物卡，然后作为礼物转发给好友，好友既可以线下兑换实体卡买东西也可以直接在微信货到付款后直接消费。

为了最大限度地方便消费者，同时避免资源过于分散方便管理，天虹商场想到的方法就是在主账号内嵌入所有门店账号，既适应个性化的各家分店经营需求，又保证天虹在微信渠道是用户唯一入口，在对外推广宣传上更加方便流量更集中。

消费者只需在其公众号里选择所在地，则微信里的商品内容等信息就会相应变化，如图6-9所示，选择在深圳，热门活动就会变为深圳宝安购物中心了，并且还可以进行订阅。

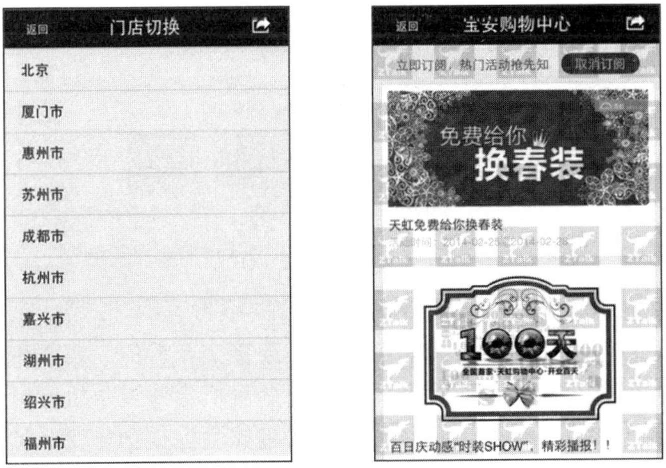

图6-9　深圳天虹商场微信公众平台

在天虹商场的微信公众账号里有一个菜单项叫作“品牌优惠”，

打开是该商场里的一些品牌LOGO，如图6-10所示。点开某个品牌就进入了该品牌的微信专柜，除了专柜照片和相关引导外，还有该专柜正在进行的优惠活动，并且可以订阅该品牌，接收该品牌的最新活动信息，如图6-11所示。

（1）可以通过用户对商场品牌订阅的情况，分析用户的兴趣进行品牌推荐和相关推荐；

（2）商场给品牌专柜提供的服务更多元化；

（3）线下专柜可以自主发布推广活动带动线下销售，更可以直接在线上交易；

（4）最终可能带动天虹商场的电商平台发展。

图6-10　“品牌优惠”

图6-11　品牌专柜

移动互联网时代，手机随时随地携带，不再有PC时代“在线”的概念，任何时候商品、门店、消费者都是被连接在一起的，线下店面将不再受到物理空间的局限，用户离开了门店还是有机会通过手机进行沟通和触达，因此线上线下一体化，持续优化消费者体验促成销售变成了现实。在这方面，天虹商场已经探索出自己的O2O模式，走在其他同行的前面，成为百货零售业的标杆和样板。

6.3.2 百度钱包：轻应用加入O2O

2014年，百度正式发布移动支付品牌——百度钱包，百度钱包全面进军移动支付，O2O布局再落一子。用户可以在“我的钱包”及搜索各类轻应用中使用百度钱包，这也意味着百度钱包与百度系移动端产品全线打通的开始。而最终百度希望构建一个完整的移动生态，为用户提供一站式支付生活，如图6-12所示。

图6-12 百度钱包

百度钱包面向商户推出“万家让利计划”，包括最低费率、最大流量导入、最领先技术（拍照付）、最权威的大数据共享。百度还将在“五一”期间推出半价抢景区门票活动——让更多用户体验百度的O2O服务。

2013年，百度在世界大会上推出“轻应用”，这种比传统APP更轻的应用模式，能够帮助商家更快地部署和实施O2O。例如，用户可以直接在手机百度下单买黄太吉煎饼。百度的O2O号称有“五最”：

1. 最低合作费率

百度钱包为入驻商户提供行业内最低的合作费率：PC端“0费率”、移动端“同行费率基础上全年88折”的优惠政策。以年销售额为10亿的商户为例，通过与百度钱包合作，每年可以节省的费用可达600万元。

2. 最强导流入口

作为国内拥有最大流量的互联网公司，百度此次将旗下移动搜索、LBS、移动视频、移动分发等资源进行整合，为“百度钱包”商户“引流”。此次百度钱包的移动端入口搭载在“手机百度”中，这可是有着5亿用户和5 000万日活用户的超级入口。此前，“搜索+轻应用”的导流能力早已获得业界认可。例如，58同城接入百度轻应用后，其联合百度轻应用举办的抢房活动，短短两天内就有6万人通过轻应用参与，其中70%的用户会回访，沉淀为58同城的深度用户。

3. 最开放的移动生态服务平台

开通百度钱包的商户能够享受到包括“搜索+轻应用+支付”的一站式服务，提供客户积分管理会员服务平台，还享受到了百度的品牌推广资源，包括PC端和移动端搜索结果重点标注、可靠商家认证推荐、运营活动联合推广等，这在过去都意味着价值不菲的广告费。

4. 最权威的大数据分享

2014年5月开始，百度钱包将通过“百度数据研究中心”发布行业、商品指数专业版和定制化报告，为入驻的商户提供大数据洞察，帮助商户根据用户需求进行分析和定位，调整及完善营销策略，促进高效运营。

5. 最领先的技术应用

百度钱包是一款集合了百度公司领先技术的“高科技”支付工具。据悉，以百度的语音图像识别技术、智能推荐技术、大数据挖掘技术、安全技术等强大的技术能力作为支撑，百度钱包推出的创新功能“拍照付”，能够大幅度提升消费者在购物过程中的直观体验和支付效率。

6.3.3 来店通：360开启O2O序幕

360在首届360数字世界大会上向传统企业推出了“来店通”产品，开启了以通话为基础的新型O2O服务。在百度直达号之后，360利用自身优势切入O2O，使得原本就白热化的O2O战争再添新兵，如图6-13所示。

基于O2O2O模式的来店，用户以通话的方式即可默认关注商家，来店商家则通过信息服务推送将用户导入线下店铺，线上线下的自由服务切换，让商家和用户之间零距离的进行沟通和交互。

360回归手机通话功能这一自然属性，“360来店通”在不改变用户习惯的前提下，用通话这一最自然、最便捷的方式连接用户与商家，把过客变为常客成为来店的最大营销价值。来店具备的“多入口”、“零距离”、“强黏性”三大特点，更是让其无线营销价值得到彰显。

图6-13　360来店通

相比于微信公众平台和百度直达号，360来店通有自己的优势：

（1）门槛低

来店通的进入门槛要比百度和腾讯低一些，在输入公司的相关信息、上传营业执照及法人身份证照片后，即可申请认证，以商家的电话作为用户的唯一ID标识。

相比于另外两家，百度直达号需要提交营业执照注册号、营业执照扫描件、企业法人身份证照片以及加盖公章的保证函。而申请微信公众平台的条件更为苛刻，除了直达号所需的所有条件还需要负责人的手持身份证照片，以及第三方提供的资格审查。360来店通在加入门槛上的确有着不小的优势。

（2）免费

百度直达号是免费申请的，却是以百度轻应用为载体的，而后者需要支付相关的使用费用。微信公众平台的认证更是需要每年300元的费用。这些费用对海底捞这类企业来说不算什么，他们更在意的是平台所能带来的效益，但在初期盈利不明显的情况下，不少商家的入驻都或多或少存在尝试的心态，特别对于规模不大的实体商家，免费的吸引力还是挺大的。

360来店通利用手机通话做O2O也有自己的弊端和劣势：

（1）隐私得不到保障

用户给商家打过送餐电话后，即默认关注了商家的店铺，商家便可主动推送最新商品服务信息，顾客在360通讯录中看到未读的推送信息。这就出现了两个问题，一是商家的电话肯定被360通讯录排除在黑名单之外了，那么商家的推送消息不会被主动拦截，用户不需要的推广消息无疑是新型的垃圾短信。二是用户号码被暴露，来店通的低门槛不排除一些虚假商家的进入，这对用户的隐私来说是个很大的威胁。

（2）生态圈难形成

360来店通依靠360手机卫士、360手机浏览器、移动搜索APP等无线端的多个渠道传播，并为商家生成相应的黄页方便用户和商家的互动沟通。

这种模式很容易实现却也缺少形成生态圈的基因，没有专门的客户端支持，商家所能使用的功能便会受到约束，更重要的是360来店通缺少支付功能。客户端能够通过开发或在其他软件植入插件实现，但支付并非一日而成的，缺少支付环节不仅对用户的使用造成一些不便，360来店通也很难使商家对其产生依赖。

而微信的支付服务已经相当完善，百度直达号借助手机百度很容易把百度钱包接入进来。360来店通每天处理2.4亿次的商家通话，微信有着6亿用户，手机百度用户数突破4亿，在用户基数没有鲜明差距的情况下，生态圈对商家更具有诱惑性。

360来店通进军O2O的过程中，还有一定的风险：

（1）草根商家过多

互联网巨头纷纷进军O2O首先面对的是现有的O2O巨头，美团、大众点评拉拢了一大批优质商家，饿了么、美团外卖等聚集了诸多的草根店铺。而360来店通的低门槛很容易造成的风险就是，对大的连锁企业没有吸引力，而一大批草根商家纷纷试水。

以饿了么为例，由于多年的积累砸入了大量的人力和金钱，才换来了日订单突破一百万的成绩，而后还有美团外卖、淘点点等众的紧逼。

一旦360来店通草根化，便不得不和这些外卖O2O平台进行竞争，一是360来店通作为后来者本身就没有什么优势，二是这个领域盈利还不明显，当然这也不是360来店通所规划的O2O模式。百度和腾讯通过严格的进入门槛来规避这一风险，而360来店通的零门槛却埋下了这一风险。

（2）易复制

360来店通模式的另一个风险就是易复制，手机客户端软件+海量用户+来店，看似巧妙的组合却也没有什么阻碍的屏障，百度、腾讯、阿里巴巴均有多款软件布局移动市场，百度和腾讯也有类似360安全卫士的手机端产品，搜狗通讯录的安装量可以匹敌360通讯录。

可以说如果来店通模式取得初步成效，BAT便会在短时间内进行跟进，再加上阿里巴巴的电商基因，腾讯的即时通信，百度的搜索服务，比360来店通更有前景的模式完全可以炮制出来。

6.3.4 摇一摇“抢占”影院O2O入口

2015年4月，微信摇一摇正式对外开放了一大最新功能，即摇周边，摇周边是微信基于低功耗蓝牙技术(iBeacon技术)的O2O入口应用，它联合了微信支付、公众账号、微信卡包，为更多商家提供了便捷连接用户和精准进场服务的能力。功能开通后，电影马上成了最适配的应用场景之一。

万达院线和腾讯微信，作为院线和互联网产业的龙头，以5月8日上映的好莱坞大片《超能查派》为活动主题举办O2O活动，正式把“摇一摇周边”带入电影产业。此次试验性活动，双方尝试打造一个联动影票、电影衍生品、电影联合品牌以及影院卖品售卖的影院商务模式新体，如图6-14所示。

自5月8日，在电影《超能查派》上映期间，只要观众在万达影城现场，根据线下指示使用微信摇一摇周边，就能摇出神秘机器人查派。“唤醒”查派就有机会赢取索尼PS4、索尼耳机、电影衍生品，以及免费万达电影票。

图6-14　影院O2O活动

挑选大片《超能查派》为活动主题，万达院线为线下平台，微信为线上平台，意欲在强强联手的条件下打造社交时代的影院商务模式。特别是近年来，随着IP意识的增强，一个IP的生命周期并非只是电影的上映和明星效应，由影片带来的影响力才是IP的真正价值，而这个影响可以是从衣食住行到意识形态的。关于IP所衍生的品牌联合营销及电影周边市场关注度日益增高。

如何将这个联动性玩转起来，离不开互联网也离不开影院。使用类似微信摇一摇周边的先进技术以达到O2O的联合，将小屏幕和大屏幕联动起来，或许会引发一场商务模式的变革。

一个看似小的O2O活动，其实包含了电影产业的诸多环节。以满足用户为基础，用电影IP制作一个酷炫的互动，从而刺激电影票、衍生品、品牌营销和影院卖品的售卖。负责人说：“这次我们设计的并不是简单的摇一摇得大奖，而是打造摇出一个机器人的概念，先让用户玩耍起来！电影是一个能让观众立马high起来的东西，而社交时代的营销，就是要与观众一起high起来，只有这样才能更好地满足他们。”

万达影院在移动互联网时代更加关注互动体验，正在尝试新的营销方式，与以往简单的单向传播不同，在移动互联网时代要更加关注互动体验。本次合作万达以北上广深为试点，用户来到万达影城，即可拿起微信摇一摇参与互动，简单有趣。

此前万达董事长王健林就曾在采访中表示：“做O2O关键是互动，重点是体验。在消费者原有消费体验的基础上如何增加新的体验，让消费者享受更多服务，让消费者参与进来互动，这点很重要”。线上再多的互动，也替代不了线下真实、优质的体验，万达影城朝着打造O2O互动体验这条路前行，这与合作伙伴微信的理念不谋而合，如图6-15所示。

图6-15　万达影院

在用户互动和体验上，腾讯向来得心应手，这也是微信这个平台最擅长的。拥有亿万用户的微信正在不断地把它的连接能力衍生到各行各业，创造众多使用场景，成为一个生活方式，如图6-16所示。

图6-16　微信摇一摇

2015年是“互联网+”元年，利用互联网平台的连接能力，把线下和线上资源、用户连接起来势不可挡。与电影产业这些简单的连接能衍生丰富的玩法，后续想象空间太大了。

试想一下用户在微信上选座下单，提前定制化现场的服务，到现场消费电影，观前观后互动，看完再给电影打分或购买周边，分享到社交网络，参与到线上讨论，甚至根据你以往的观影偏好推荐影片，每个环节都有太多有趣的玩法。电影互动，可玩的方向还有待挖掘，一些让人惊喜的变化正在发生。

第7章

二维码
——O2O模式落地的入口

7.1 走进二维码的世界

对于消费者来说，二维码再熟悉不过，超市、商场、餐厅、酒店随处可见。二维码伴随着O2O模式的兴起而红遍大江南北。

在当下，大批的电商通过二维码将用户和自己的产品连接起来。二维码成为沟通线上与线下的桥梁和通道。消费者通过手机扫描二维码在线查看商品信息，享受优惠折扣，还可以用手机扫一扫进行移动支付。二维码在移动互联网O2O中扮演着重要的角色，也是入口之一。那到底什么是二维码，如何利用二维码进行营销，又有什么优势呢？

7.1.1 什么是二维码

二维码称为二维条码（2-dimensional bar cod）是用某种特定的几何图形，按一定规律在平面（二维方向上）分布的黑白相间的图形，记录数据符号信息；在代码编制上巧妙地利用构成计算机内部逻辑基础的“0”、“1”比特流的概念，使用若干个与二进制相对应的几何形体来表示文字数值信息，通过图像输入设备或光电扫描设备自动识读以实现信息自动处理，如图7-1所示。

图7-1 二维码

二维码它具有条码技术的一些共性：每种码制有其特定的字符集；每个字符占有一定的宽度；具有一定的校验功能等。同时还具有对不同行的信息自动识别功能，以及处理图形旋转变化点。

TIPS:

实质上，二维码是使用若干个与二进制相对应的几何形体来表示文字数值信息，将信息换算成二进制的几何形体，并生成一个矩阵图。二维码生成之后，要用专门的解码器解码。

现在都采用红外线探头来抓取图形，一般分为硬解码和软解码。硬解码是探头抓取图形之后用软件直接解码，软解码是通过抓取图形之后传送到二维码库里去对比解码。

7.1.2　二维码的适用对象

每一种应用都有其适用的人群与领域，二维码也不例外。作为一个新新崛起的发明，二维码已经风靡国内甚至全球。目前，二维码在哪些人群以及何种情形下适用，是我们必须重点讨论的问题之一。

1. 智能手机用户

国内二维码的使用是基于智能手机上的扫描软件存在的，所以首先只有具备使用智能机的条件才能接触二维码。另外，智能手机的市场也是针对年轻人的，鲜少有中老年人使用智能机，所以，这一条件也确保了扫描二维码的用户是年轻人。而年轻人对新事物的接受能力强，也乐于对新事物进行探索与使用，这就保证了智能手机的使用者将是二维码的常用人群。

由于智能手机的火爆，带动了移动互联网产业，手机上网成为一种普遍的用户需求。与电脑不同，手机的屏幕和键盘都比较小，在操作上具有局限性，这就让手机上网“入口”变得异常重要。而二维码具有天然优势，只要手机安装了识别软件，然后用摄像头对准二维码一拍，就能立即获得产品信息，附加上一条链接，用户轻轻一点就能上网，省去了输入网址的过程，更加便捷。

TIPS:

年轻人的特性是喜欢接触新鲜事物，且较中老年人而言更容易学会并掌握新科技的使用。根据台湾地区市场的调查数据显示，有93%的智能手机使用者知道二维码，而获得二维码信息的主要渠道，依次为网站（60%）、杂志报纸（52%）及各式票券类（45%）。在国内，据相关调查显示，30%的智能手机用户会安装二维码客户端。

2. 关注优惠用户

一些相对慎重消费的客户，出于让消费更为经济实惠的想法，会积极关注产品的优惠让利信息。现如今，很多企业已经明白了靠优惠来吸引消费者的道理，导致二维码犹如一股旋风在各大百货卖场间“刮起”，随处可以看到“随手拍二维码，得百元精品大奖”、“扫描二维码送可乐”等优惠活动。

TIPS:

企业在举行二维码营销活动时，还需要提供相当程度的诱因，让消费者觉得有好处，才能增加广告的吸引力，让消费者觉得有兴趣进一步想要获得信息。

3. 二维码营销人员

随着智能手机的日益普及，如何有效地运用二维码来提升商品的曝光度以及传递活动信息，也是业内人士未来在规划营销方向时可以考虑的传播渠道之一。

对于市场营销人员来说，二维码的应用潜力不言而喻，这类代码几乎能按照任何尺寸，打在任何地方。市场营销人员利用二维码，可以轻易地在在线广告中增加数字元素，并能像在线一样，在现实世界中更加准确地追踪目标消费者。

TIPS:

但是，二维码对市场营销人员来说到底有多大的价值，却很难说。事实上，尽管二维码广告创新技术意味着营销人员能更好地追踪消费者，但它却缺乏可靠的公共数据。大型广告企业将从自己主办的活动中收集到的信息牢牢抓在手里，基本上不会对外公开。

同时，应用开发人员则希望增加下载量，他们和小型市场代理机构发布的数据集，就算往好里说，其中包含了大量“水分”，也靠不住。

4. 二维码营销企业

在二维码的应用方面，有很多先行者，如上海某企业，它通过将二维码发送至用户手机，然后用户凭此再到商家处进行消费。据媒体公开的报道，它的年销售收入已达到5 000万～6 000万元，一年可发出1亿条左右的二维码短信，并且为2万个商户网点提供了服务，向合作商配置了超过2万台的二维码终端识别设备。

这家企业不仅解决了O2O模式中线下商户资源的积累难题，更是建立起了别人短时间内难以赶超的优势资源，在海量资源上开展业务自然游刃有余，这种模式的盈利能力不容小觑，由此也可以窥探出二维码营销应用市场的广阔。

二维码方便消费者将淘宝网上任何一件商品导入手机中，在用户不方便通过电脑浏览或购买商品时，可以继续在手机上完成操作。此外，手机是随时在线的，这种场景更符合消费者的分享习惯。在手机上，用户可以通过来往、微博等软件将“宝贝”分享给好友，同时还能方便地使用语音聊天快速征询好友建议或推荐商品。利用旺信语音功能跟卖家砍价沟通，也比打字更方便。

手机扫码购的另一优势是便捷性和安全性。有很多用户会在公众场合或公共设备上购物，如网吧、公司、咖啡厅等，存在信息泄露的风险。此时通过扫码购在手机上完成购买和支付环节，可以大大降低账号被盗的风险。同时，开通快捷支付免密功能后，手机支付过程会比电脑上更快，还可以随时查看订单物流信息，在评价中用手机拍照晒图等。

4G时代也已经来临，从全国格局来看，运营商、平台运营商和内容服务商都在发力，国内的二维码产业链正在形成，未来的政府、行业、企业、个人都将成为二维码的服务目标，二维码能否迎来新的移动营销巅峰，还需要进一步接受市场的验证。

7.1.3　二维码的应用

二维码具有储存量大、保密性高、追踪性高、抗损性强、备援性大、成本便宜等特性。O2O模式被认为是打开电商大门的一种很好的方法，二维码恰好是线上线下的一个关键入口，能将后端的丰富资源带到前端，所以各大互联网厂商特别重视并且进行开发使用。

二维码的用途广泛，适用对象也很多，下面介绍几种常见应用。

1．手机上网

以前手机上网需要输入一长串的网址，比较麻烦，但有了二维码之后，手机上网不再那么烦琐，只需用手机在报纸或者杂志的二维码上一扫，即可迅速进入网站，浏览和阅读自己喜欢的文章。例如在长沙晚报中，只需通过手机扫描报纸右上方的二维码，就能进入手机浏览新闻，加强和读者的互动和交流，如图7-2所示。

图7-2　报纸中的二维码

此外，在宣传单、户外广告中都可以加印二维码，手机用户只要用手机一扫便能快速识别，同时增加了广告宣传的互动性。

2. 电子票务

传统票务升级为电子票务系统的商家和代理商，为合作者提供了从网络电商平台搭建、软硬件集成开发、开放接口、维护等全系统的方案，建立的电商平台直接接入各种网银平台，用户在线支付后，凭得到的电子凭证或票据即可到此电商平台的对应实体商家消费，无须排队、无须等待、无须烦琐的验证，让用户立即获得一系列完美的消费体验。

目前，最常见的二维码电子票有电影票、车票、景区门票、演唱会门票等，在很多城市都已经实现了二维码电子票，这样既减少了传统人工传递的费用，又降低了约定票毁票的风险。

二维码门票是指景区、游乐园等场所的门票上印刷二维码图，或结合手机彩信，实现的手机二维码彩信门票，电子票预订使用流程，如图7-3所示。

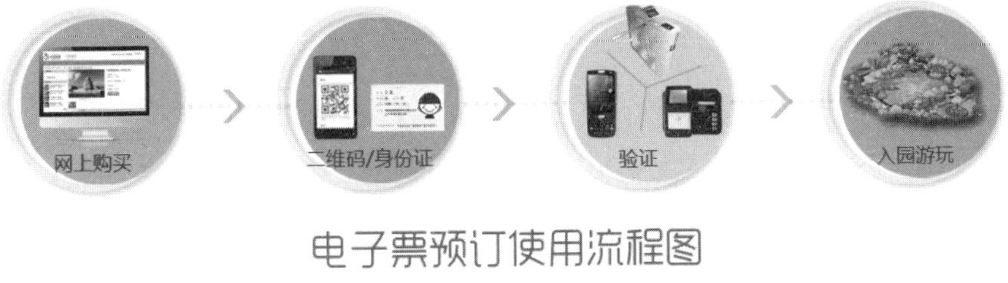

图7-3　电子票预订使用流程

二维码电影票是普通纸质影票的电子形式，通过网络直接向用户展示影院的放映计划，用户自助完成订购和支付，利用先进的通信技术将影票信息制成数字码，发送到用户手机上。

电子影票安全快捷，实现了现场购票的全过程，并能够进行同步售票等其他售票方式无法实现的功能。

二维码登机牌可以大大减少旅客等待领取登机牌的时间。旅客在登录订票网站并完成订票支付手续后，系统会给出“打印登机牌”和“发送电子登机牌”两个选择。这时候，用户可以选择“发送电子登机牌”，无须一分钟，手机就会收到一条包含二维码的彩信，如图7-4所示。

图7-4　二维码机票

旅客到机场柜台后，将手机上保存的二维码彩信放在扫描设备上一扫描，登机牌在5秒内即可打印出来，减少了旅客和工作人员的工作手续，让旅客真切感受到了信息化乘机的便利。

3. 质量溯源

在这个商品社会里，产品质量是消费者们都非常关心的问题。民以食为天，食品安全问题更是让人担忧，产品质量的保证是让消费者放心的关键。

产品的质量如何才能得到保证呢？质量追溯制可以解决这个难题。在生产过程中，每完成一项工序或一项工作，都要记录其检查结果和存在的问题，记录操作者及检验者的姓名、时间、地点及情况分析，在产品的适当部位做出相应的质量状态标识。这些记录和带标识的产品同步流转。需要时很容易查清责任者的姓名、时间和地点，职责分明，查处有据，可以极大的加强职工的责任感。

在二维码出现之后，质量溯源制变得更加完美，之前需要手工记录的责任信息，可以完全被囊括在一张小小的二维码里，消费者在买到某件商品后，只需扫一扫二维码，就能知道这件商品的产地、生产日期、保质期以及是否为正品等信息，如图7-5所示。

图7-5　食品质量溯源

7.2　O2O模式下二维码营销的优势

O2O的本质是虚拟线上与实体线下的互动，作为一种新型的商业模式，这种“互动”必然要有一个桥梁，沟通着线上与线下，促使着O2O的落地，二维码扮演的就是这个角色，那么二维码营销究竟拥有什么样的优势呢？

7.2.1　二维码自身的优势

随着移动互联网技术的发展，二维码在O2O营销模式中的地位举足轻重，在传递活动信息以及提升商品的曝光度等运营中，成为愈加不可缺少的一个组成部分，这其中最主要的原因还是在于二维码自身的属性优势上。如图7-6所示，介绍了二维码的属性优势。

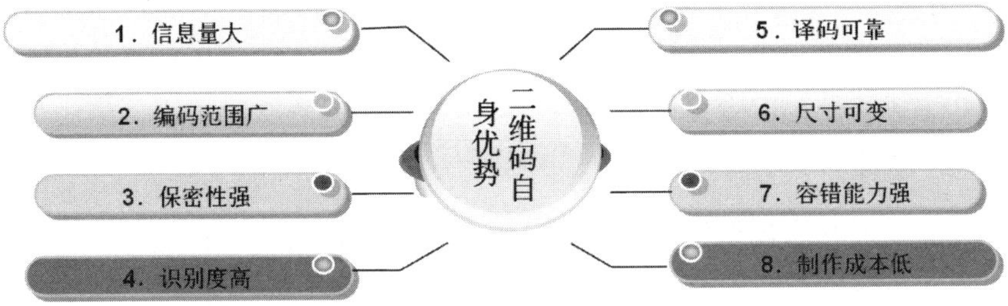

图7-6　二维码自身优势

（1）**信息量大**。二维码是一个多行、连续性、可变长、包含大量数据的符号标识。其中，每个条形码有3～90行，每一行有一个起始部分、数据部分、终止部分。另外，二维码采用了高密度编码，小小的图形中可以容纳1 850个大写字母或2 710个数字或1 108个字节，或500多个汉字，是普通条码信息容量的几十倍。如此大的信息量能够把更多种样式的内容转换成二维码，通过扫描，传播更大的信息量。

（2）**编码范围广**。二维码可以把图片、声音、文字、签字、指纹等数字化的信息进行编码，用条码表示出来，不但可以表示多种语言文字，还可以表示图像数据。

TIPS:

通常情况下，制作二维码输入的信息可以分成3类：文本信息，比如名片信息；字符信息，比如网址、电话号码；图片信息，甚至还可以包括简短的视频。

（3）**保密性强**。如果二维码编码时经过加密处理，解码时则需要加密时的密钥信息。因此，和条形码相比，二维码的保密性更好。通过在二维码中引入加密措施，更好地保护译码内容不被他人获得。

（4）**识别度高**。通常情况下，要读取普通的二维码中的信息，需要先在智能手机上安装二维码识别应用软件，常见的有微信、快拍、我查查等。打开识别软件，对着二维码扫描，即可快速识别其中的内容。

（5）**译码可靠**。普通条码的译码错误率约为百万分之二左右，而二维码条码的误码率不超过千万分之一，译码可靠性极高。

（6）**尺寸可变**。二维码是通过图形上面的黑白点来代表0和1，实现信息记录的。对一张二维码图像来说，其横向和纵向的总黑白点数是固定的，在摄像头扫描时基本上可以看作是矢量图，其等比例放大或缩小都不会影响存储的信息。

但是，如果随意缩放二维码，可能会导致手机扫描不到该二维码。因此，缩放二维码时必须等比例缩放大小，不能随意变形图像。

（7）**容错能力强**。二维码容错能力强，具有纠错功能，这使得二维条码因穿孔、污损等引起局部损坏时，照样可以正确得到识读。即使二维码的损毁面积高达30%，其中的信息仍然可以读取。

TIPS:

当对二维码进行扫描时，不能保证扫的每一位信息都正确，这就需要依赖纠错码信息了。因此，在生成二维码时，系统会将纠错码信息和数据信息混在一起编入二维码。此外，二维码中还藏着非常重要的校正图形。当二维码遭到污染或者破坏时，校正图形保证了没有被破坏的信息仍然可以被识别。

（8）**制作成本低**。二维码可以承载图片、声音、文字等各项信息，充分地把复杂的内容通过条码编辑后展现，不仅阅读方便，同时还节约纸张，低碳环保。

TIPS:

二维码容易制作，持久耐用。二维码的尺寸不受印刷像素的影响，形状和尺寸大小、比例可调。例如，对于图书行业来说，在图书的封面、封底或者内文印上二维码的整个过程，几乎都可以是免费的。

同时，二维码可以印制于各种材质，传真影印更是没有问题，特别适合平面媒体。随着社会的发展，科技水平的提高，移动互联产品越来越受到企业的青睐，成本低廉、用途广泛的二维码兴起为企业带来了很多方便。

7.2.2　增加企业的关注度

如今，越来越多的企业开始利用二维码作为公司的形象宣传，吸引顾客，扩大企业知名度。一定程度上来说，二维码成了企业的名片，为企业带来更为快捷有效的宣传推广渠道。

TIPS：

二维码作为信息的载体，可以轻松实现线上和线下的有机结合，一个免费的二维码就能引导顾客访问企业信息，提升对企业品牌关注度的同时，还一并带动市场销售。二维码的信息服务特征对于中小企业来说，相对低廉和有效的传达方式，无疑是一个非常好的营销手段。

作为零售业中的“科技公司”，星巴克从不吝啬对创新网络营销的探索，借助于拥有两亿用户的微信开放平台，星巴克利用微信平台，发挥二维码的O2O入口功能，成功打通线上和线下网络整合营销相连接的桥梁，极大拉近了与消费者的距离。

2012年8月，星巴克推出特惠二维码：在星巴克全国门店（江浙沪除外），只要用户用微信的“扫描二维码”功能拍下星巴克咖啡杯上的二维码，就有机会获得星巴克全国门店优惠券，成为星巴克VIP会员。

同时星巴克微信订阅平台同步上线，收听“星巴克”微信官方账号，只需发送一个表情符号，用户即可享有星巴克《自然醒》音乐专辑，获得专为个人心情调配的曲目，如图7-7所示。

“二维码电子会员卡”是腾讯力推的全新专注生活电子商务与O2O的解决方案，它依靠腾讯强大的账号体系、PC与手机产品入口，使更多线下与线上用户享受移动互联网的便捷，获得生活实惠和特权，同时打通用户与企业之间的关系通道，帮助企业建立泛用户体系，让更多的消费者对企业建立了关注。

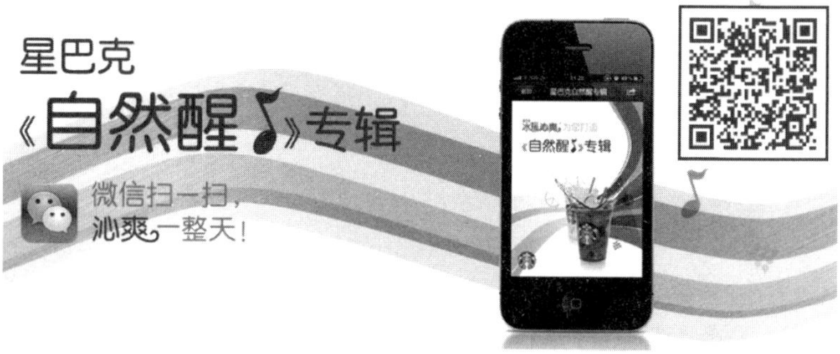

图7-7　星巴克自然醒活动

7.2.3　吸引用户的注意力

二维码似乎总给人一种神秘的印象，究其原因，是因为传统的媒体广告已经尽己所能，将所有想要传达的信息完整地表述给了受众。

二维码在这方面与传统媒体有着本质的区别。**二维码的信息需要经过带有二维码扫描软件的手机进行扫描后才能被识读，这使二维码信息的表述更为含蓄，激发大众的好奇心。**

1. 激发扫描心理

二维码作为一个宣传广告，不会直接告诉大众它携带的内容，只有在对二维码进行扫码解读后，才能揭开二维码的神秘面纱。有很多商家利用二维码的这一特性，在二维码的外观方面进行特殊处理，使其更能吸引顾客的注意，从而对二维码进行扫描，达到广告宣传的效果。

企业可以将自己的二维码做得富有创造性，在遍地的黑白码中脱颖而出。人都是有好奇心的，当自己周边出现不一样的事物时，都会想要去了解，一探究竟。利用这种心理就达到了激发民众扫描的效果，如图7-8所示。

2. 提供扫描诱因

除了制作新奇的二维码激发顾客兴趣外，要想增加顾客扫描二维码的概率，还应直接告诉大众扫描二维码商家会提供的好处。**提供诱因除了要清楚地告诉消费者扫了二维码后会得到什么之外，还要提供足够的实质性的具体诱饵，实质性的诱饵会让消费者再继续前进，**如图7-9所示。

图7-8　创意二维码

图7-9　扫二维码抢红包

TIPS:

二维码是时下最热的科技手段，尤其在年轻人群中更加流行，对于那些商场主打客户群是年轻人的企业来说，制作二维码优惠券或是提供扫描送礼品一类的活动，将会吸引更多年轻人的关注。随着智能手机的普及，二维码优惠券很有可能成为未来的主流优惠券形式。

7.2.4　激发用户的购买欲

二维码不但有广告宣传的作用，在一定程度上，二维码广告的合理运用，还能激发顾客的购买欲。

历来，广告的存在就是提醒消费者某种产品的存在，并通过对该产品的宣传，刺激顾客对该产品的需求，达到产品成功推销的效果。

广告作为一种传播工具，具有明确的目的性，准确传达广告信息是广告设计的首要任务。在现代商业社会中，商品和服务信息绝大多数都是通过广告传递的，平面广告通过文字、色彩、图形将信息准确地表达出来。

由于二维码可以包含各种类型的信息，所以二维码广告可以通过声音、动态效果等表达信息。由于文化水平、个人经历、受教育程度、理解能力的不同，消费者对信息的感受和反应也会不一样，所以设计时需仔细把握。

TIPS:

广告的特性主要表现在：广告是一种传播工具，是将某一项商品的信息，由这项商品的生产或经营机构传送给一群用户和消费者；广告进行的传播活动是带有说服性的；广告不仅对广告主有利，而且对目标对象也有好处，它可使用户和消费者得到有用的信息。

二维码宣传同样具有广告宣传的刺激消费效果。某手绘巧克力品牌，市场研究发现喜爱购买品牌巧克力的顾客，都是喜欢追求浪漫的年轻女性。于是针对当下巧克力市场的大热，推出了“原创手绘巧克力”主题，旨在吸引年轻顾客。

与此同时，该巧克力品牌发现，随着智能手机的普及和二维码的广泛运用，越来越多的年轻人喜欢随手拍下出现在身边的二维码。于是该品牌就专门制作了一个以创造“有格调的生活”为主题的二维码广告，旨在刺激年轻人追求浪漫和新奇的心理，从而进店消费，如图7-10所示。

TIPS:

二维码作为一种新兴营销工具，在简洁的视觉呈现、便利的使用方式和丰富多样的信息承载三者之间达到了一种绝佳的平衡。只需一个小小的二维码即可承载以往几页纸张的内容。

以往的营销信息，都需要通过媒体和社会化营销等复杂的渠道，历经很长时间才能传播出去，传播过程中还会出现信息层层衰减的情况。

现在直接把活动的宣传信息和报名页面做成了二维码，放在醒目位置，就能通过大众对二维码的扫描和信息读取，达到对产品信息的详细介绍，起到比一般媒体更好的宣传作用。

图7-10　激发顾客兴趣的二维码

7.2.5　增强用户的互动性

二维码具有的线上线下无阻碍沟通的优势也是其他广告媒体所不具有的。通过二维码的网址链接功能，可以实现消费者与厂家的实时在线沟通，及时将消费者的意见反映给厂家，方便厂家对自己的产品或广告创意做出调整，还能详细地解答消费者对产品存在的疑惑，增加顾客与产品的互动，实现O2O的落地。

不久前，上海的读者开始在解放日报集团旗下的报纸上认识和体验到这种新的阅读方式。《每日经济新闻》连续四天在“对手对策”板块上利用二维码为读者提供的股市分析文章，并开展读者预判股市的有奖活动。在《房地产时报》头版，三个二维码跃然纸上，与之对应的是三套精选的优惠租售房源。读者利用二维码互动，可以立即在手机上看到房源的详细介绍和房型图。

TIPS:

二维码的互动功能是其他传统营销渠道所不具有的优势之一，通过二维码的互动功能，企业能在第一时间了解顾客的需求，并及时更改企业运营方向，达到高速有效地进行企业完善。

某T恤定制品牌，将品牌信息做成了二维码，印制在T恤上。感兴趣的顾客只需拿出手机轻轻一扫，即可进入该T恤定制品牌的官方网页，在线与工作人员讨论所需要的T恤图形，如图7-11所示。

图7-11　能与顾客互动的二维码

TIPS:

有些具有网址链接功能的二维码，用手机扫描后，会弹出一个对话框，询问是否要访问该网址，或是直接弹出网址信息，需要进行手动访问。但有些二维码，经过手机扫描后，会直接跳转到网站的内容页面。手机二维码作为延伸平面媒体内容到手机网站的链接方式，结合了报刊和手机的传播优势，为报刊读者获取更多详细资讯、即时参与互动提供了便捷的手段。

7.3　O2O模式下的二维码营销策略

如今，越来越多的传统企业开始打造基于移动互联网环境下的O2O业务，而二维码营销凭借着简单、低成本的优势成为O2O的入口。通过二维码，链接起线上线下的资源，形成更完善的O2O营销模式，助力O2O的落地。

7.3.1　说明二维码的内容

即使二维码是一种简单的营销方式，但在遍地都是二维码的销售环境下，如何让消费者被商家的二维码吸引并扫描并不是一件容易的事。商家通过二维码进行产品宣传、营销活动时一定要对二维码的内容进行说明，很少有人会无缘无故地去扫二维码，所以需要让消费者知道二维码的核心信息，活动说明一定要简单，活动流程要清晰，如果消费者花了几分钟时间都没有读懂活动说明，那一定不会有兴趣扫码参加活动了，如图7-12所示。

图7-12　扫码内容说明

7.3.2　提高二维码扫描率

智能手机的不断更新换代让移动互联网成功逆袭传统互联网。庞大的用户群体，也让敏锐的商家发现了其中的商机。其中微信扫码加关注更是商家成功走进消费者屏幕的有效方式，银行、电视台、汽车客运站等各种场所，扫码加关注的信息出现在任何我们可以看得见的地方。

我们的生活充斥着二维码，无处不在。商家网络意识的觉醒当然是好事，但多得眼花缭乱的二维码，实际转化率如何呢？许多二维码存在那里，作为观众的我们应该都深有感触，面对二维码根本就没有想扫码的冲动！如何才能激发消费者，让二维码变成切实的利益呢？

1. 互动设计

企业可以通过互联网、电话推广、广告传媒等有效途径跟消费者进行到店前的交互，或利用现场导购通过良好的沟通互动，引导消费者进行扫码。

2. 设置奖品

推出扫码有礼等针对扫码的奖励活动机制。比如扫码后可以领取礼品，或可以获得打折优惠，或可以获得某个特别服务等。对于无利可图的事，是很难吸引消费者来扫码的，如图7-13所示。

图7-13　扫码有奖

3. 导购协助

可安排专职人员进行现场扫码说明和气氛活跃，引导消费者进行扫码，提高现场消费者扫码的兴趣和动力，如图7-14所示。

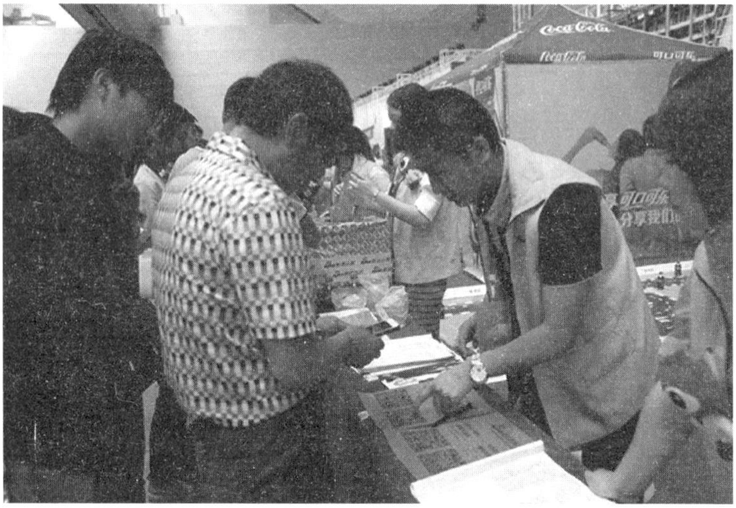

图7-14　引导扫码

7.3.3　增强用户的体验度

德国Qkies公司出人意料地将二维码和曲奇饼结合起来，消费者可以自行把那些肉麻的情话制成二维码，并打印在“可食用纸”上，收到饼干的用户用手机扫上面的二维码，即可到制作指定的URL看名片、邀请函以及Youtube上的视频信息。据悉，一盒Qkies可以制作20个饼干，只需在烘烤前将可食用的二维码纸放在饼干上一起烘烤即可，如图7-15所示。

图7-15　二维码饼干

香港的四方创意书店也将二维码印在饼干上，在香港流量较大的咖啡厅进行派送，顾客可以通过手机扫描饼干上的二维码在书店下载到免费试读的书籍。在这之后“二维码饼干”又回到它的本质，成为餐桌上的美味点心，如图7-16所示。

图7-16　四方创意书店二维码饼干

这种二维码营销方式，独特，吸引眼球，并且用户既可以吃，还可以看，参与度十分高，互动性强，让用户有很好的体验感。在实行“二维码饼干”这项计划的一个星期内，四方创意电子书店以4万港币的预算制作派发了800个二维码饼干，这给他们带来了比以往高出45%的网站访问量以及12%的销售额增长。与此同时，公司关注环保的品牌形象也得到了提高。

7.3.4　二维码营销的收益渠道

据业内预测，截至2015年，物联网产业规模将突破5 000亿元，年均增长率达11%左右，智能卡技术、二维码识别、RFID、传感器等细分行业将提前分享市场增长收益。

二维码作为移动互联网的一个重要入口，所有产品（微信、浏览器等）都可以加二维码模块或者插件，那么，它的商业收益又在哪里呢？其实，手机二维码业务在实际使用的过程中创造出了两方面的价值。

1. 直接收益

直接收益主要是指来自于二维码业务的收益，包括识读设备的销售、二维码软件的编解码收入以及解决方案提供的收入。

TIPS:

有数据显示，二维码近两年在我国的使用频率已达到了一个非常可观的数字，二维码将成为融合移动互联网、电子商务、云计算等领域的下一个金矿产业。

（1）解编码

目前，国内还没有统一的码制，市场上的QR码、DM码以及国内自由码制共存，对于解编码模式也存在着多种方式。

解码模式收费：主要有收费模式和免费模式两种。其中收费模式中有一种是专利模式，主要是通过授权形式向使用者收取专利费用，收入较为固定。

解码服务收费：包括终端解码和服务器解码。终端解码服务需要手机内置解码软件，可以方便用户的使用。服务器解码模式需要投入服务器的建设和维护费用，在计费模式上，可以按次、按时长或按效果进行计费。另外，还有一部分收入是来自于编码的销售。

（2）终端设备

二维码终端设备的收益模式包括以下几种：

手机消费收益。手机二维码业务的推广，首先将刺激拍照手机的销售和普及。对于手机制造商本身而言，应加大拍照手机、微距手机的生产。

增值业务收益。随着手机二维码标准的明晰化，手机制造商可以与较大的二维码服务提供商合作，提供内置的二维码软件服务等增值业务，从而可以获取一定的内置费用。

定制项目收益。移动终端厂商也可以积极和移动运营商合作，争取移动运营商的定制项目，进行二维码捆绑销售。

识读设备收益。手机二维码业务在传统企业中应用的加快，将大大促进识读设备的销售，这对于识读设备厂商而言将是一笔不菲的收入。

周边产品收益。终端设备收入的来源，还包括手机二维码业务的周边产品，诸如个人或企业印章、印有二维码的巧克力、印有二维码的信封等产品等，如图7-17所示。

图7-17　二维码印章

TIPS:

二维码印章可以说是手机二维码业务最具特性的衍生产品，由于其具有身份识别作用，有别于传统印章的局限，可以拓展和丰富其上的资料，将在未来市场有很大的潜力。

（3）二维码应用解决方案

手机二维码业务的应用有一部分来自于对行业的应用，因而对于解决方案的提供将是较大的市场。手机二维码解决方案提供商一般都会针对行业的需要，设计专门软件，根据手机二维码业务的多种应用模式，而且结合商家的管理，对于商家有很强的吸引力。因而手机二维码解决方案提供商可以开发出符合市场需要的应用方案，进行销售，同时提供培训和客户服务。

上海翼码公司就推出了一款名为“翼码旺财”的数字化营销工具，使用翼码旺财的企业可以方便、快捷地创建各种营销活动，可以设计有吸引力的二维码营销奖品并一键发布到线上线下的推广渠道。作为一款数字营销工具，旺财上的所有营销活动、营销奖品的发放以及营销渠道的引流、营销效果的监控都是可统计、可管理的，如图7-18所示。

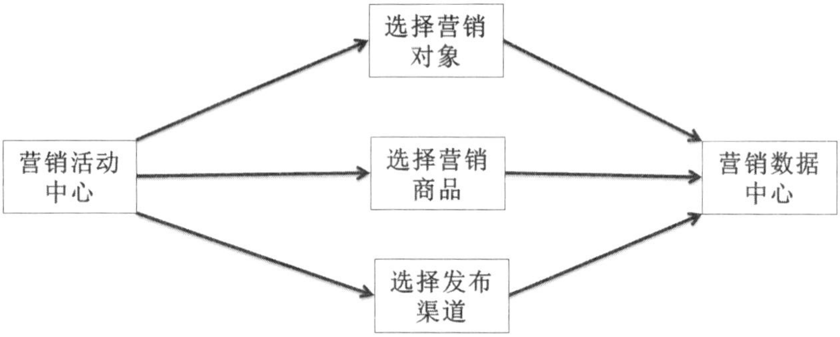

图7-18　二维码营销方案

TIPS:

针对企业二维码运用进行设计的二维码营销公司，就是二维码带来的直接收益群体之一。二维码营销公司的发展与二维码的发展息息相关，二维码的运用越广泛，需要使用二维码的公司就越多，二维码营销公司的发展前景也就越好。

2. 间接收益

间接收益主要来自于手机二维码业务所衍生附带出来的附加价值，包括增值服务收入、广告收入，以及传统企业优化所带来的价值等。

（1）移动增值服务

二维码数据读取衍生模式的应用都增加了彩信、短信、Wap上网、邮件等增值服务的流量，为增值服务提供了新的业务入口。

为此，移动互联网服务内容应用服务的直接提供者，也就是负责根据用户的要求开发和提供适合手机用户使用的服务公司，可以充分利用这一机遇，在报纸、杂志、地铁等媒介上进行二维码广告的投入，并且通过运营商和二维码业务提供商的服务平台，提高业务的使用情况。

用户通过手机扫描媒体或物品上的二维码，通过解码后登录相应的Wap网站、发短信、彩信等方式获得服务，在此过程如果产生信息费按增值业务的价值分配模式，流量费归移动运营商。移动运营在该环节作用并不大，主要是提供了通道。当然，移动运营商通过与技术服务提供商合作，可以提高客户体验、帮助商家提供业务使用分析等。

（2）传统企业

传统企业如果能够很好地利用手机二维码这一工具，就能拓展企业营销效果，吸收互联网的丰富性和电视媒体的动态性，吸引用户的注意力。另外，企业可以对客户数据进行管理，实施电子会员卡系统，对客户进行长期的跟踪和维系，做到精确营销，并且也可适时地吸引客户进一步的参与。这些隐性的收益，将刺激企业的销售。

二维码是互联网、物联网、新时代发展的潮流，随着智能手机在全球渗透率的持续提升，移动互联不可逆的携带着很多行业跨越国界，在世界范围内改变着传统生态。对传统企业而言，在这个快速发展的时代，更要顺势而为抓住机遇，否则将被新的时代遗弃。

国外某著名出版社计划在其出版的所有书籍的背面都印上二维码以建立一个直接与消费者互动的关系，在该出版社售出的书籍中，有26%都是通过网上书店（电子书）售出的，出版社希望二维码能够成为印刷书与电子书的桥梁，增进印刷书与电子书读者之间的联系，同时培养印刷书读者与出版社的关系。

当读者扫描二维码时，他们将会进入书本作者在该出版社的主页，在该出版社注册后读者还能浏览作者的其他书籍或者看一些相关视频。而且，在二维码下还有一个网址，以方便那些没有智能手机的读者也能够通过其他设备访问作者的主页。在书籍背后添加一个二维码对出版社来说成本非常低，因此值得尝试，说不定这也是一个巨大的商机。

7.4 二维码的O2O落地化案例

二维码作为O2O的入口之一，在O2O落地和营销过程中屡见不鲜。在这个移动互联网快速发展的时代，二维码将应用于各个领域，如企业的防伪、生产、物流、管理、推广、商家的营销宣传，以及可以代替传统的会员卡等，二维码将可以带动上千亿甚至上万亿的大产业。

企业利用二维码营销的种种优势，不仅带动了传统行业向O2O的转型，还为自身带来更多的用户量。很多企业制作了形式新颖，更加引人注意的二维码，并在二维码的功能使用上加以创新，充分调动线上线下的资源，获得了超越对手的机会。

7.4.1 新体验：韩国二维码虚拟购物

在韩国首尔地铁站里，特易购（Tesco）公司开了一家虚拟杂货店（韩国更名为Homeplus），这是一种你从未见过的购物模式，这种模式和普通超市又大不同，之所以称之虚拟，正因为“超市”陈列的所有商品都只是图片，貌似灯箱广告。

不需要支付宝，不需要网银，你要做的就是用智能手机拍下所需产品的二维码，这样就可以把它们放进购物车并通过手机结算，然后商品会在24小时后送达客户指定的地点，如图7-19～图7-21所示。

图7-19 选购

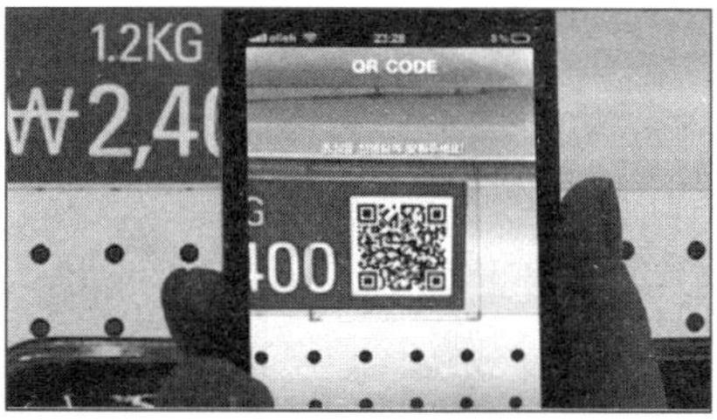

图7-20 扫码

虚拟超市充分展现了O2O（线上—线下）的基本概念，通过二维码，完美地将线上与线下连接起来，同时还充分地利用了原本闲置的墙面，乘客通过在虚拟超市购物来打发等车的无聊时间，实现O2O的落地。

图7-21　虚拟货架

凭借这一举措，特易购迅速成为韩国在线零售业务的领跑者，而这种营销方式目前也为国内的综合性购物网站“1号店”所学习，在北京和上海的地铁和公交站点进行小范围的推广。

7.4.2　好创意：广东二维码活动促销

对于企业来说，二维码绝对是促销的不二选择，利用二维码这一入口，在线上进行促销活动宣传，线下进行产品体验，通过线上线下的互动，企业和商家可以获得大量的资源和利益，实现O2O的落地。

例如，在广东省广州市开展的为期两个月的“广货网上行·粤品悦购越精彩·百家商场千万市民电商体验同乐节”（以下简称“同乐节”）活动，该活动横跨了元旦、春节、元宵等几大传统节庆。

同乐节由中国质量监督促进工作广东委员会会同广东省南方电子商务创新服务中心，联合多家电子商务企业、广东省内100家购物中心（百货商场）、场内千家商户以及万种产品共同举办。

活动开始后，消费者使用任何二维码拍码软件扫描遍布于广州、深圳、佛山的200多个地铁站、100多个商场入口和1 000多个商家门口的带有“同乐节”标志的二维码，如图7-22所示，即可便捷进入同乐节专属手机页面参与活动。

此外，消费者通过扫描同乐节的二维码还可免费获取各大商场、众多商户以及协办单位提供的成千上万种手机优惠券。

图7-22　同乐节活动中的二维码广告

通过这类活动，可以让广大消费者真切地感受到全新消费体验，线下扫二维码到线上，在线上获优惠，抢商品，再到线下领取商品，不仅增加商家与消费者的互动性，还增加了消费者的参与性，实现了O2O的营销落地。

TIPS:

这种形式的营销活动，除了可以推动电商发展外，还将对参与企业产品品质、服务，以及售后进行规范，打造出电子商务强省品牌。

7.4.3　聚美优品：线下体验增加可信度

化妆品电商聚美优品一直以来行事都颇为高调，CEO陈欧更因为一系列的“我为自己代言”电视广告而成为话题人物。对于电商来说，线上和线下互动是未来发展的必经之路，于是聚美优品就大胆地进行了尝试。

2013年年底，聚美优品的线下旗舰店正式与消费者见面。店面地处北京繁华的商圈前门步行街，这里人流量大，占据了足够的位置优势，如图7-23所示。

图7-23　聚美优品实体店

对于开设线下店的初衷，陈欧曾透露是因为电子商务进入门槛太低，尤其是化妆品类商品，消费者会有一种天然的不信任。实体的旗舰店会给消费者带来直接体验，同时还可以提升品牌的可信度。据了解，聚美优品单日最大销售额号称已经突破5亿元，相当于上千家线下店铺的规模。此时聚美优品打入线下市场，将有利于解决消费者的信任度问题。

聚美优品线下旗舰店分为上下两层，一层为香水销售区，二层为护肤品、彩妆区，以品牌专柜的方式进行展示，如图7-24所示，消费者在聚美优品的旗舰店能够当场购买所有的产品。

图7-24　聚美优品实体店内景

店内随处可见聚美优品APP的二维码，用户扫码登录客户端还能获得一定程度的奖励，如图7-25所示。由此可见，聚美优品利用旗舰店实现了线上和线下的互动。

图7-25　随处可见的APP二维码

同样也是利用了二维码的入口功能，聚美优品将实体店与网店连接起来，实现O2O的落地。

7.4.4　特实惠：万达二维码优惠观影

唐山移动公司与当地最大影城万达电影城合作，成功上线“观影优惠”无线城市应用。

消费者只要通过电脑或手机登录移动的“无线城市”网站，再用手机号免费注册成为“无线城市”的会员，进入“优惠信息”中的“观影优惠”栏目，点击“下载观影优惠券”按钮，就能立即收到一条观影优惠二维码短信。凭此二维码到唐山万达影城看电影仅需27元，即可获得1张最高价值90元的电影票，与影城会员相比优惠幅度超过20%。

据悉，“观影优惠”应用正式推广不足一个月，访问量已超过2 000人次，使用量近600人次。

二维码优惠券业务基于庞大的手机用户群，通过二维码优惠券产品推广业务节省了大量的人力物力投入，而且二维码优惠券产品在产品订购期内可多次使用，具有“一次宣传、长期受益”的优势。另外，二维码优惠券可以提供准确的业务统计数据，用客观数据帮助企业/商家能够更加具体、准确地把握业务发展方向，使商家、企业得到高回报。

TIPS:

获取二维码电子优惠券的方式主要有以下两种：

（1）登录专门提供电子优惠券的网站，消费者把消费券打印出来或直接下载到手机上，然后凭券到门店去消费就能获得折扣。

（2）直接登录品牌商家的官方网站，通过打印电子优惠券获得实惠。此外，有的商家则直接将优惠券以二维码短信的方式发送到顾客手机里，消费者可直接凭短信享受折扣优惠。

7.4.5　超惊喜：凯迪拉克二维码互动

凯迪拉克与新浪网进行了一次合作，利用二维码实现手机遥控汽车的互动广告。用户登录到体验界面后，可以看到在网页左下方有一个互动二维码，如图7-26所示。

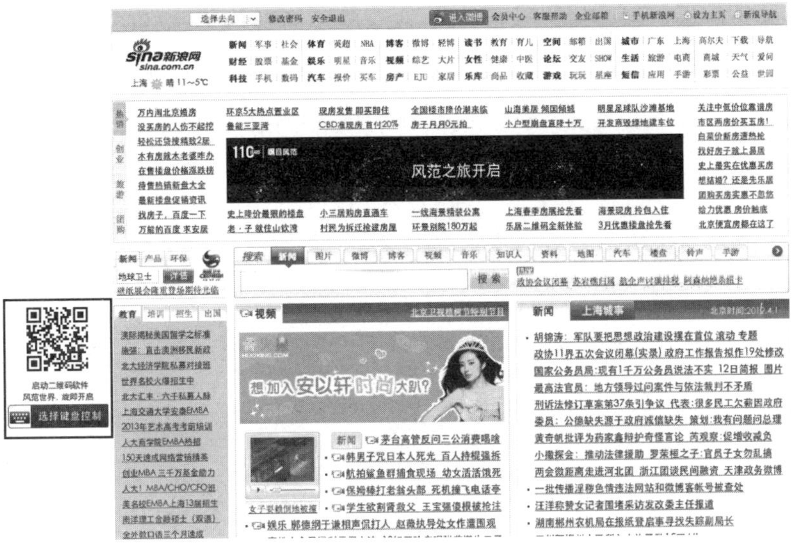

图7-26　体验界面左下方有一个互动二维码

用手机扫描二维码后，就将转到凯迪拉克的手机互动界面。点击“开启风范之旅”按钮，屏幕上就出现四个控制汽车移动的方向键，然后你就能开始体验这个互动游戏了，如图7-27所示。当然，用户也可以直接在网页互动界面上选择用键盘来控制汽车，如图7-28所示。不过在游戏结束之后，与凯迪拉克相关的新闻将会取代原来的新闻出现在新浪网上。

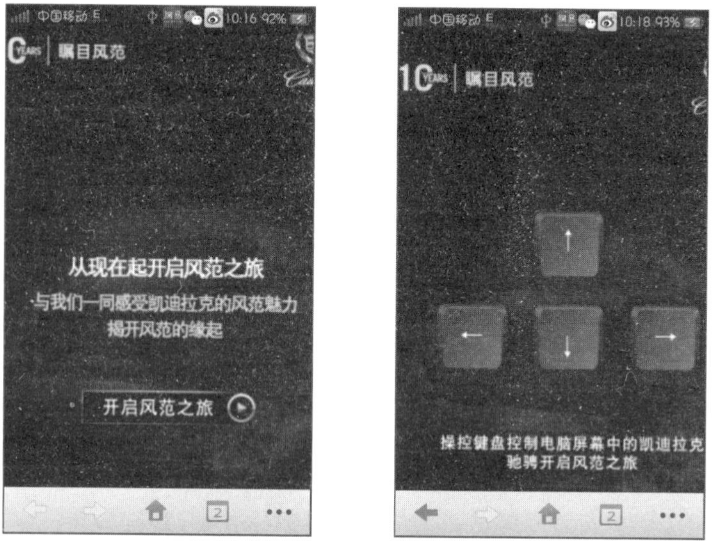

图7-27　点击“开启风范之旅”按钮后出现四个控制汽车移动的方向键

图7-28　进入双屏互动游戏

为了更好地给人们留下新浪汽车的强烈印象，并让更多的用户在后续的活动参与新浪汽车的网络活动和互动，线下的互动营销成为一个必不可少的环节，所以线下互动成为传播过程一个重要环节。用手机来遥控网页中的汽车，确实是一种新意，对于提升产品的认知度有很大的帮助。这个案例结合了互联网、二维码、线下产品、手机等几大元素，使二维码作为现实世界和网络世界互动锚点的价值得到真正的凸显。

TIPS:

二维码的成功不仅需要前期的营销噱头，更需要扫描二维码之后的营销承接。通过引导性的语言让消费者主动扫描二维码，并且让他们看到有新意的营销创意，才是二维码的目的所在。凯迪拉克为了宣传汽车的动力等特性，通过把二维码放在平面广告上，以这样的一种互动方式满足消费者的猎奇心理，同时也宣传了自己的车型。

7.4.6　很便捷：当当网二维码移动支付

腾讯宣布与全球知名的中文网上商城当当网达成全面、深度的合作，当当网将在PC端、移动客户端以及当当电子书APP等项目中，全方位接入微信支付和财付通快捷直连服务。

登录当当网的支付中心页面，微信支付、财付通已经出现在其支付平台上。包括早就接入当当的支付宝在内，当当网已经有8个不同的支付平台。在笔者看来，比较方便的是，如果用户选择了微信支付，那么只要确认完订单，页面上会自动生成一个订单二维码（如图7-29所示），之后用户再用手机扫描一下二维码，即可直接埋单，免去了支付过程中反复登录的麻烦。

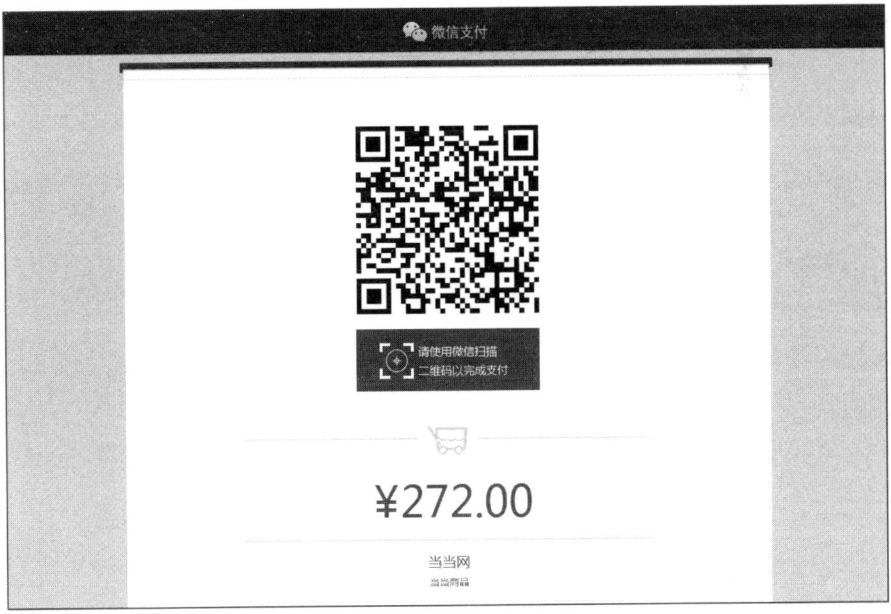

图7-29　订单二维码

支付是O2O闭环一个方面，而能否实现闭环是O2O落地成败的关键。目前，当当网PC端已成功接入微信支付和财付通快捷直连，移动客户端微信支付也已经上线，电子书APP的微信支付和财付通的一键支付将在近期上线。

微信支付的背后有腾讯的大数据背景支撑，海量的数据和云端的计算能及时判定用户的支付行为的风险性，还可以对客户群体进行精准分析。另外，双方合作后，当当网可以对客群的年龄结构、消费习惯、支出结构等，有更详细的了解，从而进行精准营销。

TIPS:

目前，越来越多的企业开始利用二维码作为公司的形象宣传，吸引顾客，扩大企业知名度。一定程度上来说，二维码成为企业的名片，为企业拓宽了更为快捷有效的宣传推广渠道。

未来将是移动互联网的世界，二维码作为入口级运用也无处不在，企业利用二维码进行商品宣传、网站链接、在线支付。二维码在为企业带来更高效更便利的营销方式的同时，也为企业带来了更多的商机。

第8章

垂直化服务
——借助O2O+APP落地

8.1 垂直化电商：O2O营销的又一体现

随着互联网的发展和新的营销模式的出现，像淘宝这样的创建平台，什么都做的时代已经不是一般的公司能够做起的。市场营销里提到的市场细分，无论从产品还是服务，还是到网络都是一样，垂直化是一个行业迈向成熟的提现，是市场发展演变的必然形式。O2O模式在垂直化服务的运作更是游刃有余，线上线下的集中性更强，目的更加明确，更易实现O2O落地。

垂直型电商模式是电子商务O2O未来的发展趋势，主要表现如下：

第一，垂直化电商模式受众群体集中，企业推广方向明确，产品及服务定位精准，减少企业盲目性投资的风险。

第二，垂直化电商模式是电商细分化的产物，集中精力突破该领域，减少企业在人力资源、财物资源、社会资源等方面的投入，降低企业经营成本。

第三，垂直电商化模式在一定程度上可以为企业打造影响力品牌，体现企业的专业性、专一性，让更多的潜在客户认可企业，信赖企业。

第四，与时俱进的行业才是朝阳的产业，企业源源不竭的财富来源于品质。一个有品质的企业，也必定有他们自己的主力产业，说白了就是垂直产业可以带动企业高效经济。

8.1.1 O2O发展趋势：垂直重品类、移动化

从O2O的提出到发展至今，O2O运作日趋成熟，从发展现状来看，有几点值得注意：一是市场规模大、增长迅猛；二是O2O在公众认知度方面快速提升，O2O的热度已经常规性地赶上和超过电子商务；三是开始进入实际O2O阶段，以往关于O2O的讨论大多集中在理论层面，2014年以来O2O的落地实操成为各方积极探索的方向，越来越多的成功案例有望浮出水面。

从O2O大格局方面来看，线上（Online）、部分已经进入了BAT的争霸阶段。早期的千团大战差只留下了美团、大众点评、拉手网、糯米网、窝窝团等少数几个胜者，其中糯米网被百度全资收购，大众点评也接受了腾讯入股。

现在火热的打车O2O市场，嘀嘀打车和快的打车的背后也是腾讯和阿里；而近来逐渐走热的外卖O2O领域也闯进了阿里淘点点。当各方面资源被BAT巨头直接或间接控制后，它们之间的竞争就成了行业主流。之前百度307女生节和淘宝308正面争锋就是典型的例子。除了BAT三个O2O大平台，目前有希望独立成活的中型平台就只有美团。

O2O的线上格局比较明显了，但线下Offline部分还处在初步发展阶段。许多线下企业打着O2O的旗号，目的是提升股价，而真正愿意进行线上线下融合的企业，也受到了人才、文化、体制等各种内在因素的阻碍，要取得突破的难度很大。

和线上互联网企业带着改造提升传统产业的使命不同，线下大多数企业属于保守派，得过且过的心态明显。所以，目前O2O依然处在线上推线下的阶段；未来，必然会有一大堆传统企业被迫倒闭，产业的优胜劣汰将十分残酷。那么O2O未来的发展趋势是怎样的呢？O2O如何才能落地呢？

虽然线上被BAT主导差不多已成定局，但这并不是说O2O行业从此失去了创业创新的机会。BAT是线上大平台，它们的强项是整合线上流量，但O2O的重心是线下资源整合，在线下部分还有相当多的工作可做。

首先，大平台追求的是覆盖面广，但这就不可避免地在深度上做得远远不够，品类垂直和地域垂直都是加大O2O深度的方式。品类垂直方面，像餐饮电影票之类的高频低额消费已经有足够的竞争，创业创新的重点已经开始向重品类发展，如美业、婚庆、家政O2O。

在地域垂直方面，北京、上海等一线城市是巨头必争之地，要想存活的机会反而小，越来越多的团队开始从三、四线城市着手，将当地资源整合后再去和BAT进行合作，在这方面本地社区论坛迎来了O2O机遇，而且O2O落地更加容易。

除了垂直化发展O2O外，BAT的竞争已经完全转移至移动端，比如百度力推的百度地图，其移动端装机量和移动端用户量是核心考核指标；阿里巴巴采取的是“all in”移动端，其淘点点的目标是打造成移动餐饮平台；腾讯凭借的几乎都是微信在移动端的强势地位来推动O2O的发展。

许多线下企业在做O2O时，采取的方式就是和微信达成战略合作，目的是在移动互联网时代和用户建立点对点的关系，促进线上线下会员一体化。

对于创业者来说，独立建立O2O移动平台的机会较小，但可以利用BAT已有的移动O2O平台，整合线下资源和巨头进行合作，例如“明星衣橱”。

众所周知，流量入口一直是互联网商家的必争之地，想要获得流量导入势必要花费不菲的代价。互联网的引流往往只需点击一个链接就能完成，而对于O2O模式来说，第一个挑战就是如何将线下的用户吸引到线上来。

“明星衣橱”在《女神的新衣》节目中巧妙地利用节目观众与自身产品潜在用户高度重合这一特点，自然地激发电视观众对自己的好奇。你是一个追求时尚和美的女生吗？你是否觉得明星们的穿着与搭配处处透着精致与学问？你是不是也想能采用性价比最高的方式和明星们一样变得美美的？如果以上答案皆为肯定，那么，坐在屏幕前的你将很难抵挡下载“明星衣橱”APP的诱惑。

“明星衣橱”推出的口号“明星教你做女神”无疑更进一步满足了女性观众的期待。通过移动客户端，她们不仅能通过最优性价比买到女神们的战袍，还能通过海量明星街拍照片寻找在日常生活中最能打动你的那一套搭配。更重要的是，“明星衣橱”特有的“明星DNA”技术能帮助你锁定最适合自己的穿搭风格，完成从头到脚的华丽变身。

营销组合拳，打出无缝推广链条，如图8-1所示。

图8-1　APP的二维码推广

在依靠病毒式营销获得口碑和新用户的互联网商业形态中，“免费的午餐”已经成为最普遍的用户激励手段，所造成的直接后果就是即使在重赏之下，用户的参与率也越来越低。“明星衣橱”近期推出的“看女神的新衣，下载明星衣橱APP互动，在明星衣橱上购买女神同款免单，还能赢取iPhone6！”活动却以一系列大胆出位的广告语直击用户的“痛点”，让互动成为一种娱乐，如图8-2所示。

图8-2　大胆的广告语

“不用认干爹”、“不用找王思聪”、“不用找马云”、“不用等11.11”、“不用刷信用卡”、“不用再剁手”、“不用等清仓”，节目中的女神都配合“明星衣橱”打出了俏皮的广告语，再一次加深了观众和用户们对“明星衣橱”=性价比+好品味的认定。与此同时，实实在在的“亿元回馈”也让很多人纷纷感叹“明星衣橱”出手大方。

另外，及时结合女神积极向上的态度，创作为女神点赞的海报。不仅为“明星衣橱教你做女神”诉求，支撑精神文化的营养，而且也成为爱美女性的励志名言，不愧为“中国好赞助商”，如图8-3所示。

图8-3　宣传励志名言

除了大方的免单活动和iPhone6抽奖之外，“明星衣橱”与《女神的新衣》另一个深入合作体现在邀请节目中的人气女神NANA林珍娜代言，并迅速拍摄广告片在节目播出期间进行投放，将官方唯一互动平台的权益运用到极致。为了进一步将O2O的商业模式发挥到极致，“明星衣橱”还打通了电视和互联网的广告联动，并登上了栏目播放平台优酷的广告位，打通多屏推广，加速借势营销的成效性，如图8-4所示。

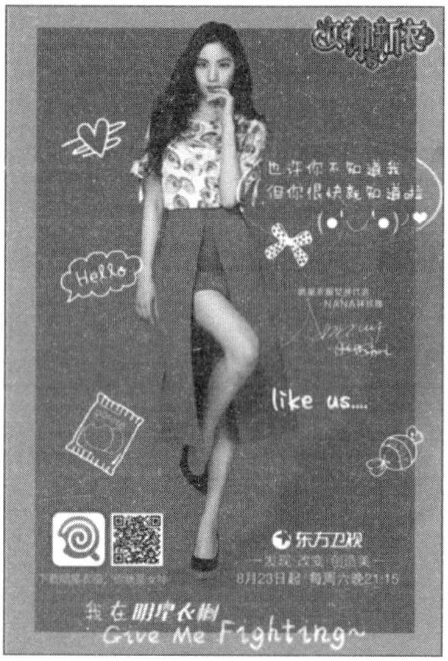

图8-4　人气明星代言

可以看到每一期的广告封面中都有APP的二维码下载链接，这种方式极大地扩宽了产品移动化用户。自《女神的新衣》开播以来，“明星衣橱”的品牌影响力和口碑都随着节目的大热而呈直线上升的态势。对于那些不甘心在传统营销“死海”和互联网“红海”中挣扎的品牌来说，“明星衣橱”成功地开创O2O模式，或许已经照亮了未来的商业之路。

8.1.2　衣食住行类APP垂直化发展趋势明显

由于智能终端的快速普及和移动网民的高速增长，以及移动终端操作系统的日臻完善，移动互联网在全球掀起新的发展高潮，我国也进入了移动互联网高速发展阶段。

移动互联网的普及，促使手机应用快速发展，手机APP更为丰富和多元化，其涉及领域应经到达衣食住行各个领域，网络购物、团购、美食、生活资讯、地图、旅行、天气、导航、健康、电影等APP迅速发展。

用户以前只能通过电脑实现的功能应用，如获取资讯、购物、查看地图等现在都能通过手机实现，移动应用正在潜移默化地改变着信息时代下人们的日常生活。

时下O2O这一概念流行，移动应用是进入O2O以及企业吸引移动端用户的重要入口和途径。从发展趋势来看，衣食住行类APP定位不断聚焦、垂直化发展趋势越发明显。

衣、食、住、行的APP具体细化，如图8-5所示。

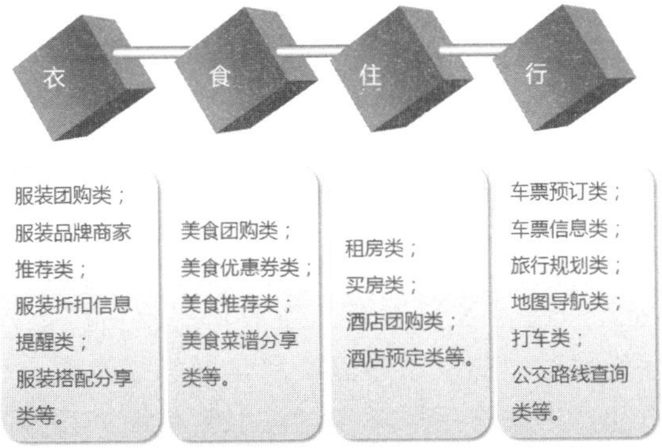

图8-5　APP 细化分类图

衣食住行是人们生存的刚性需求，与人们的日常生活息息相关，在人们衣食住行各种需求中，安居才能乐业，居家住房是人们工作生活稳定的前提。

目前推出房产类APP的企业主要为房产网站如新浪乐居、搜房网、安居客、九九房，赶集网和58同城等生活分类信息网站也在其手机端提供房产租售服务。

房产类APP经过发展进一步细分，目前基本涵盖了产业链中开发商、买房/租房者、置业顾问/经纪人、卖房/出租者等各方参与者，并将移动端业务布局延伸至装修和家居环节，以“新浪乐居”和“搜房网”最具代表性，如图8-6所示。

图8-6　新浪乐居APP

新浪乐居推出的“口袋乐居”是目前针对有住房需求的人推出的功能相对全面完善的应用。“口袋乐居”前身为“口袋房产”，经过升级后，“口袋乐居”共有房价评估、税费计算、房贷计算、找房源、组织实地参加看房团、实景看房七大功能，可帮助用户通过手机随时随地解决在买房、卖房、租房过程中遇到的各种问题。其实这也是O2O的应用，以口袋乐居APP为入口，实现了线上—线下的交互。

口袋乐居延续新浪乐居一贯的精准营销思路，引导移动互联网时代用户购房和租房习惯的逐步改变，成为新浪乐居抢占移动端用户的重要尝试。把握移动互联网时代的发展趋势，用全局的眼光真正为产业链中的各个角色实现互连互通，新浪乐居不仅能够引领房地产行业向前迈进一步，同时也为其他房地产行业企业在移动终端进行布局提供借鉴。

8.2 APP营销引爆O2O市场

在我们的身边可以看到这么一群人，聚餐时不再跑到大街上去选“门面”，而是先去大众点评网上看看点评、查查优惠，直接预订付款；要剪头发，不再做“老主顾”，而是先去团购网看看有什么优惠的美发团购；在人流量大的地方打不到出租车时，也不再苦苦等候，手机摇一摇就能“摇来”出租车，还能享受优惠价格。这些就是以APP为入口进行O2O式营销生活的真实写照。

其实，对于个人来说，O2O是一种生活方式的改变；而对于市场来说，O2O却是一个充满诱惑的机会。如今，互联网“大佬级”公司正在加紧布局O2O市场，以期成为平台控制方；而中小本地服务商则希望以O2O为跳板，完成从Local（本地）到卓越的质变；成熟品牌也试图夹缝中求突破，能够在O2O业态中寻找创新点。

8.2.1 APP营销为何会火

APP营销为何会火？我们来看一组研究数据就知道了：据了解，在中国目前有81%的人用智能手机上网，77%的人使用智能手机搜索，68%的人在智能手机上使用应用程序，如图8-7所示。

智能手机的重要性还可以通过更多的数据体现，例如，在中国城市，

56%的用户每天至少使用智能手机访问互联网一次，54%的智能手机用户宁可放弃电视，也不愿放弃他们的智能手机。智能手机对于中国消费者而言，正在变得不可或缺，它逐步改变了消费者的行为，利用其便携带的优势成为企业营销的重要工具之一。

当互联网进入移动互联网时代，消费者把目光开始投向智能手机，利用手机进行生活与消费，众多企业与个人开发者也开始调整营销战略，把目光投向APP营销，希望从中掘金。

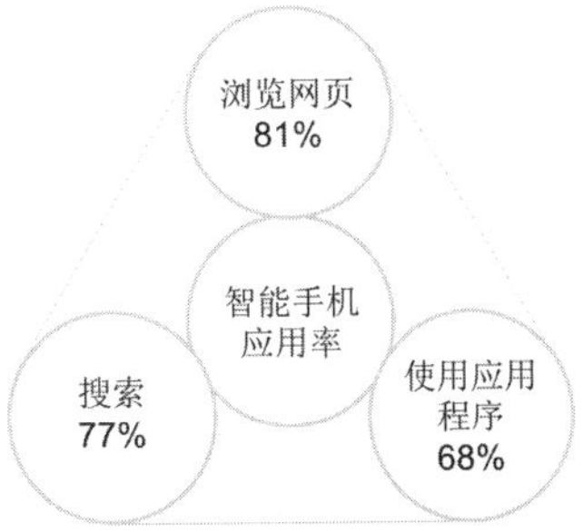

图8-7　智能手机应用率

APP营销变得越来越火的原因除了用户众多外，还因为其与PC版普通网站营销在用户体验、设计风格、登录方式、互动性等方面相比更具优势。

1．用户体验

用户体验方面更加人性化，满足用户的手机浏览习惯：普通PC网站只适合电脑页面浏览，不适合手机页面的浏览，一旦普通网站在手机上展示，就会不可避免地出现比例不协调，排版不整齐、错位、变形，甚至出现乱码的现象，这将有损企业形象，降低合作伙伴对企业的好感和信任，进而直接降低合作率和业务量，这是对企业的致命伤害。

而手机网站是针对手机屏幕和手机分辨率的大小而定制的网站，文字和图片的显示比例都适合手机页面浏览，符合手机用户的视觉习惯和需求，因此，APP网站制作已成为企业当今的刚性需求。

2．设计风格

手机APP的设计简洁清晰，突出重点：普通网站和APP网站风格有“详”与“简”的区别。普通网站展现的是企业全面详细的信息，它的特点就是面面俱到；而手机网站是居于电话、短信、定位、分享、留言等基本功能的网站，它只展现企业的核心信息，针对性和目的性强，传输数据量小，访问速度快，这些特点更有利于其在手机终端发挥营销价值。简而言之，它是普通网站的简约版，具备画面清晰、板块简约、排版整齐、视觉冲击力强等优势，如图8-8和图8-9所示。

图8-8 京东商城PC网站

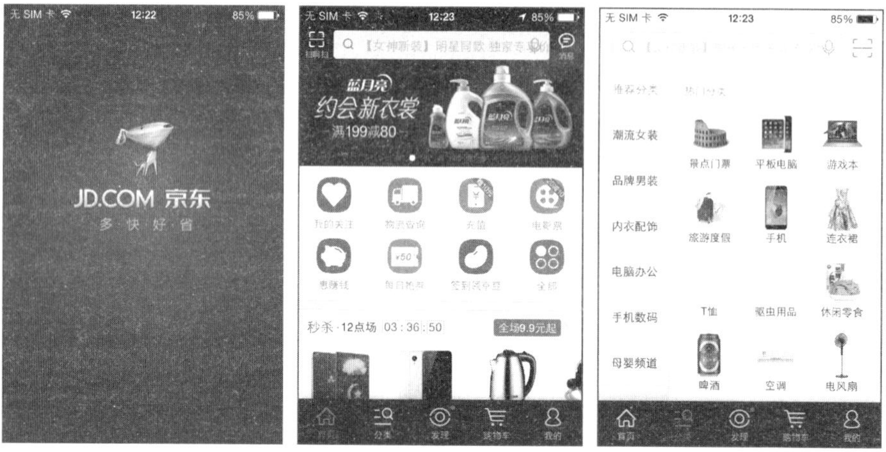

图8-9 京东商城APP网站

3. 登录方式

手机APP可扫描二维码方式登录，更加便捷快速：众所周知，能满足客户惰性的产品更具生命力，更容易吸引客户，被客户所接受。访问普通网站需要通过输入网址或者搜索引擎来进行访问，而APP网站的访问方式更新颖、方便。访问展示型APP可通过扫描二维码直接登录访问，省去了手动输入网址的麻烦，很好地迎合了人的惰性，如图8-10所示。

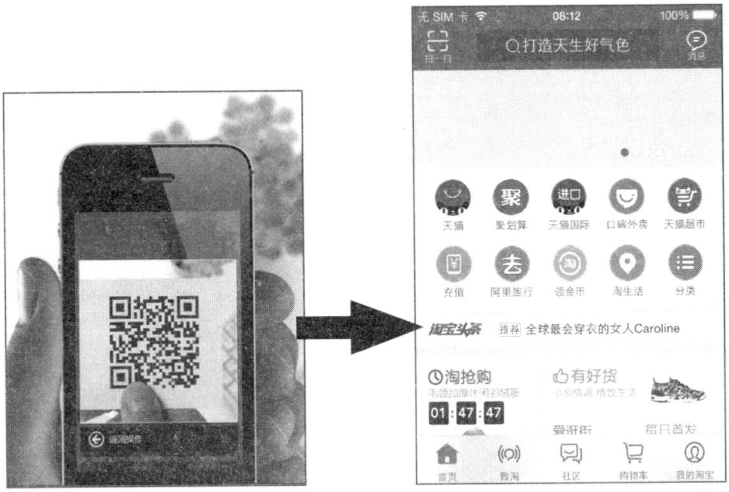

图8-10　扫描二维码直接登录APP

4. 互动性

手机APP互动性更强，可以增加用户体验度：与PC版普通网站相比，手机端APP网站的留言、分享功能更能促进与客户的互动，增加客户的黏性。正因为展示型APP制作可以实现上述的优势，所以手机APP网站制作已成为当今企业内在的需求。

此外，APP可以下载到手机，让用户能时刻打开访问，不用打开浏览器输入网址，也不用记住网址；它还可以推送信息给企业的下载用户，推荐最新促销信息，便于用户第一时间看到。

随着智能手机和平板等移动终端设备的普及，人们逐渐习惯了使用APP客户端的便捷消费与上网方式，而且，目前在国内，各大电商均拥有了自己的APP客户端，这标志着APP客户端的商业使用，已经开始变得越来越火。

8.2.2　握在手中的营销武器

随着时代的发展，企业的营销方式也慢慢开始发生了新的变化。特别是随着移动互联网的兴起，O2O模式的来临。传统的营销方式因其性价比太低而越发不受企业的待见。事实上，在这样一个移动互联网的时代，以

APP作为企业的主要营销方式已经成为各大企业营销的常态。

APP作为商户和企业的营销武器具有哪些优势呢？

1. 持续性强

一旦用户将APP下载到手机成为客户端，那么持续性使用就会成为必然。建立一群满意度高的APP用户能够驱动APP的成功，这意味着APP必须给用户带来很好的体验，功能必须有价值，这样才能让品牌在用户的下载和更长久的使用中获益。

很多企业由于缺乏竞争性的营销战略，虽然在前期开发市场中投入了大量的资金、人力和物力，但是所产生的效果并不明显。可能前期销售好，但由于策略缺乏变通，无法实现企业销售的可持续、稳定地增长。APP营销明显可以弥补这一问题，只要APP做得够好，那么企业的营销思想就会一直存在用户的手机中。

2. 成本低

APP营销的主要特点就是成本低，可以说比现有任何一种宣传方式都低。APP营销的模式，费用相对于电视、报纸、甚至是网络都要低很多，只要开发一个适合于本品牌的应用即可，可能还会有一点的推广费用，但这种营销模式的效果是电视、报纸和网络所不能代替的。

TIPS:

为了降低APP的开发成本，现在已经有一些平台开发出一些模板，用的时候只要从后台把一些基本信息换掉，也可以换皮肤，更出色的甚至可以更换一些交互效果。这种模式的收费不是按照人力成本计算的，而是按照产品售价计算，这些模板目前的费用比独立开发可以省出至少一半。但缺点在于只能基于他们原有的模板进行使用，而且有可能是按年付费的。

3. 促进销售

APP营销是一种通过手机应用推送、传播的移动应用营销方式，所传播的信息影响受众者的意识、态度以及行为从而形成营销结果。由于APP营销具有网络媒体的一切特征，能够随时随地接受信息、分享信息，所以它比互联网信息传播更具优势。有了APP的竞争优势，无疑增加了企业的产品和业务的营销能力。

随着越来越多的用户在打算购买东西时，转向他们的移动手机和平板，这致使零售商和营销公司纷纷寻找将浏览者转换成购买者的方法。例如，提供特殊的优惠，或者追踪商店附近买家的一举一动，通过数据分析来向他们推送促销信息。

根据Google调查显示，44%的智能手机购物者表示，他们使用移动设备购物是因为能省钱。因此，Google的搜索引擎在比价购物方面非常受欢迎，而且现在智能手机上可以配备大量的移动APP，能够扫描条形码和其他编码产品识别符。

例如，奔驰Smart推出了“奔驰smart”移动应用。相比于服装、图书等轻型商品，笨重且昂贵的汽车要在移动端实现交易还太遥远，但无论是品牌厂商还是经销商，都并未怠慢APP的开发。

“奔驰smart”APP以Smart风格的智趣新风将线上线下灵动结合带来了全新的移动体验，用户可登录苹果APP Store下载该应用程序，通过手机随时查找附近的Smart经销店，还可以随意比对Smart各款车型，分享自己的心得，如图8-11所示。

图8-11　“奔驰smart”APP界面

除了汽车品牌商之外，一些4S连锁店也正在通过移动端来辅助销售。“与汽车品牌商的APP主要以强化品牌形象、传达品牌理念不同，4S店移动应用的目的很直接，就是提高销售转化率。消费者选择汽车品牌主要还是受传统广告的影响，经销商的移动APP主要能做的是提高到店转化率，减少客户的流失。

商家对移动应用的利用主要有以下两种：

（1）**面向销售人员的辅助销售类APP**。销售人员的移动应用更多是通过平板电脑，可以用来查询库存产品，并进行产品对比、查询、受理顾客服务。

（2）**面向消费者的服务类APP**。消费者主要借助APP进行购物、预订服务及查找各类优惠信息等。

例如，“免费达人”（原名：白吃麦当劳）就是一个创新的奖励制社交游戏APP，通过奖励制模式和社交游戏化的设计，使用户主动参与体验商业化任务，同时获得“果币”（应用中的虚拟货币）奖励，如图8-12所示。然后，通过“果币”免费兑换麦当劳、手机卡、游戏点卡、购物券、电影票、加油卡等各种真实奖励，如8-13所示。

图8-12　做任务获得“果币”奖励

图8-13　通过“果币”免费真实奖励

“免费达人”是一款手机达人与喜欢吃麦当劳的人绝对必备的另类应用。只要利用碎片化时间轻松完成各种小任务即可获得“果币”奖励，积累一定的果币即可兑换麦当劳美食，免费享用麦当劳的美食。另外，还有邀请好友、购买奴隶等方法可挣得更多果币。

- 做任务：准备随时接收精彩任务，一键分享给微博、人人、开心好友。
- 赚果币：只要有好友下载并安装你分享的应用，你就能获得“果币”奖励。

- 收奴隶：成功邀请好友加入，成为他的主人，或者在“奴隶市场”购买勤劳的“奴隶”，即可坐享其成，轻松拿果币。
- 免费达人：攒够“果币”即可免费换取麦当劳电子兑换单。当积累到不同数量时，就可以兑换相应的麦当劳美食，如300个果币可以兑换圆筒冰淇淋、800个果币可以兑换两个麦辣鸡翅等。兑换成功后，两天内将会收到一条带有二维码的信息或者彩信，凭此信息就能在麦当劳的二维码兑换处换取套餐。

目前，**在移动应用中，游戏、娱乐化的产品仍是主导，即便做社交应用、网络营销，也可以通过娱乐和游戏元素让其更加好玩。**“免费达人”APP就是这样一款手机应用，用户通过做任务、买卖“奴隶”等来获得“果币”，进而兑换麦当劳美食券，用游戏化的手段进行移动营销。

TIPS:

在“免费达人”中，用户要做的“任务”可能是配合一些营销或者微博宣传活动，如转发微博等，相当于把这些“微任务”娱乐化和虚拟货币化，每完成不同的任务，即可获得一些虚拟货币奖励。另外，做社交营销或口碑传播，需要很多的用户，于是“免费达人”还通过邀请好友、买卖“奴隶”等来增进玩法和互动，这样才有可能带来爆发似的增长。

在笔者看来，“免费达人”主要是把此前的一些传统营销进行了整合，而APP的营运方式主要是通过让用户试用安装商户提供的免费试用软件来实现盈利的。或许“免费达人”如果做一些新的游戏及娱乐玩法的话，效果会更好，毕竟这种体系还是比较有意思和可行性的。

4. 信息全面

APP能够全面地展现产品的信息，让用户在没有购买产品之前就已经感受到了产品的魅力，降低了对产品的抵抗情绪，通过对产品信息的了解，刺激用户的购买欲望，提升转化率。

例如，“布丁优惠券”APP支持全国大部分城市，囊括了市面上常见的优惠券信息，对于经常出差的用户来说相当方便。用户无须注册即可使用，首次使用APP还会自动定位用户当前所在城市。确定城市之后，“布丁优惠券”APP会显示当前城市支持优惠券的商家，而且还会将支持电子优惠券和需打印后使用的商家分开，以便于区分，点击喜欢的商家就可以查看它们当前的优惠券信息，如图8-14所示。

图8-14 “布丁优惠券”APP界面

对于支持电子优惠券的商家，用户只需在就餐时出示手机电子优惠券即可；而需要打印优惠券的商家，用户就需要将该优惠券回发至邮箱打印出来后才能使用。

对于用户感兴趣的商家，当前用不到但是有效期又较长的优惠券，还可以收藏到“口袋”之中以备以后使用（应用会自动删除过期优惠券）。如果用户担心下载优惠券浪费手机流量的话，可以在Wi-Fi环境下将感兴趣的商家所有优惠券一键下载到手机中。“布丁优惠券”APP首先解决了用户省钱的需求，而这也是最基础的思路，过去的优惠券大多都是纸质的，想用时未必找得到。但有了手机这个平台，可以随时发现，随时使用，而这个需求是天然的。从商家的角度来说，“布丁优惠券”APP的价值在于信息全面和资源被用户更快速的发现，并且是被特定的目标用户所发现。

TIPS:

优惠券其实并不是交易性产品，它没有现金价值，但电子凭证能够改变商家的主流营销手段，将线下的储值卡和返券搬到了APP应用中。如果APP真的能给用户和商家提供准确的信息，那么用户是能接受的，而商家也是有意愿去管理维护的，只是别让商家管理起来太麻烦。

5. 灵活度高

APP营销的灵活度非常高，比现有任何一种宣传销售活动都简单、灵活。例如，用户只需扫描商家的二维码即可下载该商家APP，如图8-15所示。

图8-15　扫描二维码下载APP

用户只需在手机上点击商家APP即可看到商家所有活动信息，并及时参与消费。对于商家来说，也可以随时随地用手机或者电脑发布、管理营销信息，查看实时的营销数据。另外，利用手机和网络，易于开展了由商家与个别用户之间的交流。用户的喜爱与厌恶的样式、格调和品味，也容易被商家一一掌握。这些数据对产品大小、样式设计、定价、推广方式、服务安排等，均有重要意义。

8.2.3　微信APP营销的优势

随着微信功能的拓展和升级，它已经由最初的社交工具逐渐演变成为一种营销工具，企业公众账号的推出是其商业化的表现，而随着微信支付的推出，使它进一步演变成为一个类似“淘宝”的购物平台。在微信发展的过程中，我们不难发现：微信在慢慢地向O2O模式靠拢，或者说微信营销的O2O属性已经逐渐显露出来了。

由于微信一对一的互动交流方式具有良好的互动性，精准推送信息的同时更能形成一种朋友关系。基于微信的种种优势，借助微信平台开展O2O客户服务营销也成为继微博之后的又一新兴营销渠道。图8-16所示为微信的营销优势。

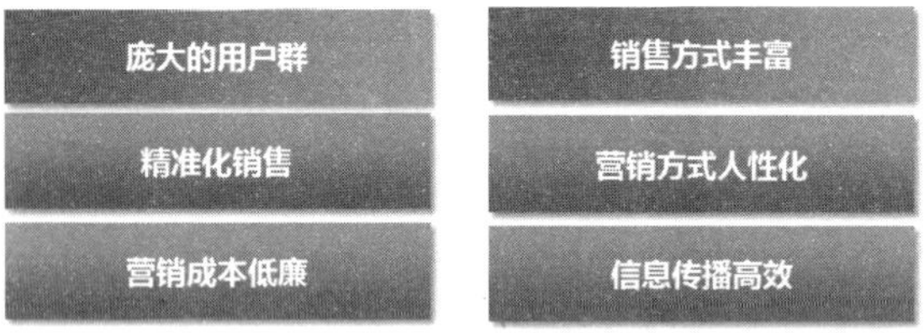

图8-16　微信的营销优势

1. 庞大的用户群

据可靠的数据资料显示，在微信营销后的一年多时间内，微信的用户数量就达到了庞大的两亿，发展空间让人惊奇，毫无疑问微信已经成为了当下最火热的互联网聊天工具，而且根据腾讯QQ的发展轨迹来看，我们有理由相信微信的用户量并不仅仅限于两亿这个数量，发展空间仍然很广阔。

2. 精准化营销

微信公众平台里实现了对用户的精准区分，商家可以通过管理后台，对用户进行各种多样化的区分。商家可以根据性别、年龄、地域、职业等向用户推送适合他们的信息资讯、活动内容、产品信息，实现最大程度的精准营销。

3. 营销成本低廉

微信在使用上是不需要任何费用的，如此之低的门槛也是其用户群体壮大的一个原因。

而对于商家而言，微信公众平台使用也是不收取任何费用的，当然如果需要其他丰富功能，一年也只需要300元的认证费，这对于商家而言无疑不是一个低廉的营销渠道。

商家在微信公众号上打造属于自己的微平台，从而实现智能化回复，精彩的文字图文信息传送，和用户达到最完美的沟通互动。如果商家对于微平台建设有困难的话，打造免费微信第三方平台的机构也是商家的得力助手。

4. 营销方式丰富

传统的营销方式已经无法满足现代人的消费需求了，随着移动互联网的到来，微信正好弥补了这个空缺。微信多元化的营销方式不仅能够吸引用户，还能吸引商家。微信的摇一摇、漂流瓶、LBS定位、附近的人、扫一扫二维码、朋友圈、微网站、微商城与微网店等丰富的功能不仅可以满足不同阶段的消费人群，还能为商家带来大量的流量和打造畅通的线上平台。微信通过一系列营销手段，逐渐拉近了商家与用户的距离，让消费不再是生硬的博弈关系，使得营销更加的生动有趣。图8-17所示为微信的多功能频道。

图8-17　微信多功能频道

5. 营销方式人性化

微信最大的好处是双方可以自由选择，用户可以选择关注或取消某个公众号，而商家也可以选择给分组好的用户推送某个信息。微信公众号（订阅号）每天只可以推送一条信息，最大限度地杜绝了垃圾信息的泛滥。商家通过优化自己的公众号，设置丰富的智能化回复，利用在线客服CRM管理系统，通过对微信客户的详细分组，满足各层次客户的满意度，从而提升商家的品牌影响力，提高转化率。

6. 信息传播高效

微信最为吸引商家的地方便是它的点对点便捷高效的传播方式，在微信上，商家推送的每一条信息都可以100%的传送到用户的手机中。在移动互联网快速发展的今天，用户可以离开电脑，但却无法离开手机，然而，只要手机在，微信便在。微信就是利用这一点，让商家可以零距离、无时差地与客户时时沟通交流。

微信正是因为具有如此多的优势，所以才能在这个O2O大行其道的营销时代，逐步被企业与商家运用到线上线下的互动中来。

微信在O2O中的广泛应用开始于2013年。在2013年，微信正式启动面向实体零售业态的O2O项目，线下实体门店可采用微信开店的方式进行线上销售，首批试点企业在深圳展开。同时还将打通与实体百货业务的会员体系，用户可以将微信当会员卡使用。

在此之前各大媒体都在质疑微信O2O是否可行，微信O2O的盈利模式也令人担忧，按目前微信针对O2O模式的试水，可以看出未来微信O2O的发展潜力是非常巨大的。

（1）**丰富的关系链资源：**微信对于腾讯而言，最引以为豪的自然是其积累的关系链资源，据统计目前微信拥有近4亿的用户和关系链，这是一个庞大的线下潜在客户群体。

微信是怎么做到的呢？其实这是LBS+CRM系统结合的功劳，用户查看“附近的人”能看到附近的商家公众账号，比如当用户点击进去，就看到会员卡特权，关注了此公众账号，即可获得会员卡号，去到店里消费，店员会将此次消费记录在与微信后台对接的CRM系统里，包括个人消费的项目、金额、习惯等，针对这些信息，商家可以做深度的挖掘，依据用户的喜好做更多的精准营销。

（2）**线上—线下完成闭环：**借助微信，商家可以打造一条移动生活线上线下的生态链，找到一个消费者和商家共赢的价值链。通过二维码、移动支付或者会员储值卡支付来形成最终的O2O闭环。

例如，上品折扣利用微信开了一家微信概念店，这家店的购物体验是这样的：在这家店里所有衣服都有二维码，消费者看中一件衣服，拿手机扫码支付后，就可以直接把商品拿走了。此外，如果用户看完A品牌，选中了一件衣服，还想去逛其他的品牌，还可以把这件衣服扫码直接加到手机的微信购物车里，然后接着到第二个品牌进行选购。上品折扣的这家概念店正是借力微信二维码完成了线上—线下的闭环，为用户打造了极致的消费体验。

（3）**微信支付加速O2O：**以“友宝+微信支付”活动为例，友宝是一家专注于线下实体交易的品牌，而微信支付背后则有强大的互联网大佬撑腰，两者的结合正是“O2O”营销模式的典型。友宝+微信支付活动，使用微信支付享受8折优惠，依据RP（人品）最高还可以享有首单“买一送四”。

首先，用户找到友宝线下自动售货机，显示屏会展示该活动，不过仅限支付方式选择“微信支付”，确保手机已安装友宝和微信，打开微信，进入“发现”主菜单，选择“扫一扫”，点击“立即测试人品”就可以进行购买，如图8-18所示。

图8-18　友宝+微信支付活动

微信支付是一种互联网交易模式，自动售货机是一种线下实体交易模式，区别在于中间少了实体货币，大大节约实体店费用，吸引广大客户前来体验，这是全新的“O2O”营销模式。

TIPS:

自O2O逐渐为人们熟知之后，在线下零售领域，很快就形成了一个共识：线下—线上的无缝链接将是百货零售渠道未来最重要的发展方向。

8.2.4　APP营销助力O2O落地的方法

从PC互联网到移动互联网，我们习惯了遇事就打开电脑、拿出手机，各种“本地服务”也开始与网络如影随形。网络与现实，二者越来越多同时与消费行为相勾连。从PC端到移动端，衣、食、住、行，样样都开始触网。这就是O2O，它紧密联系着线下生活与线上活动。

在O2O商业模式下，APP应用可以完成与移动互联网的深度结合，通过下载应用到移动终端，实现O2O平台与移动终端的深度结合，结合买家和卖家双方信息完成在移动终端的直接沟通，实现直接交易，随时随地都可以实现交易，不再受到终端和地理位置的限制，如图8-19所示。

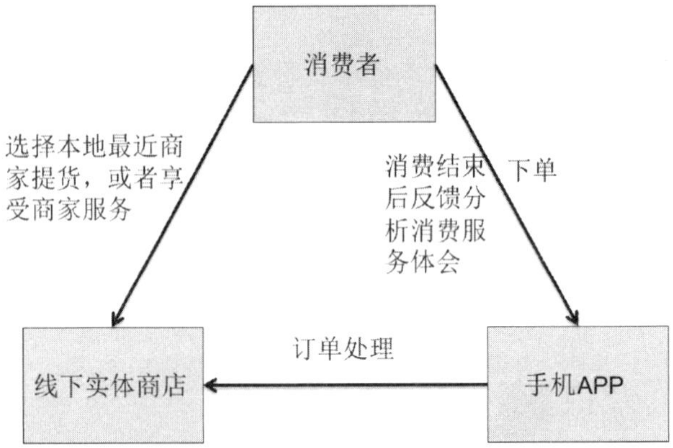

图8-19　O2O交易形式

O2O就是将我们的购买等行为全部或部分转移到了网络上，具体来说，却也关系到了商业生态链上的每一环，社交媒介的介入、对接方式（二维码、NFC等）的推新、传统产业的升级、团购的兴衰……O2O本身就是一个十分丰富的话题。在O2O营销过程中可以使用以下4种方法，让我们了解一下APP如何助力。

1．体验营销

在O2O营销中，体验营销是用得最多的一个方式。体验营销主要通过看（See）、听（Hear）、用（Use）、参与（Participate）的手段，充分刺激和调动消费者的感官（Sense）、情感（Feel）、思考（Think）、行动（Act）、联想（Relate）等感性因素和理性因素，重新定义和设计的一种思考方式的营销方法。

人们基本的物质需求得到满足后，会追求更高层次的生活体验。这时，价格的高低已变得不再重要，重要的是有没有得到自己想要的精神体验。于是，体验式营销也就顺理成章地成为行业发展的新趋势。而现在，**这种体验完全可以挪移到APP上来，使用户在APP中通过某种形式实现虚拟体验，刺激消费者的购买冲动，从而带动线下的直接购买行为。**

例如，《波斯王子》是游戏界一个非常响亮的名字，在使用DOS系统的年代，它就已经成名，由其改编的电影也已经上映。在电影的宣传海报灯箱前，用户可以通过手机中的APP进行GPS定位，即可看到神秘美丽的塔米娜公主出现在手机屏幕上，如果用户可以答对塔米娜所提出的问题，还将赢得在movieminutes.com上50分钟的电影观看权，如图8-20所示。

图8-20　《波斯王子》的O2O互动体验式营销

2. 直复营销

直复营销起源于美国，1872年蒙哥马利·华尔德创办了美国第一家邮购商店，标志着一种全新的营销方式的产生，但直至20世纪80年代以前，直复营销并不为人重视，甚至被看成是一种不正当的营销方式。进入80年代后，直复营销得到了飞速的发展，其独有的优势也日益被企业和消费者所了解。

TIPS:

直复营销，源于英文词汇Direct Marketing，即“直接回应的营销”，简称直销。美国直复营销协会如此定义：运用一种或多种广告媒介在任意地点产生可衡量的反应或交易。直复营销是个性化需求的产物，是传播个性化产品和服务的最佳渠道。

直复营销分为直接邮购营销、目录营销、电话营销、电视营销、电脑网络营销等。随着电子商务的蓬勃发展，前几种已逐渐式微，APP已经成为一种新的直复营销渠道。直复营销，关键点是受众的精准性。**而在移动互联网时代，以LBS为基础，“任意地点”不再任意，而是变为有针对性的地点，商家完全可以通过消费者手机里的APP，实现在特定地点向消费者发出“购买邀约”。**

例如，“趣逛”APP是由北京嘉宸联通科技有限公司研发的一款客户端应用，如图8-21所示。消费者在逛街时经常遇到一些问题，比如想知道附近的卖场、购物中心的最新促销信息？想知道喜爱品牌的最新商品或折扣？是否想过逛街不买东西也可以得到礼品？而使用“趣逛”APP，可以帮助消费者轻松解决这些问题。

图8-21 “趣逛”APP界面

在O2O时代，直复营销的体验也正在发生改变。直复营销和其数据库关注的是每个消费者和潜在消费者的行为。他们根据消费者过去的购买行为来预测未来的行为。这些信息是以个人为单位进行处理的，即使消费者数以万计，但仍可用它来进行对个人行为的分析并做出决策，从而实现O2O的落地。

3. 情感营销

情感营销就是把消费者的个人情感差异和需求作为企业品牌营销战略的情感营销核心，通过借助情感包装、情感促销、情感广告、情感口碑、情感设计等策略来实现企业的经营目标。

情感品牌是塑造品牌个性的过程，让品牌具有独特的情感，突出品牌的个性化，从消费者的五官（眼睛、嘴巴、舌头、鼻子、耳朵）出发来思考情感品牌，从而得出情感品牌的五官要素模型。总之，情感营销对巩固顾客群体具有积极作用。

例如，伦敦博物馆（Museum Of London）推出了一款名为“街头博物馆”（Street Museum）的APP，让英国民众游走在首都街头就能欣赏与之相关的丰富艺术和摄影作品。用户可以使用GPS定位，然后把手机对准当前所在的位置，系统会自动匹配当前位置几十年前的样子，如图8-22所示。

图8-22　伦敦博物馆APP应用

显而易见，“街头博物馆”APP是通过用户的眼睛（视觉）来进行情感营销的。要实现情感营销，只有通过广告主与消费者之间的情感沟通，才能有效实现。无疑，现在有了社会化媒介，不但增加了品牌与消费者之间互动的可能性，也大大降低了互动的成本。各种情感营销正在悄悄“潜入”我们的生活，增加品牌知名度、维系消费者的用户黏性是情感营销最主要的效果，而在O2O语境下的情感营销甚至可以直接促成线下的消费行为。

笔者认为，企业可以在品牌战略的指导下，利用O2O的社会化营销相互渗透和交锋，通过一系列情感化的品牌运作来影响和触动消费者心灵深处的琴弦，从而使品牌在消费者心目中形成独一无二的情感个性，以APP使O2O变得更加形象和具体。

TIPS:

当企业营销满足顾客情感因素时，就会引起顾客肯定性的内心体验——满意、愉悦、激情等积极的情感，使得顾客情感冲突得以消除并达到和谐状态，进而直接影响顾客后期的购买行为。

4. 数据库营销

数据库营销就是企业通过收集和积累会员（用户或消费者）信息，经过分析筛选后针对性的使用电子邮件、短信、电话、信件等方式进行客户深度挖掘与关系维护的营销方式，其核心工作是数据挖掘。

传统的广告形式（报纸、杂志、网络、电视等）只能面对一个模糊的大致群体，究竟目标人群占多少无法统计，所以效果和反馈率总是让人失望。正如零售商巨头Wanamaker说过："我知道花在广告上的钱，有一半被浪费掉了，但我不知道是哪一半"。数据库营销是唯一一种可测度的广告形式，广告主能够准确地知道如何获得客户的反应，以及这些反映来自何处，这些信息将被用于继续、扩展或重新制定、调整营销计划。

数据库营销就是以与顾客建立一对一的互动沟通关系为目标，并依赖庞大的顾客信息库进行长期促销活动的一种全新的销售手段。是一套内容涵盖现有顾客和潜在顾客，可以随时更新的动态数据库管理系统。

例如，上海大众汽车为响应全球的环保倡导和以环保换取人类可持续发展的诉求，发起"Think Blue蓝享"计划，在北京、上海、广州3大城市核心商业中心，全力打造"蓝思观察站"。同时，在3大城市繁华地段的地铁、商场中设置蓝色阶梯，鼓励大家在日常生活中尽可能多走楼梯，少乘坐电梯扶梯，这样既能锻炼身体，又能减少电梯能耗、节约有限的资源。

"街旁"作为此次活动的APP应用合作伙伴，以"移动、即时、互动"的特点深入整个活动的每一个环节：消费者在活动指定地点签到，即可收藏"蓝思•众享"虚拟徽章，如图8-23所示；消费者使用街旁账号登录活动网站，即可累积"蓝币"，赢取好礼。

图8-23 "蓝思•众享"虚拟徽章

当“街旁”APP将数据和用户行为贴合品牌的主张，结合“街旁”开放平台技术进行全面绑定的时候，“签到”已经变成一种公益的累积，公益的可视化在此借助移动社交的技术成为可能。

在消费者的需求呈个性化发展的大趋势下，笔者建议企业应该学会使用APP收集、储存和分析大量的数据，并发挥出这些数据的价值。基于大数据的业务模型将主导零售业后十年的格局，大数据对零售业打破常规局面具有重要作用，能够帮助零售商们筛选信息、迎接挑战，并且利用技术为客户提供解决方案，促进O2O的落地。

TIPS:

O2O是基于用户基础才能形成的一个行业，移动互联网经过2～3年的发展，已不再是网络精英们的世界。正是随着移动互联网进入普通人的生活，O2O才形成一定的规模，也就是“大用户”。“大数据”是指有更多的商家、更多的线下信息搬到线上，这也是O2O商业价值和未来春天的所在。用户的消费行为、使用行为等习惯都会为未来的O2O产生巨大的商业价值。

8.3　垂直化服务的O2O落地化案例

随着科技水平的不断发展，上网工具在改变，上网方式在改变，消费方式也发生了改变，我们每个人都被卷入O2O的营销生活。那么什么是O2O呢？其实，O2O就是Online To Offline，是指将线下的商务机会与互联网结合，让互联网成为线下交易的平台。

移动互联网的快速发展使得APP营销迅速火爆起来，而APP与O2O的强强联合更是让企业的移动互联网营销变得更加顺畅。在O2O商业模式下，APP应用可以完成与移动互联网的深度结合，通过下载应用到移动终端，实现O2O平台与移动终端的深度结合，结合买家、卖家双方信息完成在移动终端的直接沟通，实现直接交易，随时随地都可以实现交易，不再受到终端和地理位置的限制。由于O2O与APP结合能带来更大的利益，因此，目前各大企业与商家都在加快步伐，利用APP紧密布局O2O营销。

8.3.1 餐饮O2O金矿：菜谱APP

移动互联网在高速向前发展的同时，依然保持了变幻莫测的特质，谁也不知道哪个细分领域将会成为一座金矿。不过，随着2014年移动美食类APP数据分析报告的发布，以往被人忽视的餐饮APP营销领域瞬间引来各方的注意。

国内移动菜谱应用的装机用户总数约为6 000万左右，位居第一的好豆菜谱移动端用户数超过2 000万，月活跃用户约377.6万；位列第二的下厨房移动端用户数超过1 300万，月活跃用户约356.7万……从各种分析数据来看，美食、菜谱市场将是价值无限、有宝可挖。

目前移动菜谱的市场集中度已经越来越高，纵观多个菜谱类应用，能称得上霸主的自然是好豆菜谱、下厨房及豆果美食。好豆菜谱提供了直接搜索和随机搜索两种搜索方式，用户可以直接输入菜名、食材或者功效来进行菜谱搜索，用户还可以在品种、食材以及口味中按照自己的喜好来匹配出适合自己的菜谱；下厨房是目前很火的一款菜谱APP软件，旨在教用户如何做菜，怎样能做出更好吃的菜，它传播了一种“下厨房，是一种生活方式”的思想；豆果美食是国内首家发现、分享、交流美食的移动互动平台，目前已经发展成为国内外较为领先的美食互动社区，它是在线厨艺交流与美食分享平台，提供了国内免费手机美食菜谱与生活资讯。

1. 好豆菜谱

进入好豆菜谱应用后，用户会看到一张很诱人的美食大图，有热门分类和猜你喜欢两类，在热门分类中滑动可以实现多个热门菜谱切换的功能，如图8-24所示。在此菜谱应用中，用户点击“热门菜谱”后会显示本周的热门菜谱，只要再点击喜欢的菜肴进入界面就能学做一道好吃的美食了。

好豆菜谱还提供了一种非常好玩的菜谱搜索方式——摇摇美食搜索，用户只需摇一摇手机，就可以随机匹配菜谱，让枯燥的搜索变得极富趣味，如图8-25所示。当用户在搜索界面摇动手机后，搜索界面会随机选择品种、食材和口味进行自动组合，用户只需点击匹配结果即可完成菜谱搭配。

图8-24　好豆菜谱APP

图8-25　摇出菜谱

2. 下厨房

下厨房美食菜谱网倡导在家烹饪的健康生活方式，它提供有版权的实用菜谱做法与饮食知识，为厨师和美食爱好者打造了一个完美的美食记录与分享平台。

下厨房在移动APP设备上，结合具体的使用场景，给喜欢亲自下厨的用户定制了一些贴心的功能：

（1）购买清单：开始准备烹饪的时候发现少了一种食材是一件很郁闷的事情，在每次逛菜场的时候，经常都会看见一些人拿着小纸条、或者利用手机上网找食材，这一种方式会让购买变得烦琐。为解决购买食材的问题，下厨房的移动应用给用户提供了更加贴心的服务，它可以根据用户要做的菜谱，把需要购买的食材列入购买清单，帮助用户区分主料和辅料，让用户能以最高的效率逛完菜场，买到合适的做菜食材，如图8-26所示。

图8-26　下厨房APP购物清单功能

（2）拍照上传：根据菜谱辛苦做出来的佳肴，想要记录一下？下厨房让菜肴分享变得更加简单了，利用下厨房移动APP应用，用户不再需要从相机里将菜肴照片导入电脑，然后从电脑上传到网络上，在下厨房手机应用上，用户只需直接拍照上传即可立即实现自做菜肴分享。

下厨房并不仅仅只教用户如何烹调美食，它期望通过这个平台让用户找回丢失在童年的那股熟悉的菜肴味道。在下厨房，有躲在宿舍用电饭煲做蛋糕的学生，也有卸去西装烹制男子汉料理的型男……在风卷残云过后的深夜，全世界的厨房“怪咖猫”在下厨房一边寻找明天早餐的灵感，一边问候彼端的厨友“嘿，今天又做了什么精美菜肴啊！”这样一种生活方式既舒心又惬意。

3. 豆果美食

“豆果美食”是豆果网精心“烹调”的菜谱APP应用，它为用户提供了数十万道菜谱与最流行的热门推荐、最贴心的时令食材、优食汇等，如图8-27所示。

图8-27　豆果APP功能应用

豆果美食拥有最活跃的美食交流社区，能让用户随时随地与社交好友一起交流美味生活；此外，它具有一键收藏、一键加入购物单、个人账号数据云端同步等功能，能让用户更便捷的享受美食之旅，如图8-28所示。

图8-28　“豆果美食”菜谱收藏与同步功能

豆果美食是一款强大的美食APP应用软件，它将美食菜谱、社区互动、美食画报、云计算数据存储整合为一体，囊括多道菜谱，让用户享受到更为便捷的美食生活。豆果美食的菜谱内容包含八大菜系、西餐、小吃、饮品、烘焙、海鲜、料理等，这些齐全的菜谱能够让用户随手做出各种美味。此外，它集成了一键分享功能，可以让用户实时与好友分享精美菜肴，用户还可以利用豆果美食将自制美食分享到主流微博账号参与评论互动，让移动美食得到更为广泛的传播。

从上述三款移动应用的广泛普及来看，目前移动菜谱应用的市场规模越来越大，市场集中度越来越高，也越来越受到用户的青睐。据数据显示，在移动菜谱类应用的用户群众，35岁以下的用户占84%，月收入在3 000元以上的用户占49%，并且上班族占到近80%。移动菜谱APP的火爆来袭，带来的是众多投资者对移动菜谱应用的市场发展前景的展望。据了解，目前已经有很多投资者正在和移动菜谱应用的开发团队接触，探讨投资与打造移动菜谱O2O线上平台的事宜。

移动菜谱应用已经从默默无闻的小角色，成长为不可小觑的巨无霸，随之而来的自然是如何发掘其存在的巨大的O2O发展潜力。在笔者看来，餐饮企业可以利用菜谱APP打造线上平台，实现O2O的快速转型，并将菜谱APP可拓展的商业尽可能最大化，以赚取更多的利益。

对移动菜谱应用来说，线上与线下交融的O2O模式自然最适合其商业化的发展道路。如今，好豆菜谱、下厨房、豆果美食这三款移动菜谱应用的用户、市场、口碑等方面的积累已经十分充足，在未来，这三强之间的O2O竞争将是最大的看点。

就当前形势来看，这三强之间的优势和劣势都很明显，好豆菜谱在资金实力、团队规模、人才实力上均处于领先地位，而且其在线上线下也有一定建树，不过，由于其总公司在湖南长沙，不利于快速地打入市场，因此，还必须走出去，只有在北京、上海、广州建立根据地，才能辐射全国；下厨房的体验最好，用户活跃度相对较高，但在资金实力与团队规模方面与好豆菜谱相比还有一定的差距；而豆果美食现在看来已经掉队了，不仅活跃用户较少，体验也不及前二者，不过幸好市场推广力度够大，未来尚有力量在O2O市场上与前两款移动APP应用进行一战。

移动菜谱应用当前市场的集中化与用户的庞大规模，决定其在2014年及之后的时间中将成为媒体、投资界等关注的重点。而其未来O2O的进化之路，也使人对其充满了想象空间。可以预见的是，在接下来的时间中，移动菜谱类应用将完成自身的变革，不再局限于对菜谱的收集、上传与分享等，而是进一步布局线下，以完成自己的升级。

TIPS:

笔者认为，移动菜谱应用完全可以和当前炒得火热的生鲜类O2O电商、医疗保健电商紧密联系起来，开拓自己的O2O之路。

8.3.2　打造O2O闭环：点评网APP

大众点评网从创立到现在，已经发展了将近十个年头，“点评”商业模式的根基，来自于用户优质的点评信息，经过多年的积累和受到认可的点评氛围，以及由此在商户口中形成的良好口碑，在一定程度上也已经成为互联巨头们难以跨越的天堑。

大众点评网早在2005年5月就推出了会员卡，如图8-29所示。会员卡曾是大众点评网创始团队第一个认定的公司级产品，为大众点评网带来了数百万元的收入。然而，在仅仅一年多后，就被证明是一个失败的产品：发出去的几千万张会员卡经常使用的只有几十万张，使用率仅有1%。

由于当时大众点评网的流量主要还是在线上，而会员卡的消费却是在线下。强大的线上流量优势得不到很好的发挥，会员卡业务也会使大众点评网越做越趋于重型O2O，进而被线下过重的业务所拖累，造成巨额的信息保持和维护成本，这给网站本身也造成很大的压力。

大众点评网在经历了初期会员卡的尝试失败后，发现要想把大量用户和大量商户连接起来，简单的做法就是把这些商户的优惠信息直接告诉消费者，这直接诱导了“电子优惠券”的诞生，如图8-30所示。

图8-29　大众点评网会员卡

图8-30　大众点评网的电子优惠券

大众点评网利用电子优惠券解决了商家的普遍需求。对于当时规模尚小的大众点评来说，电子优惠券是一个轻型产品，试错的成本和商户理解的成本都很低。一开始免费送给商户，看到优惠券带来效果之后，不少商户就开始选择付费，在双赢的基础上大众点评网也逐渐清晰了自己的盈利模式。

不久后，大众点评网又推出了“关键词推广”这一商务产品，通常和电子优惠券一起打包出售给商家。“关键词推广”主要有以下3大功能：

- 优先展示推广商户，持续提高品牌曝光量。
- 匹配消费者喜好，精准锁定消费者。
- 商户自主选择关键词，满足个性化营销需求。

大众点评网从2008年年初就开始尝试WAP站点，并于2009年3月推出了其手机版（wap.dianping.com），如图8-31所示。推出一周后，其流量增长高达60%，优惠券下载业务量也猛增。

图8-31　大众点评网的WAP页面

大众点评网紧接着又推出了手机客户端APP——“大众点评”，在上线一年后，流量就已经占据整个大众点评网的20%。电子会员卡功能是“大众点评”APP中推出的功能，在“我的”的标签下新增了“我的卡包”选项，里面可以添加各种店铺的会员卡信息，如图8-32所示。用户只需点击想要申请卡的店铺，填写姓名和生日，提交后就可以将电子会员卡添加到自己的卡包中，即可摆脱实体会员卡的不便。

TIPS:

当移动端逐渐成为大众点评网新的增长点时，智能手机的发展也让曾经失败的会员卡业务迎来了自己的“第二个春天”。如果说团购是O2O第一步的话，电子会员卡则是迈出的第二步，这是一个极具有想象空间的产品，能够为传统服务业带来很多新的可能。

电子会员卡，对于商家来说，营销的意义更大。这使得用户行为从可追踪到可衡量再到可预测，所有用户在线上到线下的行为都能够记录和衡量，最终形成基于海量用户消费行为的数据库，这为后期的数据挖掘、营销行为预测做好铺垫。

图8-32　“大众点评”APP中的电子会员卡

大众点评网采用了五大推广模式，如图8-33所示。由于大众点评目前占据本地生活主入口的位置，并在本地生活O2O领域处于核心及领军地位，无疑是最有可能成为O2O巨头的公司。大众点评接下来的三大发展方向是帮助用户快速决策、轻便交互以及商户和用户的快捷互动，这些其实都基于移动互联网。

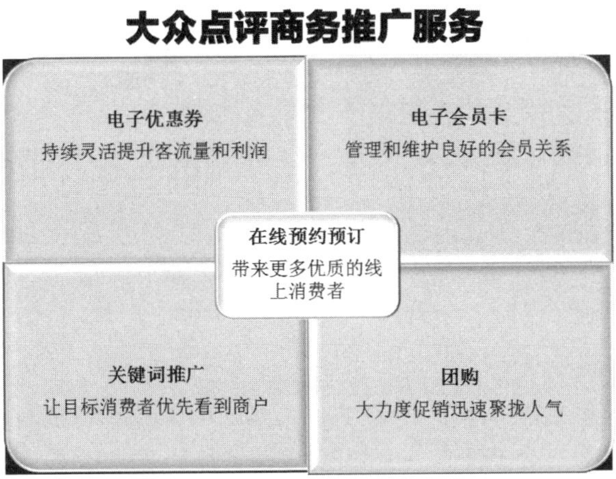

图8-33　大众点评网采用五大推广模式

截至2013年年底，大众点评网的点评数量超过3 000万条，收录商户数量超过800万家，覆盖全国2 300多个城市及美国、日本、法国、澳大利亚、韩国、新加坡、泰国、越南、马来西亚等国家。大众点评网的月综合浏览量（网站及移动设备）则超过35亿，其中APP的浏览量超过75%，APP累计独立用户数超过9 000万，现已成长为本地生活的必备工具。

在智能手机时代，每个人的消费信息、口味倾向都能够被保留和记录的情况下，基于海量的消费数据，手机APP为商家提供更精准的营销工具，降低商家的营销成本，会员卡所代表的用户会员体系对于商户进行智能化服务，并最终成为O2O闭环来说意义重大。

8.3.3 线上导购O2O：无印良品APP

无印良品是一个日本杂货品牌，它不仅关注顾客在店铺内的购物体验，还十分注重提升顾客的线上购物体验。为了打造O2O线上平台，实现O2O完美闭环，无印良品推出了移动APP应用—— MUJI passport，如图8-34所示。

图8-34 MUJI passport

MUJI passport凭借先进的功能，获得了2013年“日本雅虎互联网创意奖——企业智能机APP”的金奖。从MUJI passport拥有的强大功能来看，毋庸置疑，它会是无印良品O2O战略布局中非常重要的环节。

1. 整合线上线下

无良印品通过MUJI passport整合了网络店铺与线下实体店铺的销售渠道。它提供到店签到积分、商品评论积分，用户可以通过积累积分、店铺签到获得 MUJI Miles点数与购物积分来兑换礼品与获得独家折扣。除此之外，MUJI Passport具有推送最新商品消息、生日礼品、分享商品评价等功能，为用户提供更加丰富的O2O线上线下消费体验。

2. 商品导购功能

在日常的线下购物中，经常会遇到这样一种情况，自己想买的商品因为缺货不能及时购买，让营业员帮忙调货则要额外等待一段时间，而且不一定能够调到货。而无印良品APP恰到好处地解决了这一问题。

MUJI passport提供了商品导购的功能，不仅可以看到无印良品精选推送的商品，同时消费者也可以根据商品名称和商品编码进行搜索，根据商品种类进行选择自己想要的商品。当消费者在“MUJI passport”上发现了自己喜欢的商品后，可以很直观地通过地图看到附近的店铺里面是否有库存，如图8-35所示。

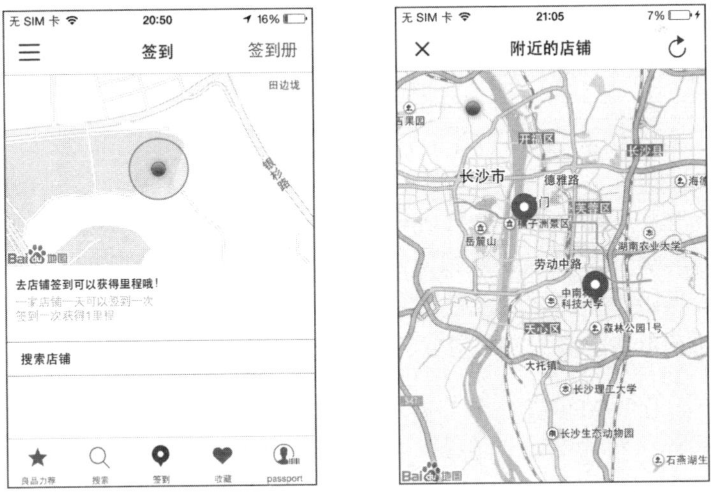

图8-35　地图查看附近库存

商品导购是“MUJI passport”APP上最具特色的功能，它为线上到线下的导流提供了极大的便利，成为打通线上与线下的重要桥梁。

3. 数据统计分析

数据是实现O2O的最好工具，在这个数据至关重要的时代，无印良品对数据格外关注。由于无印良品在移动网APP上发放的优惠券可以在线下店铺使用，且因为每个ID获得的优惠券上的条形码都是独一无二的。因此，通过数据可以知道，有多少用户多少次到哪个店铺使用了消费券、哪个用户钟爱到哪个店铺消费、哪个用户在什么时候买了什么东西，以及他们过着怎样的生活。

事实上，对每个顾客的分析至关重要，只有了解顾客的生活状态和需求才能更好地满足他们，从而实现O2O闭环，为线上到线下引流提供便利。

TIPS:

MUJI passport还可以和Facebook、Twitter的ID连通，减少会员注册的麻烦。随着社交媒体的广泛普及，在Facebook和Twitter上发起话题讨论，向参与话题的顾客发放优惠券等奖励活动，向线下实体店铺引流的O2O方式已经变得很平常。随之而来，对社交媒体上的非结构化数据进行分析也变得越来越重要。

值得注意的是，在社交媒体上，每个用户都将成为一个自媒体，他们的态度很容易影响周围的用户群体，用户的购买力和其在社交媒体上的影响力不是很对称，因此，那些偶尔购买过一次商品或者从来购买过商品的声音力量也不容忽视。

8.3.4 极致美味O2O：订餐APP

“易淘食”是一家从外卖送餐发展起来的O2O餐饮网站。创业时，创始人兼CEO张洋想依靠技术实力以及第三方物流，做成到家美食会的纯外卖模式。但由于销售团队此前的合作商户多是火锅、烧烤、自助类餐饮商家，没法运用在外卖上，于是便开始做起订台服务。

“易淘食”APP采用的是基于LBS定位的搜索，通过地图定位到用户目前所在的位置，自动帮用户寻找附近能订餐的合作餐厅，如图8-36所示。

“易淘食”有自己的送餐人员，与到家美食会类似，而与美餐网有所不同。因此，“易淘食”可以说是一个重型O2O模式，美食服务分为外卖送餐、聚会订台以及易淘商城。

图8-36　“易淘食”APP界面

“易淘食”的订台服务起自外卖业务积累的餐厅菜单数据。用户在订台页面便可以看见不同餐饮企业的菜单，在到店消费之前先在网上订好菜，并且全部在线支付，其流程如图8-37所示。

图8-37　“易淘食”的订餐流程

“易淘食”最大的特色就是O2O订台模式，可以用来解决特殊群体或者高端群体的一些特色需求。例如情侣约会、结婚宴会、商务宴请、同学聚会等，都可以通过“易淘食”提前订台。“易淘食”的订台做得比较人性化，除了可以通过地点、价格选择餐厅外，还能通过菜系的偏好、就餐的目的选择餐厅，从而提高用户与餐厅的匹配度。

尝到“订台”这种轻O2O模式的甜头后，“易淘食”考虑将原有自建的物流服务也变得“轻”一些，即类似阿里巴巴的“菜鸟网络”联合多家物流公司完成配送。“易淘食”会将自身的支付端口开放给诸如绿淘、生活半径等同行业的送餐公司，让他们使用易淘食的支付系统，而易淘食则负责订单的调度，物流配送方面则由这些合作公司来完成。

目前，“易淘食”已经和眉州东坡、金百万、大鸭梨、嘉和一品、俏江南、湘鄂情等餐饮集团进行合作，覆盖了2 500家餐饮门店。

在张洋看来，任何一家O2O公司，最核心的资产都是商户，所以成功的关键就在于如何又快又深入的和商户对接。“我们一直在探索一种和商户绑定的、有黏性的产品。”张洋表示，团队正在打造一个软硬件结合的餐厅管理系统，提供整体的技术解决方案，这个系统包括了收银机、收银系统、服务员点餐系统、点餐的Android Pad、后厨出菜系统、包房预订系统、等位系统。

“易淘食”从最初得益于包括礼品卡等多种支付方式的整合，将外卖生意做大，到后来的订台模式，再到如今软硬件一体的技术解决方案，“易淘食”正在经历逐步变身的阶段。

笔者认为，对于传统电商的O2O闭环来说，物流配送业务是实现O2O中最重要的一环，线下向线上的导流。最关键的是，外卖配送需要订单管理，它给了“易淘食”把自己的网络系统布局进入餐饮企业的机会。对消费者而言，网上支付可以获得一定优惠，而且“易淘食”也可以先将现金流引入自己的系统，扣除佣金后返给商家，避免被顾客跑单等现金无法回流的问题。

TIPS:

订餐是O2O商业模式中最早发展起来的（其他的还有酒店预订、租车、短租等）。“易淘食”和其他餐饮O2O公司最大的区别，其他公司都是偏C端（C/S模型中的客户端）的，要最大限度地满足消费者的需求，甚至可以为此最大限度榨取商户的利益。而“易淘食”最大的核心诉求，是要最大限度地满足商户的需求，让商户的价值及利润最大化。

8.3.5 双线体验O2O：网购APP

对于网购，用户已经不再陌生，靠低价格、快速的物流，苏宁、淘宝、京东等电商平台快速崛起，让网购生活来到了人们的身边。随着互联网与移动互联网的快速发展，作为传统电商的苏宁为了满足用户的需求，推出苏宁易购这个互联网与移动互联网在线交易平台，开始大力推广在线交易与支付，实行线上线下体验的O2O模式。

苏宁在2010年开始自主研发电子商务在线平台——苏宁易购，它首先在大城市试点，整合线上—线下两大模式，转型试水O2O。苏宁打造了互联网门店，与传统的门店不同，苏宁的互联网门店结合了店面布局的优势，以消费者的购物体验为导向，重视消费者的体验，将体验、支付、服务三者融合为一体。

苏宁互联网门店的主要特点是，将互联网引进了实体店，在苏宁的线下商店随处可以看到O2O的影子——二维码，消费者在实体店体验完后，只要扫一下二维码即可在线购买和支付。

苏宁易购的互联网O2O体验让用户的网购生活变得更加便利。苏宁O2O线上线下的融合满足了如今用户的购物需求，它通过覆盖用户的所有消费渠道，提供全品类产品，做全零售营销，进行规模经济加规范经济，不仅颠覆了其本身的营销模式，也颠覆了整个零售行业的营销模式。

不过，由于智能手机的出现，移动互联网营销开始逐步成为网络营销的主导，为了抢占移动端口的流量，苏宁易购再次重新布局，推出了自己的手机客户端，打入移动互联网市场，紧密布局智能手机O2O营销。苏宁易购针对移动端的O2O营销，制定了多种发展策略。

1．附近苏宁

“附近苏宁”是苏宁易购打通线上线下，快速发展O2O的重要战局，它顺应了苏宁易购满足消费需求的发展目标，运用O2O模式与LBS定位系统创新，让消费者更加了解苏宁的产品，促使销售额增长。图8-38所示为苏宁易购APP“附近苏宁”的功能。

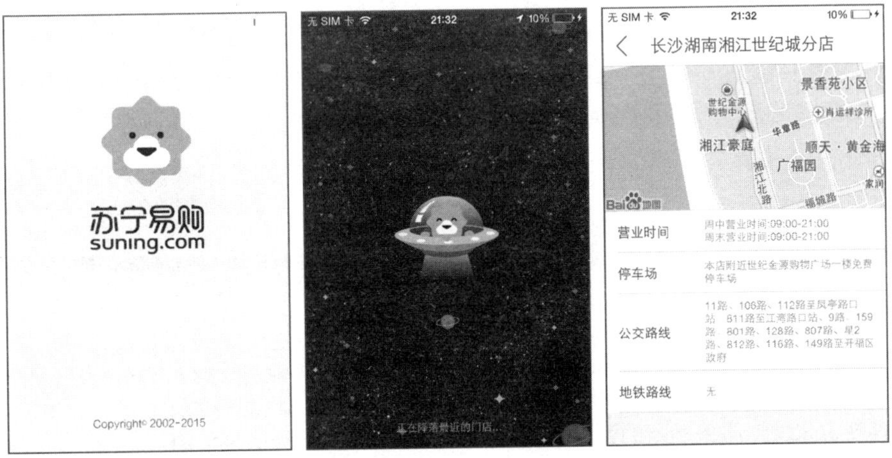

图8-38　苏宁易购APP“附近苏宁”的功能

2. 升级完善服务

苏宁易购APP客户端通过不断升级，完善了用户的O2O消费体验。升级后的客户端不仅设置有门店比价、支付和自提等特色服务功能，而且，在页面菜单简化、功能升级、搜索体验等方面也有了一定的改善。

随着苏宁推出双线同价，加速双线融合发展战略之后，打造专业、人性、便携的移动终端成为苏宁易购与线下门店优势结合的重要窗口。升级后的苏宁易购移动客户端更加注重移动购物的智能搜索、线上线下多样化服务、人性化物流跟踪这三大细节的调整。

在智能搜索方面，和以前的版本相比，苏宁易购移动客户端新版本的搜索功能，不仅增加了最新网站促销活动展示位，还新增了热门搜索、最近搜索、最近浏览、条形码搜索等4种全新搜索选择，移动网购搜索更加人性化和快捷；在本地生活服务功能方面，新版本不仅增加了客户端下单门店付款、门店提货付款功能，其原有的及时比价作用的“条形码”购物功能也升级至最快3秒完成门店比价服务支持，此外，新客户端还新增了礼品卡、优惠券绑定使用、本地机票购买手机银联支付方式等新内容；在物流方面，苏宁易购移动客户端针对订单状态展示、物流信息跟踪进行了全面优化，让用户在客户端首页能直接选择物流信息查询订单配送状态。图8-39所示为升级后苏宁APP完善服务。

图8-39　升级后苏宁APP完善服务

TIPS:

苏宁易购移动客户端升级之后，除了大量展示丰富的商品，以及最新最热的网站活动之外，还针对移动购物的零碎性、及时性、便携性、功能性进行了全面的升级和创新。苏宁易购的升级版本不仅完成了移动购物细节的体验提升，其各种特色化移动服务功能的设置，也将带给消费者更加时尚的移动购物体验。

3. 节省流量模式

苏宁易购移动客户端拥有高低清两种流量模式，消费者点击进入苏宁易购移动客户端之后，客户端可依据消费者移动终端设备的网络使用情况自动切换至最匹配流量模式，帮助消费者真正节省流量。

4. 用户反馈体系

针对用户信息反馈体验，苏宁易购也做足了功课。在苏宁的移动APP客户端，用户只需实行选择问题类型、描述问题、留下个人联系方式这三步流程即可完成快捷反馈，而苏宁客服人员看到信息后也会在第一时间与用户取得联系。

5. 建立APP族群

苏宁电商已经把移动互联网业务提升到了集团战略的层面，它针对无线业务专门成立了单独的移动购物事业部，以事业部机制运营无线客户端。在移动端产品方面，苏宁事业部有意打造以苏宁易购客户端为核心、其他客户端产品为辅助的客户端矩阵，形成多个应用产品相互补充的应用矩阵群，如图8-40所示。

图8-40　苏宁无线产品APP应用矩阵群

目前，苏宁旗下已经拥有苏宁易购、苏宁红孩子、苏宁商旅、苏宁彩票、易付宝、苏宁安全、苏宁天气、苏宁阅读、苏宁应用商店等多个移动客户端，产品形态覆盖了安全、天气、支付等非购物类应用。

移动应用矩阵群是苏宁电商在“实体产品+内容产品+服务产品”战略中内容产品的关键来源。苏宁易购正是通过矩阵群中的这一批APP内容产品，打通了线上与线下的发展渠道，真正形成了O2O营销的闭环。

在笔者看来，一个好的客户端需要具备自营销、互营销及便于用户反馈的功能，客户端自身需要具备生命力，而苏宁易购的移动客户端恰巧就拥有这些特征。

TIPS:

随着移动互联网兴盛，电商布局移动互联网市场成为必然选择。伴随着苏宁双线融合战略加速进行，承担连接线上线下两大平台的移动终端的战略地位日益显现。在这场尚未完全开发的移动电商浪潮中，苏宁易购将依托线上线下海量低价商品、覆盖全国强大现代化仓储物流、丰富的本地便携服务内容，为消费者打造更加专业化的移动购物体验。

第9章

传统行业
——拥抱移动互联网转型落地

9.1 O2O如何颠覆传统行业

当下，与互联网金融一词热度相当的，非O2O莫属。在电子商务领域，B2B和B2C无疑是最常见的两种模式。但是随着团购网站的火爆，O2O模式作为一种全新的电子商务发展思路，渐渐被投资人与创业者所重视。

百度、阿里巴巴和腾讯三大巨头各具特色的O2O布局已经展开，餐饮、出租车、洗衣、美容、地板等行业纷纷要借力O2O破局。这种致力于将线上虚拟经济与线下实体经济完美结合的商业模式，正被市场寄予厚望，以期开辟出一片新蓝海。

O2O是线上进行产品和服务筛选，线上支付，线下享受产品和服务的一个过程。从概念的提出到实践，不过短短一两年的时间，但这一互联网时代的营销模式却正在迅速向零售、餐饮、旅游、家政、教育等行业渗透，也在逐渐改变着这些行业的生态。一时间，各类传统企业，从做百货零售的，到卖数码家电的，甚至于卖水果的，都在谈论、探索与实践O2O，O2O是如何颠覆传统行业的呢？

9.1.1 传统行业营销模式的弊端

现如今，移动互联网的迅猛发展和移动网民的迅速攀升，已经让诸多消费者的消费行为和消费习惯发生了巨大的改变。而移动通信技术的日臻完善也让移动端的在线交易和支付现象变得越加普遍。

传统行业一直是多年来被各界关注的重点，一方面它在国民经济中占据着重要地位，另一方面，它正处于发展的瓶颈期，急需新的转变。传统行业一直采取的是单一的线下营销模式，而这种模式有以下三大弊端：

1. 传统营销模式的基本思想是市场导向

在传统营销模式下，企业首先是进行市场调查，并借此确定目标市场和营销策略组合，然后再集中企业的可利用资源，尽可能地满足顾客的需要，让顾客满意。但是它忽略了顾客的不成熟性和企业资源的有限性对市场营销的影响。顾客有时只是有一个创意，希望厂商提供解决问题的方案。市场变化的加快，产品种类的增加，要求厂商必须整合多种资源，寻求多方共赢的营销模式，只有这样才能满足顾客的多样化需求。所以，树立以实现用户价值为目标导向的开放式营销，才是企业的现实选择。

2. 传统营销模式满足市场个性化需求的成本过高

传统营销特别强调选准目标市场，试图以有限的市场网络建设成本获得尽可能大的销售收入，但在营销实践中却遇到了极大的挑战。传统的市场受地理条件和交通工具的限制，构建广泛的市场网络需要耗费大量成本。我国许多上市公司筹集资金的重要用途之一，就是实现市场网络的大规模扩张，其耗资之大由此可见一斑。通常情况下，企业降低平均成本的关键在于增加销量，而企业增加销量的必然选择就是差异化营销，可是，差异化营销又导致经营成本的提升。在现代市场中，产品多样化、需求个性化趋势不断加强，传统的生产制造模式为每一个顾客提供个性化产品的成本很高，所以拒绝了许多顾客对个性化产品的需求。

3. 传统营销模式满足市场需求的时间长、速度慢

现代的市场竞争是时间与速度的竞争。传统观念认为，企业的发展和持续盈利能力受市场开发和制造能力的约束。在知识经济时代，企业的发展和持续盈利能力主要受满足市场需求的时间和速度的制约，即确认顾客的需求、市场的机遇，并把它们转化为产品和服务组合的时间和速度。传统的营销过程是，先开发概念产品，然后制造样品，再试制产品，最后才是产品营销。因此，满足市场需求的时间长、速度慢。

在移动互联网时代，企业之间的竞争日益激烈。企业要想在这种白热化的竞争中赢得生存、发展的机会，转变营销模式是必然的途径。

TIPS:

如今传统行业的营销模式在新的形势下，已经明显出现了滞后，而为了增强企业的核心竞争力，同时也为了吸引更多的消费群体，传统行业开始尝试利用移动互联网来解决现存的问题势在必行。

9.1.2 O2O成传统企业转型方向

互联网技术和平台的不断优化为我们带来了更多腾飞的机会，从前的“慢工出细活”已经不能满足当前的市场需求。

互联网技术的不断提升，让互联网更新迭代的速度不断加快，这也就要求我们必须快起来，不快的公司就会被淘汰。而这里的“快”在某种意义上是手段而不是目的，是目前商业逻辑和消费心理的必然要求。O2O的产生恰恰迎合了传统企业转型的需求。

对于传统行业来说，转型O2O拥有线下的优势。

第一，传统企业首先有着全流程、全产品、全用户的数据采集能力。对于传统企业来说，线下部分依然是O2O实现的最终落地部分，而线下的购买和消费能够方便地采集全用户的数据，并能够全流程控制、全产品数据采集。

这样大量、全面的数据，对于传统企业的O2O十分重要，大数据的挖掘、分析将为企业提供生产、投放、营销等多个方面的指导。

第二，传统企业还能够基于回流的消费数据进行个性化应用。传统企业能够进行批量化的个性沟通，获得大数据之后，对用户数据进行详细的多维度分类，根据这些消费数据的分析和分类，便能够指导市场和销售的策略和执行。这些回流的消费数据，是对市场反馈数据的进一步营销解读，而这些反馈的数据分析，会对用户个性化营销产生极大的作用。

第三，传统企业还可以消费者为基本单位，实现企业内部整合，统一对外服务窗口。在这一概念上，传统企业能够达成简化消费和服务的流程、优化消费者用户体验。比如，南航微信服务号就能够导入乘客的数据，在航班落地后，通过服务号推送一条消息，提示乘客此次又积累了多少里程等数据，这样就是一个统一的对外服务窗口，甚至还可以通过这个服务号实现某些简单的服务，这样也可以为消费者提供更好的用户体验。

第四，传统企业的O2O价值还包括能够提供以打破线下消费局限为目的的移动互联网交易体验。打破企业与消费者的交易时间、距离、地点等的局限，让用户拥有可以买到的各种最精确的媒介，精准接触到目标人群。

精准媒介触达目标人群最大化，并能够将这些目标人群转化为微信好友，然后通过企业微信服务号为用户提供优质的移动互联网购物体验。

近年来，互联网IT企业大规模进军传统行业，对传统企业形成了惊人的冲击力，扰乱了传统企业原有的生态系统。对于以线下业务为主的传统企业来说，无法像线上一样触及用户的真实数据，也无法形成对用户的管理，同时，传统企业渠道的不可控，也造成了线上线下体系的割裂。在这样的环境下，传统企业需发挥自身的商业价值优势，以O2O实现企业的二次增长。

O2O对企业来说还有以下几个价值：

1. 营销方式

不再是只强调营销，强调销售，而是从社交互动到品牌社区的粉丝经济，然后再到O2O场景的营销，形成一个良性的消费者驱动的营销体系，更多的强调消费者的参与、口碑分享、病毒式营销等。

2. 组织调整

O2O给企业带来的组织变革将会是持续的、深远的，从一开始组织结构的调整，到进一步的重新部署，到最终磨合后的最适合当前企业的组织模式。

最大可能的情况是，O2O成为平台支撑部门，为企业所有部门和渠道提供支撑服务，而电子商务部门成为与线下销售渠道并列的业务部门，后台的财务部门可能会因为O2O的金融服务而走向一线，企业的整体构架将会重新建立构造。

3. 数据化经营

随着O2O的部署和深入，不仅是电子商务的数据，还包括社交媒体的碎片化交互数据，O2O的移动化交易数据，如果再结合手机APP的数据，线下业务系统的数据等，企业将进入一个大数据经营时代，通过数据采集、标签特征、数据分析、数据挖掘等提升企业的整体经营能力。

4. 优化链接

通过O2O的整合，企业会进一步改变供应链模式，再打造面向渠道分销和终端的流通链服务，包括平台、数据、资金等服务，同时创新O2O金融服务，从而更高效满足消费需求和终端客户需求。

9.1.3　移动互联网时代下O2O模式的优势

电子商务的传统模式一般都分为以下几种：B2B模式，Business to Business（企业对企业），B2C模式，Business to Customer（企业对个人），C2C模式，Customer to Customer（个人对个人）。然而随着移动互联网的快速发展和移动终端的普及，O2O模式开始崭露头角并且正在逐渐赶超这些传统模式。

O2O就是把线上的消费者带到现实的商店中去，先在线上支付，然后再到线下去享受服务。同时也是把线下的商务交互与互联网结合在一起，让互联网成为线下交易的前台。

这样线下的交易就能通过线上的服务来招揽消费者。消费者可以通过线上来筛选自己想要的商品，然后去线下体验以达成交易。

移动互联网的发展，O2O模式充分地利用这一点，同时又充分地挖掘了线下的资源，进而促成线上用户与线下商品与服务的交易成功，现在发展很成熟的团购就是O2O典型的代表。

O2O模式可以对商家的营销效果进行直观的统计和追踪评估，规避了传统营销模式的推广效果不可预测性，O2O将线上订单和线下消费结合，所有的消费行为均可以准备统计，进而吸引更多的商家进来，为消费者提供更多优质的产品和服务。

O2O模式打通了线上和线下的信息和体验的缓解，让线下消费者避免因为信息不对称而遭受到损失。同时实现了线上消费者“售前体验”。

还有一点是对商家的优势，商家的经济来源减少了对于店铺地理位置的依赖，在销售成本上减少了一部分的支出。O2O模式可带来大规模，高黏性的消费群体，而且能争取更多的商家资源。

对于传统行业来说，没有线上的基因是最大的劣势，但有线下的基础是最大的优势，O2O的落地还是要以线下为基础，所以对于传统行业来说，转型O2O是不错的选择。

9.1.4　具有代表性的O2O模式

移动互联网时代，PC端的互联网应用正在快速转移到移动端，这同时使得传统零售的电商模式从 PC端的B2C向移动端的O2O转换，线下高成本的体验、服务不再是网购的短板，而是跟用户互动的基础，用发展的眼光来看，基于移动的O2O模式正在成为传统企业打造新的商业模式的核心。

中国与西方的营销环境不同，包括行业集中度、商业模式、供应链控制力等，一味地照搬西方经验很难成功。无论何种O2O模式，隐藏在诸多O2O模式的背后，主要推动力量有两种：即消费者体验和营销活动。

以消费者体验为核心驱动的O2O模式，在设计O2O的时候，企业会充分考虑消费者最真实的状态并以此为出发点，而不是以强迫消费者改变原有习惯为出发点，表现出来的O2O模式往往被人们称为“全渠道零售”。

以营销活动为核心驱动的O2O模式，核心是以客流导入为主要目标设定的，往往通过某种优惠（赠品）或者电子券（二维码）的形式，以改变消费者的某种习惯和客流路径为目标。表现出来的O2O模式往往是低价大促引流。

目前国内很多企业在O2O模式的探索上还处于摸着石头过河的阶段，下面列举5种常见模式。

1. 导流模式

导流模式是指以门店为核心，O2O主要用来为线下门店导流、提高线下门店的销量。最简单的做法就是线上发放优惠券到线下使用；线上发布新品预告，吸引客户到店试穿。践行该模式的企业旨在利用O2O平台吸引更多的新客，将其吸引到门店消费，建立一套线上和线下的会员互动互通的机制。

GAP所有的门店里都有B2C网站和APP的标志，鼓励用户关注和登录，而网站和APP上也有具体门店的优惠信息和优惠券，拉动用户去店消费。该模式适合品牌号召力较强，且以门店体验和服务拉动为主的品牌。

2. 定制模式

定制模式是当一个客户在O2O平台与一个导购建立起良好的信任关系，并在未来保持这种关系，这时导购将成为该顾客的私人导购，为其进行定期的服装推荐。

一方面，企业可以通过客户的购买记录有针对性的推送商品和优惠信息；另一方面顾客可以通过O2O平台得到专业人士（导购）的指导，也可以提出自己的购买意向。而通过O2O平台预约试穿，减少了用户到店选择的时间成本。

“欧莱雅小美盒”是欧莱雅的微信服务号，与大众化妆品不同，小美盒每月会推出一个主题，并仅限本月订购，超过时间商品会下架。“私人定制”产品推出增加了消费者尊贵和独有的购物体验。

目前，欧莱雅小美盒通过其微信服务号打造了一个O2O的购物闭环。关注账户—选择商品—在线下单—网上支付（或者货到付款）—验收商品。

3. 粉丝模式

粉丝模式是以消费者为主导，利用社会化平台的粉丝聚集功能，定期推送给粉丝优惠和新品信息等，吸引粉丝直接通过移动APP购买商品。而品牌终端、专卖店等线下资源是粉丝模式中关键的一环。粉丝的销售服务、信息采集和粉丝管理将以此为中心和O2O的连接点。

过去酒店在客人离店后就几乎和客户失去了联系，但是现在通过O2O，酒店可以保持和客户的联系，通过分享该酒店的入住体验减免房费等手段刺激客户主动传播和再次入住。

现在很多酒店都已经实行在线预订到店直接入住，只需扫描二维码，无须去前台登记。通过O2O平台，酒店可以和客户更好地连接起来。

4. 体验模式

体验模式大多数为成长到一定规模的电子商务公司，为了解除消费者对网购商品“看不见、摸不着”的顾虑而开设的体验店。这些体验店一般不卖产品。

业内较早试水这种模式的是森舟茶业，森舟茶业自2011年起便在厦门开起了一间100多平方为的体验店，网购客户到厦门旅游可免费喝茶，本地网购客户若想节省运费，也可线上支付再到店内自取。

5. 托管模式

托管模式由通路快建首创，通路快建一向都是传统企业的晴雨表，总是能在第一时间了解市场与企业的变化，当然也在第一时间感受到了传统企业O2O转型的需求，于是在2014年推出了囊括线下线上的九大服务体系，为企业提供O2O体系搭建和转型托管的服务。旨在为那些想进行O2O转型，却碍于资金、技术、人员等各方面压力的中小企业提供一条O2O转型的捷径。

从线上微调研、微广告、微营销、微会员，到线下的商机孵化、招商外包和运营托管服务，通路快建将线上线下全渠道融合的事做得有声有色。

9.1.5　传统企业转型O2O的条件

传统企业转型O2O，目的是为了建立一条供应链体系，支撑线上线下两个渠道的批发分销零售业务，通过统一的供应链管理，降低两个渠道的供应链成本，提升仓储周转率，避免重复建设供应链，增加网络批发分销零售业务。

利用网络渠道把业务面覆盖更广、提高市场占有率，效率越高成本越低，完善实体店营销系统和实体店布局，避免实体店重复建设造成的浪费，打通线上线下信息，降低沟通成本。

通过网络和实体店对消费者形成立体式覆盖，建立自己的产品品牌或者渠道品牌占有稳定的市场份额。通过供应链、网络渠道、实体渠道强强结合建设竞争壁垒，形成核心竞争力。

传统企业做线上线下结合，其优势在线下，而线上线下都有劣势，优势是已经有了一定渠道基础、货源、品牌、资金。劣势是经营思维和规划的落后，供应链落后，电子化系统落后，团队渠道建设、品牌运营能力落后，电子商务团队缺失或者只是简单的零售，市场的开发缺失。

针对这些不足，传统企业转型O2O要在以下几个方面进行准备：

1. 产品线丰富

产品线丰富能提升转化率，增加客户对网站的认可，带动销售，产品线丰富可以是自己的产品也可以是整合起来的产品，产品一定是能支撑起整个体系运作的，单一产品很难实现前期盈利，只能帮助整个体系建设，如果资本雄厚也行，若是家具等客单价和利润比较高的，可以选择几个组合支撑起整个业务，之后再逐步添加产品线。

2. 实体店资源

实体店渠道是必须具备的，如果线上没有客户，线下又没有实体店资源，那么整个体系打造起来风险将极大，所以传统行业必须要在一个地区实现渠道扁平化，有当地的实体店资源作为支撑，直营是最好的，没有直营店一定要有愿意服从整合积极配合的实体店，在前期一个城市也不需要很多，根据城市大小5～10家就可以进行体系支撑。

3. 地点准备

因为线上线下这个体系很庞大，很难做到像苏宁那样一下就在全国展开，所以有必要先在一个地区一个城市进行测试，如此一来，前期地点的选择准备就很重要，包括市场成熟度，网购人群是否足够多，实体店的配合度，仓储物流，团队的组建，如果是二、三线城市团队组建周期可能会比较长，要说服人才回归还是有一定的难度。

4. 团队建设

如果传统企业没有自己的电商团队，新建的话对团队的要求会比较高。如果已有一个做一两年的电商团队，需要核心负责人对线下运营体系和独立网站比较熟悉，这不是一个淘宝京东店长可以胜任的，至少要有几年独立电商网站运营的经验，对线下渠道仓储物流有深刻理解，如果能对行业很熟悉的最好。

其次是技术方面，可能之前多半是开淘宝店，不涉及技术，所以没有技术团队，但是要做O2O，技术团队是必须有的。前期可以先简单再复杂，但是这个技术核心负责人一定要有架构师经验，这样才能根据业务对网站及系统功能进行设计，评估工作时间和成本，是选择前期外包还是自主研发。

5. 资金准备

起步资金因为各个公司基础不一样，所需资金为200万～500万元，主要差别在系统建设和会员推广上，如果传统企业之前的电子系统已经很完善，仓储建设也积累了大量的会员数据，那么在技术研发和市场推广上将会大幅降低成本。

前期如果需要ERP、网站开发、CRM、实体店进销存系统等，研发和外包成本都较高，仓库可以根据产品线由小到大，推广成本也是必须准备的。

6. 时间准备

时间也很重要，一方面是团队磨合时间，系统研发测试时间，仓储物流建设时间，另一方面是业务上线时间很重要，如果赶上旺季很容易展开业务培训时间，包括商家和人员的培训，帮助相关人员熟练掌握业务流程和系统操作、推广等，这些时间急不来，需要统筹规划。

9.1.6　O2O的切入点

总结几年以来O2O服务与改变传统行业的方式，可以清晰地看到信息技术颠覆传统行业的步伐。迄今为止，本地O2O已经出现过4个主要的切入点或者切入方式，它们分别是：品牌、交易、物流、信息管理。

1. 品牌

包括：所有的“媒体”。

创新项目：叮咚小区。

显而易见，O2O的第一个切入口是“品牌”，包含广告、媒体服务等。这是所有媒体都知道的入口，也是最浅显的入口。从这个切入点与传统行业的距离来看，这只能是“接近”。

在信息严重匮乏与严重不对等的时代，媒体的作用巨大；在信息爆炸与透明的时代，媒体价值被无限分化。

社区O2O的代表项目叮咚小区无疑用新的方式阐释了媒体的传播价值，然而也正是这种媒体思维的定式导致近期该项目遇到重大的波折。绝不要因为叮咚小区融资数亿元就欢呼社区O2O有很大价值，也不要因为叮咚小区遇到波折就把社区O2O贬得一文不值，深思这些项目深层的问题才能有所收获。

（1）摊子铺得太开。在前期案例尚不能体现规律的时候，为了占地盘而进行多城市复制。

（2）行业太广，缺乏深度。没有一个行业做专业。

（3）服务太浅，社区周边信息仅仅是信息展示与简单活动，缺乏深层次的解决方案。这背后还是固有的PC思维、媒体思维惯性在作怪。

（4）获取用户成本太高，缺乏有效的低成本推广方法。

（5）从模式来看，叮咚小区在用户层的解决方面并不差，但是向下延伸时就暴露出深度不够、商业逻辑不成熟的弊端。

从以上问题可以看出：O2O一定要与传统商业密切结合。O2O必须形成转化，而简单的品牌并不能有效形成转化，仅仅依赖口碑的闭环是靠不住的。品牌可以是O2O的一个环节，但绝不能是O2O的全部。在移动互联网时代，品牌传播已经不能让人满足。

2. 交易

包括：所有商城和团购。

创新项目：淘点点、滴滴打车、微信支付。

交易是非常容易理解的切入点，但是交易其实分为成交与支付两个步骤。交易环节是目前O2O的主流切入点。

在这个切入点中，滴滴打车是一个耐人寻味的案例。很多人不理解腾讯巨额补贴背后的意义，因为如果单纯从滴滴打车在成交过程的可能盈利来看，几十亿元估计100年都难以收回。可是滴滴打车就是移动支付用户的入口，腾讯实际买下的是用户。这批用户如果每人存1 000元结果是什么？——一家规模令人震惊的银行！更可怕的是这家银行是在几个月就建立起来的。

从品牌到交易，这体现出O2O的进步，标志着O2O深入了一步。

3. 物流

创新项目：顺风嘿店，社区001。

物流、最后一公里，这些一直就是O2O有待解决的关键问题。对于平台运营而言，物流最大的价值乃是大数据收集。对于互联网而言，物流意味着向线下再跨出一步，意味着再“土”一点。

然而，物流却造成创业项目的严重问题——成本过高。同时物流在多数人的构想之中总是被置于交易下游，其实物流还可能在交易的上游，以供应链的形式存在。可以预测，在O2O的交易、送货物流发展起来之后，必然会产生供应链物流。

4. 信息管理

创新项目：微信企业号、百度直达号。

从品牌进化到交易与物流，O2O向前迈进了一大步。但是这一步仅仅在于服务的进步——平台运营商对商家的服务的进步。而这种进步仍然停留在“皮毛”阶段，对于传统行业而言也仅仅是补药而已。

互联网转型中最大的问题是什么？是运用信息技术的能力，是思维方式的转变。在信息时代，一个企业必须通过网络重构组织，再造品牌，重新建立营销渠道，进化盈利模式。

这就是微信企业号、百度直达号的背后含义。从这一切入点来看，O2O开始切入传统行业的肌肤了！

放眼O2O的未来，是一场以互联网为代表的信息技术对传统行业的征服与革命！从切入点的发展来看，必须做到让传统行业不得不变，而不是变与不变。

所谓传统行业互联网转型乃是一个伪命题，幻想在传统商业中已经获得利益的人支持这场革命，那是绝对行不通的。互联网人应该向马云、马化腾、雷军、周鸿祎学习，做新经济的创造者。

9.2　服装行业的O2O落地化案例

近几年，传统服装零售业在电商和品牌的冲击下，线下生意逐渐惨淡，甚至频繁出现“闭店潮”，尤其是移动互联网的发展，早期以淘宝崛起的一批服装电商企业，在互联网的浪潮下，开始渐渐将淘宝店发展成微店，资金雄厚的甚至直接开发自己的B2C商城，或者采取自营的模式，亲密接触互联网，而O2O的兴起，也逐渐改变了服装零售业的版图。

9.2.1　优衣库：门店模式

门店模式是指把门店作为O2O的核心，强调O2O为线下门店服务的工具性价值，O2O主要用来为线下门店导流、提高线下门店销量。

以线上向线下导流的门店模式，主要应用于品牌号召力较强，同时销售以门店体验和服务拉动为主的服装品牌，所以手机APP的主要功能是向线下门店导流，具体模式有：门店查找、优惠券、品牌宣传等，也有手机商城，方便用户直接下单，如图9-1所示。

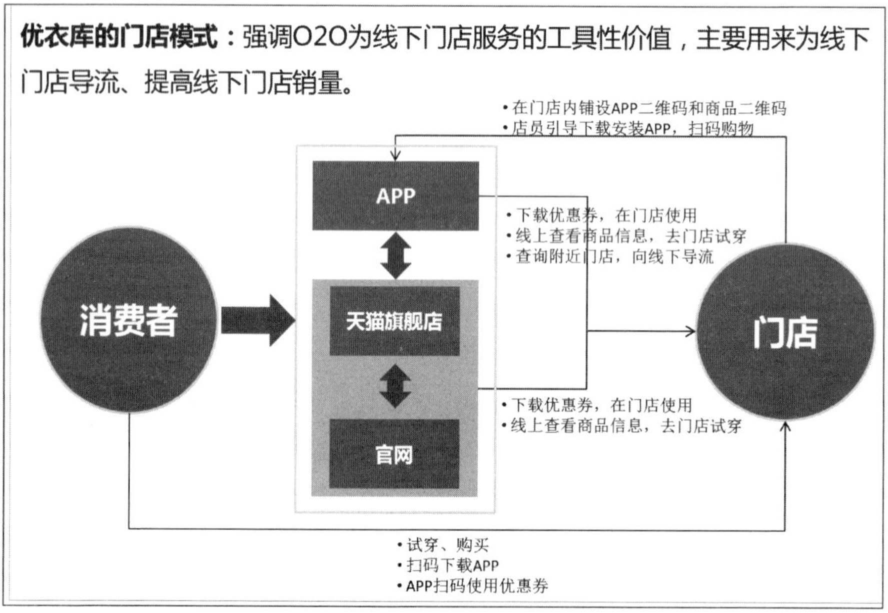

图9-1　门店模式

优衣库一直坚信实体渠道（门店）对于消费者而言有着巨大的价值，O2O的主要作用是为线下门店提供服务，帮助线下门店提高销量，并做到推广效果可查、每笔交易可追踪。早在2013年4月份，优衣库就实现了“门店+官网+天猫旗舰店+手机APP”的多渠道布局。

优衣库的APP支持在线购物、二维码扫描、优惠券发放以及线下店铺查询，其中在线购物功能是通过跳转到手机端的天猫旗舰店来实现的，优惠券发放和线下店铺查询功能主要是为了向线下门店引流，增加用户到店消费的频次和客单价。

优衣库的O2O布局简单、直接、有效，在策略方面，优衣库已经实现了线上线下的双向融合，首先，APP上所展示的优惠券、二维码都是专门为门店设计的，只能在实体店内才能扫描使用，从而实现APP直接从引流到门店；其次，优衣库店内商品和优惠券的二维码也是专门为自有APP

设计的，只能用优衣库的APP才能扫描识别，从而将线下门店里的消费人群吸引到线上，提高了APP的下载量和使用率，利用APP的优质功能，这些优衣库APP的使用者又会成为门店更忠实的消费者，从而形成良性循环。

9.2.2　绫致时装：私人定制模式

私人定制模式是指利用O2O工具（第三方O2O平台、自有APP等）建立起品牌商与消费者之间的长期联系和无缝沟通，充分利用国内微信、微淘等移动APP大入口的便利优势，结合自身的服务、体验，进行融合式的创新，为用户提供个性化的服务和体验创新。

一方面品牌商可以基于消费者过去的消费记录向其单独推送商品和优惠信息，另一方面消费者也可以主动向品牌商提出自己的个性化需求（预约试穿、送货上门等），品牌商会有专人为其提供一对一服务，满足消费者对服装品牌的“私人定制”。

绫致时装目前在积极实践中，绫致旗下品牌有杰克琼斯和ONLY等，依靠一对一的导购来提升销售额，导购服务和试穿服务相对优衣库来说更加关键，如何利用移动O2O将线上的便利性和线下的一对一导购、试穿融合，是O2O模式成功的关键，如图9-2所示。

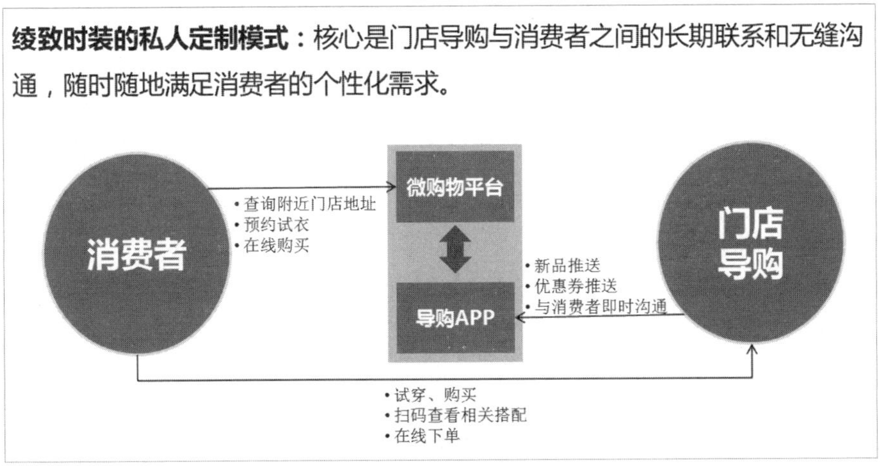

图9-2　私人定制O2O模式

绫致时装的O2O主要体现在与腾讯微生活的战略合作上，目前利用微信的公众账户+微购物平台做入口，暂时只有品牌营销、新品宣传、手机购物等功能，正在测试跟导购的一对一融合，实现在线导购、预约试衣等功能。

用户到店之后，导购人员会根据用户的需求进行服装推荐和精准度更高的导购，这种“私人定制”的导购可以让用户提前筛选服装，节省用户的时间，门店导购可以提前安排，比如选定服装款式提前准备好，导购人员还可以根据用户的特殊需求做服装的个性化推荐。

绫致时装是典型的导购驱动型公司，导购与消费者之间的亲密互动是促成门店销量的关键因素，因此微信所具有的便利的即时沟通方式、庞大的用户基础和社交关系网更符合绫致时装期望通过O2O实现“私人定制”的未来设想。

绫致时装的O2O布局非常高调，不仅有高层领导现身讲述经验，腾讯微生活也在推广微购物时将其作为成功案例加以宣传。目前绫致时装的O2O之路才刚刚起步，虽然O2O理念及未来实现“私人定制”的设想非常激动人心，但是线下零售店以体验式+导购式核心，以此打通手机互动的难度很大。

从欧美零售业移动O2O的成功经验来看，大部分用户在手机购物时选择只有两个：一是直接用手机购买，二是到实体店后用手机享受所在门店的服务（优惠券使用、精准活动、扫码查商品信息等）。

所以手机APP的功能主要包括到店功能和远程功能（手机购物、电子期刊、产品查询等）两大部分，让用户使用手机联络导购，还要预定到店服务（试穿、导购等服务），从体验上已经给用户造成了麻烦，除非从品牌选择上你是不可或缺的，相信绫致旗下品牌还无法做到。

9.2.3 美特斯邦威：生活体验店模式

生活体验店模式是指品牌商在优质商圈建立生活体验店，为到店消费者提供Wi-Fi、平板电脑、咖啡等更便利的生活服务和消费体验，从而吸引消费者长时间留在店内使用平板电脑或手机上网，登录和下载品牌自有APP，以此实现线下用户向手机APP的转化。

以“不走寻常路”著称的美特斯邦威服饰在O2O方面也多有尝试，过去半年，美特斯邦威先是与微信合作，后面又开始与支付宝、微淘合作，最近美特斯邦威提出了以“生活体验店+美邦APP”的O2O模式，并在全国推出了6家体验店。

美特斯邦威期望通过这些体验店提供的舒适上网服务将消费者留在体验店内，店内提供高速Wi-Fi环境和惬意的咖啡，有大量的公用平板电脑供用户使用，用户喝着咖啡登录美邦APP购买商品，也可在APP下单后选择送货上门，以此实现线下向线上导流量，如图9-3所示。

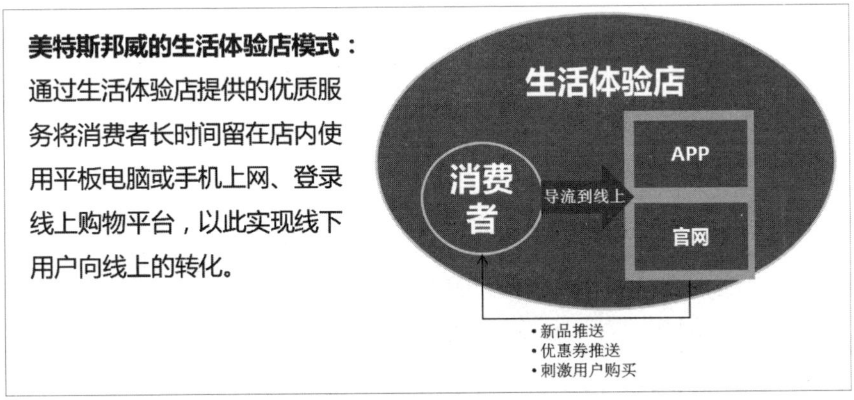

美特斯邦威的生活体验店模式：
通过生活体验店提供的优质服务将消费者长时间留在店内使用平板电脑或手机上网、登录线上购物平台，以此实现线下用户向线上的转化。
生活体验店
APP
消费者
导流到线上
官网
•新品推送
•优惠券推送
•刺激用户购买

图9-3　生活体验店O2O模式

生活体验店模式在服装零售O2O领域是一个大胆、新颖的尝试，在这种模式下，门店将不再局限于静态的线下体验，不再是简单的购物场所，而是购物的同时可以惬意的上网和休息，尤其给陪着配偶购物的男人们提供一个惬意的环境来休息，他们无聊的时候可以喝着咖啡上网，浏览一下美邦APP上的商品介绍，或者直接手机下单，快递到家里去，这会加大美邦APP的下载量，为用户的手机网购使用量和下单量打好用户基础。

美邦O2O的具体模式还在测试之中，核心是想通过O2O的模式提高门店的零售体验，同时加强线下向手机APP的导流，加强用户的移动APP沉淀，为下一步加强移动网购、互动和会员体系做铺垫。

9.3　餐饮行业的O2O落地化案例

餐饮行业正进入瓶颈期，传统转型不赚钱，又没有可持续发展的出路，餐饮行业究竟往哪里走？顾客的诉求发生了什么变化？在互联网时代下，餐饮行业该如何完成华丽转身，与时俱进呢？

9.3.1 内外兼修：小南国O2O转型

作为中餐正餐，小南国的O2O才刚刚起步，但是其实在早几年小南国就有了O2O的雏形了，小南国是比较早用400电话的，早前正餐厅很多都是单店预定，在4年前，小南国就统一开始用400电话预定，这个其实就是O2O雏形，只不过这个O不是网络，而是电话，目的其实也是为了订单管理，如图9-4所示。

图9-4 小南国

小南国很早就把整个呼叫中心系统推送到各家门店了。呼叫中心收到订单会到门店进行订单管理。过去的问题在于，整个系统还没有整合，系统早期第一阶段的目的不完全是为了O2O模式，很多是为了做会员，提升服务，以及做整个销售数据的采集和分析。

现在小南国设计了自己全新的O2O模式。内部系统上，小南国主要开发POS到CRM的整合平台。目的是为了打通未来O2O的平台，让外部系统和内部系统的结合效率提高。餐饮业IT化瓶颈比较多，POS方面到目前没有出现行业领导者，最大的只有几千万元的规模，对连锁正餐的服务能力有限。

小南国和联想共同开发整体的POS及CRM系统，打通各系统接口，提高和外部各线上平台的对接能力。原供应商系统相对封闭、接口复杂，这些都将O2O的服务过程复杂化，大大降低O2O在Offline端顾客体验的好感。理想状态是线上导入顾客、加强互动，线下辨识顾客、了解顾客、定制服务和产品反馈到线上营销，所以餐饮的O2O内功是很大一部分。

除了自身的平台之外，小南国也选择和其他平台进行合作，比如：大众点评、手机淘宝（淘点点）、微信，以及小秘书等传统订餐渠道。这些线上服务平台对于餐饮，就像携程、艺龙、去哪儿、驴妈妈对于酒店，都是拓宽顾客来源的渠道，必须要与其合作。

从真正的连锁企业来讲，尤其是正餐厅，很难说只做某一个。这些对企业来讲都是一件好事，因为在不同程度上拓宽自己的新用户源，拉近老客户的距离，从酒店业就可以看出来，酒店做到现在也会有携程、艺龙、去哪儿、驴妈妈等各种不同渠道。

这些网站对酒店来说其实就是不同的渠道，不可能某一个酒店到市场上只选择一个渠道，不同的渠道根据其身自的特色，最终这些渠道会有一些主渠道和次渠道，而小南国的餐饮将来也会演变差不多。

O2O对餐饮不管是大众点评、淘点点、还是企业自主做的微信CRM平台，这些东西都会形成一个开放的圈子，就是把顾客放入企业的资源里，但是最终的资源管理就要靠Offline的内功，因为餐饮企业和酒店相比，酒店会用订单管理，但是餐饮企业用订单来管理生意的占不到1%。未来O2O将要成为餐饮市场的重要组成部分，O2O会扮演一个重要的角色。

9.3.2　呷哺呷哺：创新餐饮业O2O模式

加入了支付功能的微信 5.0 自上线以来，对各行业的影响不断显现。在餐饮行业中，呷哺呷哺与微信支付达成合作，呷哺呷哺正式成为首家支持微信支付到店即扫、即付、即享受的商家，顾客在餐厅消费完后直接使用微信支付埋单。

此次合作，呷哺呷哺携手微信支付专享版乐享券，或将拉开双方进行资金结算等深层次合作的序幕。在活动期间，用户仅需通过微信支付 3 元，即可在呷哺呷哺上海、江苏地区餐厅享受最高 62 元的超值优惠。购买成功的用户在呷哺呷哺消费时，每次每单可用一次乐享券中的优惠。

用户仅需在点餐环节向店员出示该券，购买鱼卷、蔬菜拼盘等指定产品即可享受优惠价格。如颇受消费者欢迎的鱼卷，原价 15 元，使用此优惠券时仅需花费 7 元，或者选择获赠调料、锅底和中杯饮料等优惠产品，如图9-5所示。

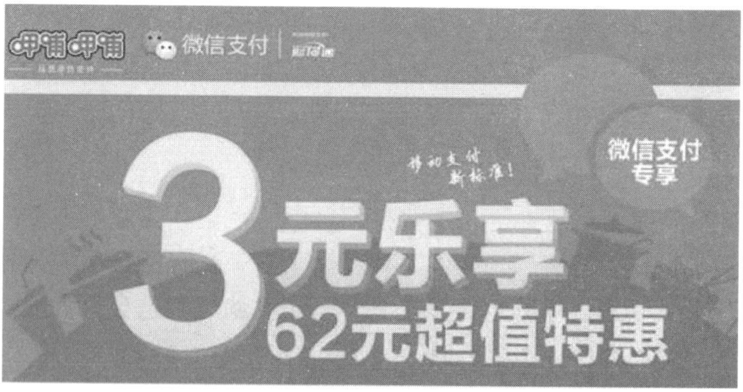

图9-5　乐享券

以往在热门的餐厅，下单或埋单往往要经过长时间的等待，这种被拉长的点餐、埋单时间，对顾客、商家双方都是一种损耗。未来，顾客将可使用微信在菜单明细上直接扫码支付，并将会员积分自动匹配到其每次的消费中。另外，商家也能通过电子化的菜单明细获知顾客的消费习惯和口味喜好，智能地向顾客推荐菜品，或不定期将打折优惠信息推荐给顾客。

微信支付正在开创一种以线上带动线下，再用线下反哺线上的 O2O 创新模式。纯粹的线下支付或者纯粹的线上支付都已经有自己的一套支付体系，两者结合后一方面能够将顾客咨询服务标准化，同时提供了非常详细的客户消费分析资料，将线下资源与网上平台实现有效对接，线上线下用户数据、订餐数据以及资金数据得到了流畅的传递和处理。另一方面有助于餐饮行业降低菜单处理成本及人力时间成本，建立良好的管理机制和服务体系，也就有可能增加翻台率。

据专业O2O研究机构品途咨询数据显示，2012年中国餐饮O2O市场规模为386.6亿元，比2011年增长87.1%；2013年市场规模将增长61.1%，达到622.8亿元。预计到2015年中国餐饮O2O市场规模将达到1 200亿元左右，微信支付的想象空间巨大。

9.3.3　爱大厨：不想做饭，请个大厨

爱大厨是基于地理位置预约厨师上门服务的移动APP平台，平台上共有1 000名厨师，另有50名全职厨师。爱大厨，旨在根据用户提供的地址，匹配周围合适的厨师，在指定的时间由厨师上门为用户烹饪饭菜，是目前国内首家提供专业厨师上门服务的APP，如图9-6所示。

图9-6　爱大厨APP

用户可以通过400电话、爱大厨APP、爱大厨微博、爱大厨微信去预约厨师，且预约有两种方式：一是指定具体某个厨师；二是由爱大厨平台为用户推荐厨师。目前，爱大厨提供以下类烹饪服务：一种是69元四道菜，另一种是99元六道菜，还有129元八道菜。食材费用并不包含在内，厨师可以帮忙代买菜，具体的菜谱由用户和厨师之间的协调来完成。

此外，爱大厨在2014年年底根据不同的使用场景，还推出了定制服务，如家宴、年夜饭、公司聚会、生日Party等。私人定制的服务较高端，爱大厨不仅派出厨师，另外还有服务经理及美女服务员，甚至还会专门配备适宜特定的餐具、餐盘，为用户在家打造五星级饭店或私人会所的感受。当然，这部分定价根据用户的需求来制定。

为打造更加流畅及舒适的用户体验，爱大厨对厨师进行了严格的把关：主要招收五星级酒店及私人会所的厨师，工作年龄需达5年及以上。爱大厨会对平台“上架”的厨师的身份证、厨师资格认证、健康证、工作证等进行备案留底，并会对厨师进行面试、试菜。另外，爱大厨还将不定期对平台上的厨师人员进行业务培训，宣布一些相关规则，也会将建议和想法与厨师进行交流。如果评价太差及在流程中发现不适合的厨师，爱大厨也将会对其下架。

爱大厨最重要的是打造线下服务体系，因为不能伤害用户。一旦伤害用户，一是用户会“吐槽”，二是用户不会再用你的产品或服务，即使你做得再好。为此，爱大厨对厨师的线下服务还做了一些规定，如厨师进门时穿上鞋套、穿着统一的厨师服饰；做好饭菜后，厨师将会收拾好厨房并带走垃圾；另因担心用户家里调料不齐，爱大厨还为厨师们打造了功能箱，内配一些基础的调料。

2015年，爱大厨在北京世贸天阶开了第一家爱大厨的体验馆，对于爱大厨的线下体验馆，爱大厨创始人的定义是：集多种功能于一体的中央厨房，会有菜品研发、招募厨师、举办活动、接受线下私人订制服务、产品展示等功能，未来还有可能做餐饮营业。

9.4 酒店行业的O2O落地化案例

O2O的概念在2011年引入中国，但直到2013年，O2O才真正被各方所重视。和PC时代不同，移动时代的O2O不仅仅是营销和销售，更多的是客户关系管理；是“点对点”的革命，O2O的目的不是为了销量，而是去获得和维护消费者。

O2O的到来对于拥有强大线下资源的连锁酒店是一个绝好的反击机会，这场借力O2O的反击战正在经济型连锁酒店中全面展开。

9.4.1 7天连锁酒店：借O2O反攻OTA

在酒店企业里边，7天连锁酒店在线上会员获取和线下服务提供上有不少独特之处。7天连锁酒店O2O的大致思路是：用技术构建强大的会员体系，优化线下服务；探索低成本高效获取会员的方式；最终线上线下结合，实现对OTA的反攻。

在酒店行业里，7天连锁酒店有自己非常独特的一点：它采取的是会员制直销模式。7天连锁酒店有中国酒店行业最大的会员规模，要做到这一点并不容易，这是其近10年下来积累的核心财富之一。也是其创始人郑南雁IT背景出身和重视会员管理的内在驱动的结果表现。而在具体的策略层面，如何低成本高效获取会员十分关键，如图9-7所示。

7天连锁酒店还瞄准了效果广告平台腾讯广点通，通过广点通做“注册新会员立享77元五星级大床房”活动，7天连锁酒店目的是从QQ空间、QQ客户端、手机QQ、手机QQ空间等覆盖中国绝大多数社交网民的产品中筛选出适合自己的会员。7天连锁酒店看重广点通个性化的方案，广告只播放给关心的人群、合适的人群，而且采用点击付费方式。

图9-7　7天酒店

7天连锁酒店透露的数据显示：在广点通分期分广告位试投不超过半个月，以约6 000元的广告投入带来了405个注册新会员。从消费角度上来看，通过投放QQ客户端、QQ空间，新增线上会员中有140人去线下酒店消费，注册转消费率高达35%，而7天连锁酒店以往用其他渠道的注册转消费平均比例约为20%。7天连锁酒店通过广点通投放广告，又刷新了一条低成本高效获取会员的通路。

7天连锁酒店为何如此重视会员，想尽办法扩展自己的会员体系？其创始人郑南雁的想法是：7天连锁酒店的竞争对手不是酒店集团而是OTA(如携程艺龙)，强大的用户(会员)规模和速度发展会是它未来对抗OAT(携程艺龙)的利器。特别是7天连锁酒店被私有化成为铂涛酒店集团的一部分后，原先7天连锁酒店的会员成为整个集团下面五个品牌共有的财富，发挥的作用更大。

原先7天连锁酒店的会员规模很大，但用户层级是和经济型酒店相配；而铂涛酒店集团其他几个品牌适合中高端有个性的人群。从7天连锁酒店固有的7 000万会员里能筛选出合适的会员去为助力其他品牌发展，但补充新鲜的会员也很关键。因此采取新型营销模式，找到合适的会员成为7天连锁酒店的重要工作，和广点通的合作就是其中的一次成功试水。

7天酒店创始人郑南雁认为，互联网思考方式不是免费和营销，也不单是建立电商网站，而是解决“连接”和“信息不对称”。和互联网企业一样，铂涛集团强调“入口”和“用户规模”：通过共享7天连锁酒店积攒的7 000万会员，以加盟而不是直营扩大规模并迅速迭代；铂涛集团未来的目标是反攻OTA。

而广点通在QQ空间引入Feeds广告形式，并在微信广告上紧锣密鼓地引入公众号投放，其O2O推广的模式及资源日渐完善，与7天连锁酒店O2O的会员思路不谋而合。

9.4.2 华住酒店：把酒店打造成IT公司

华住正在积聚所有的力量将自身打造成一家具备IT基因的连锁酒店，试图通过互联网思维的服务方式，全面提升汉庭、全季、漫心、星程、海友、和禧等旗下六大品牌的酒店服务。

华住通过官网、APP、携程、艺龙、去哪儿、微博、微信等11个互联网渠道的部署，让客户网上自助选房，通过官网和华住的APP，就能像在机场进行自助值机时选座位一样选房，不同的是客户可以看到房间外的地图、房间的建筑布局等实况。

华住的这个全面开花战略，意在利用所有的互联网酒店平台来为自身提供入口，解决线上的入口问题，大规模引流，累计会员数量。

华住在汉庭1 300多家门店推出了一项非常具分量的门店自助Check-in服务。从外观上来看，自助终端类似一台iPad，右侧带有身份证刷卡槽。顾客可以通过这台终端完成预订、选房、支付整个流程，最后到前台取房卡和发票，如图9-8所示。

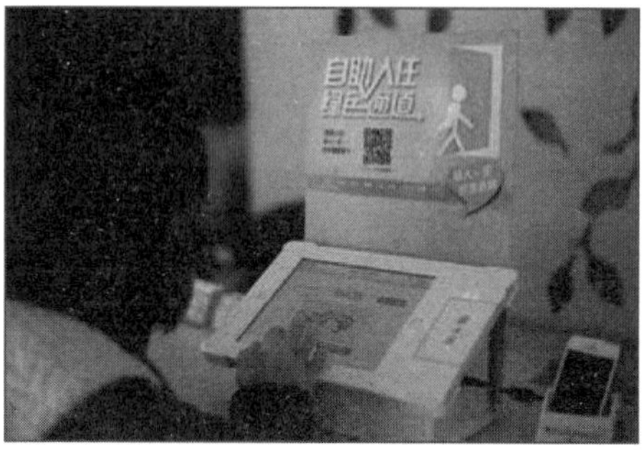

图9-8 自助服务

华住推出的这种自主终端服务，对于客户线下办理入住酒店的确是一大提升，能够让客户自主选择自己想要入住的房间，这对于华住打造O2O服务的差异化是一种非常好的体现形式。

通过借助互联网技术，打造等边三角形O2O2O服务，第一条边是利用互联网渠道，向用户传播、销售线下产品和服务；第二条边通过在线为用户提供产品和服务；第三条边通过企业自身提供线下产品和服务。

从华住的等边三角形O2O2O服务战略来看，的确是非常好的将线上与线下结合了起来。不过在提供什么样的线下线上产品与服务等方面，目前还没有看到华住有非常强力度的落实。

9.4.3　布丁酒店：利用互联网思维逆袭

在如家、汉庭受困于盈利和入住率的时候，还有一家经济型酒店在稳健成长。创立于2007年的住友酒店集团，2014年上半年营收同比增长50%，利润同比增长300%，预计2014年收入将突破10亿元。该集团旗下的布丁酒店店面数达到350家、智尚酒店6家、漫果连锁公寓2家（均含筹建）。而在2013年，该集团门店数达228家，年收入5.1亿元。

经济型酒店已进入国美、苏宁走过的阶段，即：只有通过大规模开店才能获得持续的收入增长。但是大规模开店牺牲了单个门店的经营质量。如今国美、苏宁陷入转型困境，实际已给予经济型酒店行业以启示。布丁酒店试图以互联网思维作为突围之利器。

布丁酒店建立之初将目光瞄准了1985年以后出生的人群。这是一群刚刚走向岗位、甚至还在学校读书的人。这群人有四个特点：第一，生于、长于互联网；第二，爱玩、新潮、理性；第三，对房间面积并不是特别在意；第四，可以接受新品牌。

布丁酒店便是基于这四个特点建立起来的。布丁原意POD，就是豆荚，小的意思。布丁酒店的布置除了照顾功能性之外，更在意体验的营造，颜色都非常跳跃，有苹果电脑，有高速Wi-Fi，有不一样的设计。相反，在房间面积上则相对缩小，甚至有上下铺的设计，如图9-9所示。

布丁酒店是一家外表肆意张扬，却又处处节制的酒店。布丁酒店的租金成本会低于其他连锁酒店。一是在物业面积的选择上，其他连锁酒店都要在2 000平方米以上， 布丁酒店只需800～1 500平方米即可；二是地段位置的选择上，其他连锁酒店都会选择金角银边的位置，但布丁酒店会选择整体交通比较便利，不一定是沿街的物业。对于“85后”来说，繁华热闹并不是第一需求，“85后”有很多爱好，但很宅。

布丁酒店的人房比是1：7.5，其他连锁酒店一般在1：4.5。相较于其他经济型连锁酒店，布丁的总体运营成本低10%～15%。低成本的运营使得布丁从一开始就是赚钱的生意。朱晖认为这是实体生意得以持续发展的前提条件。

图9-9　布丁酒店房间

布丁酒店的商业逻辑是：锁定用户，为其定制产品，然后经营用户，客户喜欢什么，就到哪里去。真正地服务好“85后”、“90后”这群人，例如“85后”、“90后”爱用小米的产品，那么布丁酒店就成为第一家可以在小米电视上下单的酒店。“85后”、“90后”是互联网的原住民，所以布丁酒店不仅提供他们需要的住处，更知道利用互联网工具吸引他们进来，黏住他们。

布丁是第一家免费高速Wi-Fi全覆盖的经济连锁酒店，第一家与淘宝旅行社合作，第一家使用NFC技术自助Check-in，第一家与微信合作，提供微信订房功能，在百度地图上第一家上线集团直销，第一家上线支付宝钱包公众账号服务的酒店等。

利用互联网吸引用户，这是做好商业的首要因素。仅次于它的是产品思维，将用户吸引来了，一定要用超预期的产品体验黏住他们。从而诞生了第三个关键因素——口碑思维，让用户觉得好，并让他有通道去参与、去传播、去说。而这三个层次恰好就是互联网思维的内核。

从某种意义上来讲，布丁酒店一直是在用这种思维经营实体产业。2012年11月12日，布丁建立了微信公众号。这个公众号不仅可以下单、“零秒退房”，更有趣的在于它的互动性。人工操作的“阿布”卡通人物，每天会发布一些主题用来调动用户的参与感。

“阿布”发了一条“阿布失恋了419求安慰”，半个小时内竟有5万人次参与，收到千条回帖。“阿布”上传了一个门店前台妹子的照片，并写上“放开那妹子”，随后便有1 000人去酒店找这个妹子。在布丁微信公众号内，用户甚至自发建立了“聆听微电台”，上传好听的音乐等，实现了社区UGC模式。

布丁微信公号已经有106万粉丝，粉丝活跃度为35%，每天产生500单左右的订单，重复购买率达45.7%，推广费用则为零。因为微信和布丁锁定的用户是匹配的，所以才有那么多的活跃用户。

在移动互联网领域，住友酒店集团已形成了一个产品群，布丁、智尚、漫果各自都有微信公众账号，用以细分品牌，但还有一个独立的APP客户端，所有移动端的流量都会汇流至此。目前，来自移动端注册用户为140万，每天的订单量已达5 000多，同比增长12%，占整个在线订单量的65%左右。

用移动互联网产品经营用户，并将用户导流至实体门店，这是典型的O2O特征。但住友酒店更大的理想是：在O2O的时代做好布局，最后过渡到C2C的时代，让用户自己来维护产品、吸引其他用户。

9.5　化妆品行业的O2O落地化案例

随着O2O热潮，化妆品市场也掀起了一场O2O狂热模式，传统化妆品企业趁势而起，然而，在布局O2O的过程中，化妆品企业遇到了种种难题，毕竟传统企业还未能领略到互联网思维模式的精髓，化妆品行业要如何让O2O落地呢？

9.5.1　欧莱雅：借力O2O开拓中国市场

2014年，欧莱雅集团旗下“欧莱雅小美盒”的微信服务号悄然上线。“欧莱雅小美盒”上线伊始，立即引起业界的关注，移动电商领域的专业人士敏感地意识到，这个能够在线购买定制化妆品套餐的服务号并非简单的客服端口，而是结合产品策划、营销、客服、在线支付以及供应链为一体的综合解决方案，在其背后暴露出欧莱雅发力移动电商的决心。

新媒体时代下，一场数字化革命在欧莱雅集团全面铺开。欧莱雅中国提出了“SOLOMOCO”的目标，即更加社交化（social）、本土化（local）、移动化（mobile）和电子商务（commercial）。而微信支付功能的开通使得上述SOLOMOCO构想成为现实，如图9-10所示。

图9-10　微信购欧莱雅小美盒

欧莱雅小美盒（My Beauty Box）是一个专注于顶级护肤品试用的私人礼盒。与欧莱雅集团旗下的大众化产品有所不同，欧莱雅小美盒销售产品采用“私人定制”的模式，每月推出一个“主题小美盒”。当月“主题小美盒”仅限在本月订购，超过这个时间商品就会下架，这给消费者“过期不候”的限量版体验，增加对品牌的认同感。

值得一提的是，在欧莱雅小美盒的微信服务号上，记者还看到专门给男士准备的“男士小美盒”。当下的“男士小美盒”的主题是：男人活力启动。

为了增加购物体验，盒内还赠送一款神秘礼物以增加消费者的期待感。营销玩的就是心理学。私人定制产品的推出增加了消费者尊贵和独有的购物感觉。这在未来化妆品市场将是大势所趋。

在不同开放平台做电商的品牌商有一个共同的难题，就是整合会员的问题。一些品牌商为了扩大市场份额，在天猫、京东以及淘宝上都开设有商城，如何将这些来自不同系统、平台的会员整合起来，是品牌商最为头疼的问题。

以欧莱雅小美盒为例，它的做法是，建立自己的CRM系统，将来自不同平台会员信息保存到CRM系统数据库，然后将自己的CRM与微信公众号进行IT层面的对接。这样做就相当于将所有的会员掌握在自己手中，即便哪天有了新的平台或者技术革命，也可以将信息嫁接过去，对品牌而言，客户流失并不大。

微信公众平台只是一个接口，背后则是巨大的技术工程，Html语言、Flash以及应用程序都能被嵌入其中。关注账户—选择商品—在线下单—网上支付（或者货到付款）—验收商品，目前，欧莱雅小美盒通过其微信服务号打造了一个O2O的购物闭环。在这一条看起来简单清晰的逻辑链条背后是复杂的信息流及物流处理过程。

9.5.2　理肤泉：微信O2O模式实践

2013年6～7月，理肤泉发起舒缓喷雾50ML装小样派发活动。此次活动突破了以往的小样派发模式，运用了微信服务号，优化派发流程，有效提升了消费者体验以及用户信息与反馈的获取。这是化妆品行业首例微信智能系统应用，堪称目前微信O2O模式的领先范例与实践。

此次活动将线上小样申请与线下到店领取流畅的串联，同时把线下的消费者信息再通过线上返回品牌的数据库中，实现了O2O闭环。

活动应用了微信智能系统作为面向消费者的直接窗口，有效地把小样申领的关键步骤进行有序地联结，从而使消费者获得了更新鲜、更便捷的互动体验。同时微信智能系统将与消费者的交互与企业内部系统进行了紧密地串联：将收集的用户信息汇总到企业CRM系统，为后续营销开展提供了便利；将消费者的行为反馈到ERP和SCM系统，优化了库存管理与资源配置，如图9-11所示。

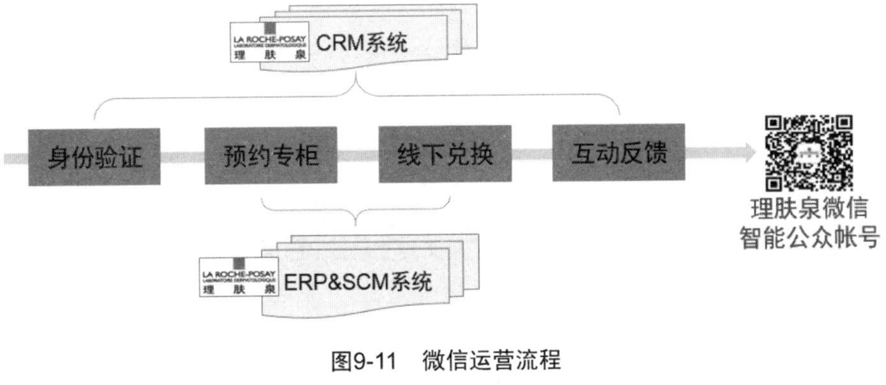

图9-11　微信运营流程

将企业的外部应用（微信）与内部应用（CRM系统、ERP、数据库等）进行了整合。从企业内外部系统提取有用信息，再通过微信平台提供给消费者，满足消费者的需求，创造了客户价值。如此便形成了由外向内再由内及外的闭环，将企业与用户联系起来，如图9-12所示。

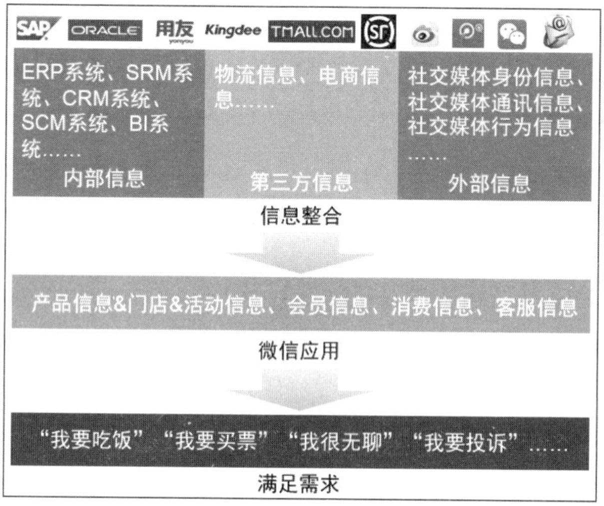

图9-12　外部与内部信息结合

一个企业无论规模大小，总会涉及一些内部信息如CRM、商业智能等，第三方信息如物流、电商信息，外部信息即来自社交媒体的消费者身份、通信、行为信息。将这些信息进行整合，转换成面向客户的信息就是各种商品信息、优惠信息、服务信息。能够实现的客户价值就是满足客户对衣、食、住、行等各种商品和服务的需要，以及获得保障的需要。

实现消费者价值始终是营销的终极目标。科技、媒体、工具等的不断发展为营销人施展拳脚提供了更多空间、为营销与服务形式创造了更多可能。尤其是大数据的兴起、信息传播的快捷与移动性，已经开始并将更深远地影响到消费者和营销。唯有紧随趋势，甚至领导潮流的品牌才能在新格局下取得成功。

9.6　零售行业的O2O落地化案例

移动互联网时代的到来，O2O模式的兴起，让各个行业不得不走向转型的道路，零售行业也不例外。目前国内百货企业采用的“O2O”模式，无论从运营重点还是概念本身，都比较具有中国特色。下面介绍一下零售行业的O2O模式。

9.6.1　上品折扣：O2O全渠道营销

2014年4月25日，上品折扣杭州微信体验店的创办，标志着这家商场在一定程度上抛弃了传统付款模式而以微信取代。顾客只需扫描商品对应的二维码即可生成订单并用微信支付。当交易完成后，网店与实体店的库存量都会同步减少，如图9-13所示。

图9-13　上品折扣店

这家微信实体店也因为将微信平台上庞大的用户群与移动支付功能结合起来而被冠上“未来商店”的名字。借助微信实现O2O并非是刻意之举，而是因为技术和消费者行为同时发生了变化，上品要适应全渠道零售。

早年的上品折扣与多数传统百货商场一样，除了折扣外，在售卖模式上并没有太多差异化的特点。其网站上线后，不仅从库存到物流实现了动态追踪，单品管理模式也帮助商场更好地进行营销。

单品管理是使每一件商品纳入货品管理系统，做到线上—线下统一库存。与多数传统百货相比，上品折扣有着小体量的SKU，能够细化到各个品牌下的每件商品，单独进行配置、物流管理。上品折扣通过引导数据接入与跟踪刷新了其管理模式，但多数百货商场因为庞大的SKU，只能采取粗放型的商品管理，对每件商品的走向也不得不进行“放养”。

现在移动端、O2O对电商的贡献正在上升，上品折扣的做法有助于让交易形成闭环。顾客从选购、支付到晒单可以完全脱离烦琐的开票付款环节。但目前人们的移动支付习惯还停留在小额支付上，完全培养起用户的移动支付习惯还需时日。

9.6.2　沃尔玛：推出O2O服务平台速购

5月26日，沃尔玛在深圳推出O2O服务平台“速购”，包括手机APP“沃尔玛”、门店自提的“速购服务中心”。这一电商平台将先在深圳23家门店试行，覆盖除盐田和大鹏两个较偏远的郊区之外的深圳所有区域。

目前，沃尔玛APP上线初期可以提供生鲜食品、粮油干货、个护美妆、家居清洁约1.3万种商品，包括1 000件时令生鲜、乳制品和冷冻食品等，线上线下价格保持一致。

在APP上，11点之前下单，当天即可收到，如果选择自提，4小时之后可以自行选择沃尔玛门店自提，自提区域设在每个沃尔玛门店出口附近，并配有保温措施。

沃尔玛中国大卖场电子商务高级总监博骏贤（Jordan Berke）告诉界面新闻记者，未来沃尔玛会根据顾客体验调整升级服务，在深圳试运行数个月后，再将这一业务推广至其他城市，具体推行到其他城市的时间表目前并没有确定。

外资零售商基本都开通了线上业务，大润发在2013年年底上线了自有电商飞牛网，在华东试运行一年后扩张到了全国范围，最近还收购了高端生鲜电商网站甫田网。麦德龙也在此前试水了多种线上渠道，包括自有电商平台，在天猫上开店，与社区电商社区001合作等。家乐福也将在6月份上线自己的电商平台。

此前，沃尔玛门店已有送货到家的服务，不过只针对门店两公里范围以内的购物者，而且购物者必须自己到店挑选商品，满188元可以提供送货上门服务，未满188元需要5元运费。

APP上线后，购物者可以不受限，在除了盐田和大鹏之外的深圳所有区域均可购物，O2O的免运费的门槛同样是188元，188元以下则收取18元运费。这相比大润发的电商平台飞牛网，运费门槛几乎高了一倍，飞牛网目前是购物满95元可享受免运费。

188元的门槛并不难达到，在沃尔玛电商平台上，大件商品和进口商品非常受欢迎，例如在实体门店热销的英国进口阿斯达全脂奶整箱（1L*6）在测试中也很受欢迎，而且购物者在APP平台上对进口商品选择频次是线下的4倍，这些都使得购物者能够轻易达到188元的购物门槛。

跟大多数实体超市电商业务方面类似，沃尔玛也在配送环节选择第三方物流，但沃尔玛为了保障顾客获得良好的购物体验，在配送时会随车跟一名沃尔玛员工，并由这名员工亲自将商品交至顾客，这一路上，沃尔玛会用冰砖、保温袋等对有温度需求的商品进行保温。

在开通APP之前，沃尔玛在每个门店都专门成立了一个负责O2O的团队，并对其进行了12周的培训，包括如何挑选货品，比如鲜食产品，会挑选距离保质期最长的商品，这借鉴了沃尔玛在美国、英国的电商经验。而这些在沃尔玛此后进行的大概2 000次配送测试中，满意度颇高。

至于沃尔玛此前通过收购方式涉足电商的1号店，沃尔玛中国区CEO柯俊贤表示，1号店是沃尔玛非常强的合作伙伴，这两个渠道各有优势，1号店的商品和品牌更丰富，而沃尔玛速购则是更为闭环的服务，配送速度也更快。

9.7 旅游行业的O2O落地化案例

随着中国居民收入逐步提高和对旅游休闲的重视程度大幅增加，居民对旅游出行的需求迅速增长。近年来，移动互联网发展方兴未艾，移动互联网确保用户随时随地使用在线旅游服务，极大拓展了在线旅游市场消费空间，成为在线旅游市场发展的强刺激因素。同时也为旅游O2O市场高速发展提供坚实基础。

9.7.1 携程旅行网：一站式O2O旅行体系

在北京举办的“无线应用，无限旅程”发布会上，携程旅行网发布集团旗下的无线应用群产品，包括携程无线、携程特价酒店、携程旅游、驴评网、铁友等无线应用，由点到面，以应用群构建一站式O2O旅行服务体系，提供移动人群无缝的旅行服务体验。

携程无线是一款功能丰富的产品，专注于国内外机票和国内酒店、当地游的查询和预订，功能还涵盖高铁查询与酒店点评，并提供前序航班等航班动态增值服务，便于旅客掌握时间，安排行程。

携程特价酒店则是一款酒店类的细分市场应用，除常规预订外，还提供惠选酒店与团购酒店两种特色产品。惠选酒店是一种隐藏名字的创新预订模式，让旅客能以二星价格入住四星酒店；团购酒店则以最低1折起的超低折扣，网罗全国201个城市的酒店，每天在线数逾400家。

携程旅游的最大亮点在于LBS与社交分享元素。考虑到景区游览是旅客在目的地的主要需求，携程旅游被规划成为旅客的目的地度假指南；该应用能通过手机定位技术判定用户位置，从而展示周边旅游资讯，并实现用户和景点之间的导航；旅客还能将在相应景点的旅游照片与评价感受，分享到新浪微博等社交网络。

驴评网与铁友是携程旅游集团下的产品。驴评网拥有超过250万条点评内容，用户可使用快搜或手机定位技术，迅速、准确地找到好评酒店、景点、问答，以获取旅游建议。

驴评网另一应用：城市指南，精选热门城市的全方位旅行指南信息。铁友囊括了国内所有高铁和火车的时刻和票价信息，提供全国高铁和火车票查询与代购服务，是商务出行的首选，程序操作与预订也简单方便。

9.7.2　途牛：O2O颠覆传统旅游业

在线旅游的代表携程、艺龙、途牛等都是O2O模式的实践者。所不同的是，途牛利用互联网思维的方式颠覆了传统旅游业，把传统旅行社的产品搬到网上销售，并最终将1 400多人的途牛公司带到纳斯达克，创始人于敦德一跃成为中国为数不多的“80后”上市新贵。

途牛成立于2006年10月。当时机票、酒店的预订已经在携程、艺龙的带动下完成从线下到线上的转移。此时的途牛为旅行社提供展示平台，从社区转型到卖旅游产品，途牛完全是旅行社代理商的角色，走平台模式。

之后，途牛将平台模式改为自营模式，尝试“互联网+呼叫中心+落地”的业务模式。途牛网不再单纯当搬运工和旅行社的流量入口，而是采购旅行社产品，卖给消费者，消费者跟途牛签合同，在游前、游中、游后的整个过程均由途牛提供服务。同时，设置线下服务中心，采取7×24小时的客户服务。

途牛网慢慢成为一家真正的在线旅行社，拥有自己的品牌，消费者找途牛直接签单，途牛给予消费者产品和服务质量的保证。2011年途牛学习和借鉴相对成熟的制造业、零售业、服务业等的经验，用来改造传统的旅游业，实现跨界整合，为后来人树立了互联网思维的新标杆。

途牛和苏宁有很多共通之处，如都是属于零售品牌，需要采购上游的产品，需要打通供应链，需要把控供应链质量，所以，途牛吸纳零售业的采购人员、制造业的质量工程师团队入伍，和供应商一起开会，帮旅行社解决内部的供应链问题，对订单管理流程和产品质量加以控制。

在服务流程体系搭建过程中，途牛学习制造业的流程和方式。比如，将订单的生成拆解为多个细分步骤，从订单询问到接单、接出单通知书、回访等，每个步骤都设专人负责。工厂式的流水线作业让订单管理的效率大大提高。

在服务质量控制方面，途牛也有其他行业的天然经验可循。第一，借鉴服务业的管理经验，在付款环节加以控制，如果旅行社没有按照国家相应的标准提供服务，导致用户体验下降，途牛会有相应的扣款标准。第二，像实物电商搭建点评体系一样，途牛有一套用户点评体系和信誉体系，如果好评率低于75%的产品，将被迫下架。出于产品销量考虑，旅行社都非常看重用户的点评。

尽管有跨界经验可循，但毕竟休闲旅游行业又极具独特性。行业标准化低、自动化程度低，这成为整个行业面临的最大挑战。多少年来，用户一直在消费体验非常差的状态下预订度假产品。要改变消费者的价值体验，首先需要从旅游产品上下功夫。

相比携程、艺龙的酒店、机票等标准化产品而言，休闲旅游度假产品是复杂程度最高的产品之一，因为它卖的是打包产品，除了包含机票和酒店外，经常还包括门票、导游、领队、服务、车、餐饮等各种项目的打包。

面对如此复杂的旅游产品，经过反复尝试和改进后，途牛的系统能将产品划分成三个维度：出发地、目的地、品类。三个纬度相互交叉组合，能构成不同的产品线，形成不同的价格，而且价格能动态变化。产品线不同，订单处理的流程也不一样。

途牛一直以典型的O2O模式经营着休闲旅游产品，线上引流量，线下做服务。但是他们以跨界融合的宽阔视野，运用互联网思维，彻底颠覆了一个传统产业的旅游业，创造互联网环境下的又一个商业奇迹。

9.8　其他行业的O2O落地化案例

除了以上传统行业纷纷向O2O转型，还有一部企业居安思危，试图突破现状，与时俱进，也走上了O2O这条路。

9.8.1 中国银联：推出银联钱包

总公司拨了一亿元，每家分公司还单独拨费用，总投入为2亿元左右。银联拨出了“史上最大手笔”的营销费用支持“62儿童消费节”活动，而该活动的线下部分则是通过“银联钱包”实现。可以说是“银联钱包”首次“亮剑”支付市场。

这次市场行动被视作银联蛰伏多年第一次大动干戈主动出击市场，更被认为是其与支付宝以及万事达、Visa等竞争对手的一次正面交锋。区别于支付宝等各类“钱包”，银联该产品的主要模式在于利用其大量的银行卡端资源，整合用户和商户资源。其定位在于一个开放式、平台型的营销工具，发卡银行、收单机构、商户、生活服务机构都可以接入“银联钱包”，使用这个工具。

无须出示优惠券，只需银联钱包绑定银行卡，这样刷卡时直接刷掉的就是优惠金额，银联钱包省却了出示优惠券、记录优惠券或者扫码的环节，便利了消费体验，并在极大程度上提高了精准营销的效率，银联钱包的模式及定位在此前市场上并无先例，如图9-14所示。

图9-14 银联钱包PC首页

目前，“银联钱包”用户数量达百万级别，覆盖全国数百个知名品牌，入驻商户过万，其中包括壳牌石油、屈臣氏、国美等众多知名实体商户。据银联人士透露，该产品的另一模式是优化的积分功能，更可累计积分在1号店、京东商城等知名的电商使用。

“银联钱包”同时新增了短信和微信注册和使用功能，用户使用后还可以添加并分享评论，完成口碑营销。届时持卡人无须携带纸质优惠券或实体积分卡，只需事先注册并绑定“银联钱包”，即可直接享受优惠。

从目前的市场来看，和手机支付相比，持卡人更习惯于刷卡，也更加认同刷卡的安全性，刷卡“脱媒”是一个漫长的过程，因此，银联钱包的第一步还是需要做好O2O的对接环节，优化客户体验，并提高产品覆盖率。

9.8.2　合生元：华丽转型背后的秘密

合生元是一家传统的婴幼儿营养品及护理品制造企业，专注于为中国妈妈们提供全面的育儿解决方案。合生元建立了专门的会员服务品牌妈妈“100”，为会员提供育儿咨询和培训、积分兑换、O2O订购等服务，在多年时间里培养了大量的忠诚会员。

合生元将旗下四个产品品牌的会员统称为“妈妈100会员”，将所有门店称为“妈妈100会员店”。到2014年6月30日，妈妈100活跃会员近200万，这些活跃会员贡献了合生元总销售额的84%。

2013年9月，合生元启动了一个名叫“天下金蛋”的项目，正式构建了线上下单，门店送货的O2O模式。会员和消费者可以通过妈妈100APP、妈妈100微信公众号、天猫、京东等订购平台下单，然后由线下门店直接送货上门。

合生元在妈妈100APP和微信公众号平台上设计了很多“有用、有趣、好玩”的东西，比如妈妈圈、天天赚、睡前抢、精明团、兑兑乐等。截至2014年11月中旬，妈妈100APP用户及妈妈100微信公众号粉丝人数总计250万，其中每天APP和微信公众号的活跃用户达11万。这些线上活跃用户每天下单超过5 000单，如果有促销活动，大概会超过10 000单。

为了吸引更多的新客户，合生元还在天猫、京东等第三方主流平台上开设了旗舰店，销售公司的全系列产品，并且实行线上线下同价。不仅如此，合生元还将这两个旗舰店也纳入妈妈100O2O电商平台，实现“线上下单，门店送货”。

具体而言，合生元将自己的ERP系统与京东和天猫的ERP系统对接。消费者下单后，订单会自动转到合生元的ERP系统，然后被推送到线下门店送货，门店再将送货信息通过对接的ERP系统反馈给京东和天猫。

换句话来说，对妈妈100O2O电商平台来说，京东和天猫的旗舰店就跟妈妈100APP和微信公众号一样，都是订购和接单的渠道。唯一不同的是，妈妈100APP和微信公众号上的订单都是货到付款，货款直接归送货的O2O会员店所有，而两个旗舰店上的订单都是在线支付，然后由合生元按T+1与送货门店结算。

2014年11月，合生元宣布开放妈妈100O2O商家中心平台，面向婴童渠道开放会员、商品、营销和支付。平台优先向O2O旗舰店开放，帮助它们实现线上线下一体化经营，今后会逐步向更多的婴童店，甚至向整个母婴行业开放，从而打造成一个母婴行业垂直电商平台。

第10章

商业地产
——实现O2O流通是落地核心

10.1 商业地产如何接招O2O

地产大佬王石的一段狠话，在网络上流传很广：“淘汰你的不是互联网，而是你不接受互联网。是你不把互联网当成工具跟你的行业结合起来。最终淘汰你的还是你的同行。”

如今，不仅是万达、银泰、中粮这样的商业地产翘楚在谈论O2O，称霸一方的宝龙地产、香港地产大佬旗下的新鸿基，甚至一些区域性的购物中心，都不敢怠慢，或设立相关部门开展自建，或敞开大门寻求合作。几乎所有的从业者都已经意识到，商业地产的未来，将是得O2O者得天下。

10.1.1 商业地产开启O2O时代

如果说一年前商业地产和电商孰领风骚还值得一赌，那么在互联网思维全面颠覆传统商业逻辑的今日，这样的争论已经无从谈起。

朝阳大悦城因其O2O前沿尝试成为业内明星，阿里和银泰在2015年年初签订战略合作引得四座皆惊，国内商业地产万达从与电商水火不容的竞争姿态，到斥重金自建电商平台，再到发布与百度、腾讯共建电商公司，就足令观者意识到商业地产商与互联网大融合的态势。

中国作为新兴市场，购买力在不断上升，地产商在上一轮房地产繁荣周期中又积累了大量财富，这使得中国的商业地产商成为全球最有动力尝试O2O运营的群体。在这样的环境下，即便是“摸着石头过河”，商业地产O2O的洪流还是势不可挡的袭来了。

与线上的公司相比，线下的商业地产公司具有如下特征：

（1）激励消费因素充分，消费者可以通过消费相互激励，从而受到场所营造的氛围激励，产生消费。

（2）除了满足一般的购买需求外，商业能够承载更多的交往功能，使得购买体验赋予商品更多附加价值。

（3）购物中心商业位于“风口”，有自然的人流进入；而电商为吸引人到达，目前所采用的方法一是低价策略，二是情感拉动策略。

2013年，传统的商业地产企业与互联网公司开始从竞争走向融合，商业地产O2O这一新型商业模式逐渐成为热门词汇。但是，如何真正实现全渠道的打通，商业地产的运营者以及各个零售品牌商家仍面临巨大的挑战。整个行业普遍还处于探索的阶段。从目前的实践经验来看，O2O的模块搭建，基本构成主要包括以下三个组成部分：

（1）硬件设备层：为购物中心O2O化提供必须的硬件支持，首先是构建商业Wi-Fi，在这里，Wi-Fi除了为消费者提供基础服务外，也是营销及采集消费者位置信息的工具；其次是智能POS机，安装此类POS机的主要目的是为了采集消费数据，同时打通数据接口，方便实现会员积分等服务。

（2）软性服务层：为购物中心的商业管理公司、各经营商户提供营销、数据分析、交易的通用平台。主要包括统一会员系统，多渠道获取会员，通用的会员权益和成长体系；数据平台，是指结合顾客的行为轨迹、交易数据和网上行为的数据分析平台；营销后台，主要是主管活动与各类优惠券的发布审核；交易平台，通常是指支付与代金券的交易系统；而财务后台，是指管理个人余额账户和各类积分代金券。

（3）消费用户层：为购物中心消费者提供便捷、有趣、个性化的产品应用。根据不同购物中心的特点和需求，制定个性化的产品，吸引消费者成为会员并维系他们。这其中可以是服务为主，如地图导航，反向寻车等，也可以是营销为主，如现金券、优惠券的发放与核销等。

基本的O2O架构搭建好之后，O2O的运营还要经过以下几个环节，才能实现线上线下交互渠道的畅通和共赢。

（1）把握用户和流量。对于购物中心而言，周边一定区域内的所有潜在消费者都是用户，购物中心应该通过线上和线下，与它们建立有意义的联系。线上入口，即Wi-Fi、微信、APP和手机网页，通过这些入口可以吸引用户，线下即商场活动、POS机和逛店行为。

（2）大数据为基础。主要是指注重线下行为数据的收集、数据清洗、梳理线下行为数据和交易，网络数据的关联，最后形成指导运营的模型。比如消费模型、营销模型、招商模型等，以此给每个用户打标签，将其个体化。而后针对不同用户的需求，个性化定制服务，最终达到精准营销的目的。

（3）运营是关键。这种运营由数据进行驱动。例如一些关键指标通过数据进行制定，注册用户数，线下、线上活跃度，O2O对最后消费的影响。在具体运营实践中，商业地产必须通过线上线下的活动，累积用户，再利用每个用户的个体分析，针对他们做营销，循环获取用户和数据。

（4）商场的O2O要勇于开拓超越零售的新商业模式和盈利模式。

要实现以上四点，对于传统购物中心来说，还是个比较大的挑战。

10.1.2　三个阶段去实现商业地产O2O

线下传统行业都在积极推进线上线下的融合。传统行业中本地生活服务O2O市场起步较早，发展相对成熟，未来本地生活服务会朝向移动端、垂直化发展。零售业也开始逐渐寻求线下线上资源的优化整合，进行O2O的转型，移动互联网时代的来临，让实体商业也走上了转型的道路，迎接O2O的洗礼，商业地产也不例外，商业地产的O2O该如何实现呢？

商业地产的互联网改造，不仅仅是简单地对互联网技术或者某一个模式的应用，商业地产应对互联网化，最根本的是建立有价值的服务体系，同时培养理解互联网的运营团队，共同协作才能把O2O做好，具体如下。

1. 购物中心要有开放合作的态度

建立连接网络是做O2O核心，其次是要有大数据驱动这个连接网络提供服务，进行沟通。目前存在的连接模式主要有以下三种：

- 一是消费者能够单向通过连接点获取服务，但商家不知道连接方是谁。
- 二是消费者能够连接到商家，商家也能连接到对方，但商家还是不知道对方是谁。
- 三是相互知道对方身份的连接。

这三种连接方式都需要提供和维系的。但是购物中心封闭地建立和维系这些连接端口，是非常困难并且成本昂贵的。大数据的建立及分析方面，购物中心获取的数据，也需要和商家、社区等渠道数据共同协作才能有效发挥价值。

2. 建有价值的服务体系

商业地产应对互联网化，最根本的是建立有价值的服务体系，同时培养理解互联网的运营团队，才能应对不断变化的移动互联潮流。

3. 三阶段实施商业地产的O2O

商业地产应如何分阶段实施O2O？不是一个IT系统的阶段实施，而是商业地产行业向互联网进化的过程。互联网化的过程，随着技术的发展是不断改变的。

第一阶段，培养团队为首要任务。系统上初步打通商家与消费者的连接。利用技术手段改善购物的现场体验，同时培养一批理解互联网，有创新能力的商业运管与策划团队，只有他们才能决定后续发展的形态。

第二阶段，完成互联网化的会员体系，对商家和消费者进行精细化管理，完善连接网络与标准化的服务体系。

第三阶段，建立大数据应用能力。以大数据驱动连接网络的运转。并将连接网络外延至其他互利合作的渠道。例如社区、商圈、其他专业化O2O服务商。

10.1.3　商业地产O2O影响及价值

电子商务的发展势不可挡，全面融合线上虚拟世界与线下实体店面经营的O2O模式借助移动互联网正在迅速发展，商业地产在这样的环境下也不得不开始向O2O转型， 那么商业地产O2O会产生什么样的影响，它又会带来什么样的价值呢？

商业地产在经济生产和社会生活中有着重要的地位，商业地产向O2O转型无疑会带来巨大影响，集中表现在以下几个方面。

1. 顾客

第一是更便捷。O2O模式能够减少交易的中间环节，为消费者提供更便捷的服务。移动互联网和快捷支付方式的逐渐成熟，更是让手机成为重要的消费端口。比如过去看电影，可能要花较长时间排队买票；而现在只要拿出手机，花几分钟就可以完成选座、订票等一系列工作。

第二是更优惠。网络可以将海量的商品汇聚到一起，想要脱颖而出就必须提供性价比高的商品或服务，消费者通过O2O也是想获得更多的优惠。

第三是更好的消费体验。互联网时代，品牌的传播速度是极快的；尤其是社交媒体兴起后，普通消费者也有足够通畅的渠道发声，从而形成足以左右市场的影响力。

在这种情形下，消费者可以通过网络寻找具备更好用户体验的商家。如去餐馆前可以看一下大众点评，看电影前看一下时光网等。同时，商家也可以通过数据分析，对消费者的行为模式进行分析，从而提供更精准、适用于不同消费者需求的产品和服务。

2. 品牌

在商业地产O2O的模式下，旗下品牌的产品设计趋向于个性化，设计感加强，性格色彩变得较浓重；品牌扩展采用反渠道、多平台的方式；品牌培育多是用新兴媒体，采取社群化的方式，例如三只松鼠、皇太极煎饼、马佳佳、褚橙等。

3. 沟通

在移动互联网时代，商家与客户的沟通变得更加轻松，更容易让商家和消费者进行互动，主要特点有四点，如图10-1所示。

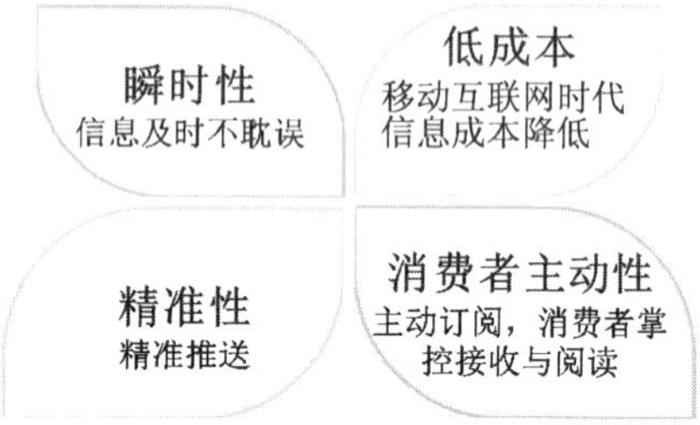

图10-1 沟通特点

4. 服务

在O2O的商业模式中，消费者的位置是不确定的，在线上还是线下活动，全由消费者自己决定，所以具有自主化、移动化和个性化的特点。

5. 空间

从体验角度来看，在O2O模式中，客户不仅可以在线上选购产品，还可以到就近的实体店进行线下体验，提供线上所不能满足的空间体验；在情感化方面，有真实的产品和体验，而切身感受和真实的空间是让消费者产生情感的关键；线上线下是相通的，是一个整体的空间，消费者与商家的交互性更强。

O2O的核心是客户，通过对不同购物渠道的无缝连接，大幅提升消费者的购物体验。商业地产商结合移动互联网打造O2O产业链至少可以带来以下几个方面的机遇：

（1）加强互联网基因：有利于扩大招商效果，通过强大丰富的网络营销方式能够为地产商提高品牌的形象，降低营销成本，并且能够有效获得更多的潜在用户。

（2）聚集人气：能够有效提升商业地产的价值，比如目前流行的餐饮O2O，便为商业地产带来大量的有效需求。

（3）满足客户多种需求：一方面能满足部分客户网上购物的需求，方便获取产品信息，享受价格优惠；另一方面，线下实体满足不同需求层次的客户的深度体验——实地购买需求。

10.1.4　购物中心O2O建设与运营难题

O2O的现状，大家都是摸着石头过河，不管是线上BAT，还是线下如万达等，或是各个创业公司。大家都认为O2O是方向和趋势，或多或少都在参与，但是目前没有成熟可复制的模式。毕竟线下比较重，传统的固有的东西比较复杂，要统一和标准化起来，需要一个过程。那么购物中心O2O的建设有哪些需要解决的问题呢？

1. 数据收集有障碍

购物中心对O2O下的“大数据”概念充满兴趣，但对于非统一收银的购物中心而言，消费者信息的收集仍存在障碍。如线下的人流量进入店面产生消费，离开时的满意度如何？如果去线上商城消费有评价体系、购物痕迹和浏览痕迹等，商家能进行二次营销和推荐；但线下商业当中，还没有这种手段，很多会员或者普通消费者，不一定能够有机会把自己的消费需求和消费记录及时反馈给线下商家。

2. 缺乏人才运营平台

即便搭建了与消费者直接沟通的平台，如何运营也是一个商家不能回避的难题，传统商业的运营人员进入互联网领域时常常感到力不从心，为此商家不得不花费巨资聘请专业人才，比如专职运营公众账号的团队。

3. 搭建平台成本高

自建平台的成本不小，以万达为例，搭建万汇网，每家万达广场的投入达2 000万元，这还是因为量大成本摊薄后的结果。一个业内人士指出，"成本高"是商家举步不前的主因之一，在传统商业看来，O2O仍然趋于概念性，没有人敢对此投入太多，都还在尝试阶段。

TIPS:

即便是职业的运营团队，新兴模式的培育也需要一段时间，会员活跃度有待持续提升，商家期望与消费之间建立起良好的互动关系，O2O包含的内容不仅是营销，还有服务。

10.1.5 打造"网络商场+实体百货"新模式

在移动互联网时代下，传统的百货商场如何自建O2O平台，"徐家汇商城"就做出了这样的一个尝试。将徐家汇商圈内的上海六百、汇金百货等商场纷纷整合到自己的线上O2O平台，利用抱团取暖的方式，以应对其他电商对传统百货商场的冲击，下面是具体方法。

1. 利用O2O平台，做徐家汇商圈的引领者

徐家汇商城是集合上海六百、汇金百货、美罗城等线下百货商场，"徐家汇商圈"联合了众多线下百货的O2O平台，这个平台的作用就是引导、引领整个商圈。尤其是通过线上平台整合线下的商场，将"徐家汇商圈"的影响力做到最大，如图10-2所示。

图10-2 徐家汇商圈

2. 实现线上线下流通是核心

电商要做的是实现线上线下的流通互动，在“双十一”期间，汇联商厦就做了这样的尝试，通过徐家汇商城“汇联商厦馆”在线上发起针对年轻人的促销活动。

针对热衷于线下消费的中老年客户，汇联商厦的实体店开展了促销打折活动。这就形成了线上、线下的良性互动。“双十一”当天徐家汇商城线上平台的销售总额实现了10倍以上的提升，线下商业的销售额也提升了10%。

3. 网络商城+实体百货

淘宝和天猫看似红火，但是有一个非常大的软肋，就是无法保证货品的来源。徐家汇商城O2O用的是另外一种模式，网络商城+实体百货店，讲究货真价实。

消费者在网上购物以后，每一件商品都是从实体百货店发出，用线下实体百货店的信誉保证货品的真实性。

4. 线下商场抱团取暖，建立自己的O2O平台

之所以建立自己的交易平台，是因为在徐家汇商场有众多的商场分布，如果每一家商场都自建自己的平台或者单个电商合作，耗时耗力，还不一定能够取得好的效果。

但是利用徐家汇商圈的O2O平台，整合目前公司旗下的传统百货，将线下的企业搬到网上去，就能实现线上和线下的联通。

5. O2O与实体商业尝试，打造徐家汇“智能商圈”

为了能够更好地与线上商业融合，“徐家汇商圈”联手打造“智能商圈”。第一步，商圈内部将会实现Wi-Fi全面覆盖；第二步，通过Wi-Fi推荐商圈的APP，一键登录，自动连接。

在徐家汇商圈的任何一家商场都可以联动，比如到了六百，立马就会收到六百的APP，到了汇金百货以后会自动转化为汇金百货的APP。这样，消费者可以第一时间知道自己所处的商场信息，根据大数据推荐消费者需要的商品。

10.1.6 互联网+社区：O2O成传统物业复兴之路

随着房地产市场的发展以及存量房市场规模日益扩大，物业服务有了更大的发展空间，房企旗下的物业公司率先深入社区O2O，借势“互联网+”，致力发展成为社区服务企业进而演变成社区O2O主要服务商。

伴随着互联网技术的飞速发展，特别是智能手机及移动智能平台的产生，人们的衣食住行、居家购物、投资旅游变得越来越便捷。在这个背景下，人口聚集的社区被认为是含有巨大商业价值的蓝海领域。

截至2014年年底，全国商品房竣工面积为10.7亿平方米，根据近3年年均复合增长率计算，全国未来3年物业管理市场容量将新增35亿平方米的规模。

随着房地产市场的发展以及存量房市场规模的日益扩大，为物业服务提供了巨大的发展空间。而社区O2O（Online To Offline，线上到线下）作为新的创业和投资领域，具有重大的挖掘意义。

社区O2O的核心是“懒人经济”，从业者要做的是深度挖掘并满足家庭生活所有的细分市场，给予社区居民最大的便利，打通社区商业的“最后一公里”，而将其做好的关键是掌握流量入口。

经历多年的开发经营，房地产商掌握了大量的社区资源和业主信息，其中包括教育、家装、医疗、房租租赁、社区金融等，掌握这些消费“痛点”，就是掌握住社区居民消费的先机，这也是房企争相布局社区O2O的主要考虑。

随着房企的转型，房企旗下的物业公司已率先成为进一步深入社区O2O的主力军，借助“互联网+”趋势，传统物业公司突破原先的管理和服务半径，实现规模化扩张，进一步转型为社区服务企业，演变成社区O2O主要服务商。

目前各类社区O2O商业模式已经大量出现，如万科物业、鑫苑物业等，不同的业务模式满足了社区用户不同的需求。

1．万科物业：优质社区O2O服务

2015年4月，万科推出V-LINK社区服务品牌，意在打造包括We Work

（创业社区）、We Health（健康社区)、We Learn（成长社区）、We Share（共享社区）等四大方面的建设，是一种全新的由业主充分参与共建共享的社区服务平台。

V-LINK作为万科社区服务商2.0的升级，是基于“互联网+”概念而打造的产品，借助平台的搭建，万科社区服务完成向互联网时代服务的转变。这一过程，万科的角色从实体配套产品和服务的提供者，转变为社区平台的搭建者和经营者；而业主的角色从产品和服务被动接受者，摇身变为社区生活的构建参与者甚至是经营者，如图10-3所示。

图10-3　“V-LINK”社区宣传

2. 鑫苑物业：社区O2O下的鑫生活

2015年8月，由鑫苑中国打造的社区O2O线下服务中心“鑫乐居”正式开幕，与之配套的线上APP同步登录各大网络应用商城，其业务分为理财（一、二手房租售联动、金融理财等）、社交（基于生活场景的即时通信和交流）、便利（基于社区的物业服务及便民服务）三大板块。

通过该APP，业主们可以享有订餐洗衣，网络购物，上门服务或自助缴费等多项智能化物业服务。同时，鑫乐居还将负责为社区导入线上商家资源，充分立足于平台大数据，通过互联网金融提供多样化的理财服务，通过与房企全链条的接入和合作，实现房产售卖、置换和升级的轻体化操作，如图10-4所示。

图10-4　鑫乐居APP

目前我国物业服务仍是建立在传统社区的基础之上，在此背景下，社区消费市场的巨大潜力将是企业追逐的方向，因此规模之争是物业公司之间永恒的话题，拥有庞大物业资源的企业无疑在此具有先天优势。

TIPS:

虽然规模较为重要，但在物业管理这个行业进入门槛并不高的前提下，如何搭建具有自身特色的综合性平台仍然是成败的关键。

10.2　商业地产的O2O落地化案例

移动互联网的发展促使传统企业的转型，商业地产在传统行业中有着不可忽视的地位，但是电商的极速发展让商业地产也不得不做出改变，企业家已经意识到商业地产O2O潜在的能量。从小的方面来说，商业地产O2O可以帮助购物中心营造线上、线下交互的购物场景，有效的对抗电商的冲击；往大的方面来说，商业地产O2O带来了大数据，可以帮助购物中心更好地选址、规划、招商、运营，可以渗透到商业地产的方方面面，深刻改变行业原有的经营模式，甚至给商业地产商带来了更多意想不到的延伸的发展方向和模式。

10.2.1　恒大：打造O2O影院剧场模式

如果说万达用影院拉动商业广场，恒大则希望用O2O影院撬动商业地产。图10-5所示为恒大影城的线上平台。

图10-5　恒大影城主页

目前，恒大影城已经先跨出了实质性的一步，分别在中山、西安、岳阳、儋州4个城市的项目内兴建四家带影院的小商场，如图10-6所示。据悉，未来恒大院线项目将覆盖全国17个省市自治区，院线总量超过150家。

图10-6　恒大影城

“恒大影城”是一座四层高的小型商业楼，设置在住宅小区。其中1～2层是棋盘式商铺，3～4层则是恒大剧场，总面积在1万～2万平方米。

影城希望为周边居民提供生活配套及娱乐服务。这种O2O实体商业模式称为“恒大剧场模式”，这些影院其实就是地产商圈的主力店。

例如，在恒大城规划的3 210平方米社区商业内，汇集餐饮、金融、医药、购物等元素，丰富综合的生活服务配套，让业主一出家门就可以满足不同类型的生活需求。相信每一个热爱生活、热爱影视巨作的人，都无法抗拒“恒大影城”带来的绝版生活体验。

10.2.2　龙湖：创造产品线“星悦荟”

“星悦荟”作为龙湖三大商业品牌之一，致力于打造社区型时尚生活中心，向中产家庭及消费者提供购物、美食、娱乐、休闲等多样生活方式，从而让消费者发现和享受“生活之悦”，如图10-7所示。

图10-7　龙湖星悦荟效果图

“星悦荟”为规模在5万～10万平方米上下的集中商业，为城市中产阶层及其家庭提供主题化或综合性的品质生活方式，使消费者感受生活之悦。

龙湖不只有天街商业和步行街商业，还有规模庞大、发展潜力看好的社区商业，如图10-8所示。不管是龙湖发展起步的龙湖花园，还是后来的蓝湖郡、水晶郦城、紫都城等众多高端小区都有一定规模的社区商业。

龙湖社区商业定位偏重于家庭，以家庭为导向，为家庭的老人、孩子等提供匹配业态，包括儿童教育、老年娱乐等，定位上避免过于高端，形成匹配家庭生活和消费的完整业态。

图10-8 龙湖线上平台

TIPS:

作为一个稳健的地产开发品种，O2O的线下商业产品本质具备进可攻、退可守的特质。

（1）具备良好的销售潜力。地产商业因具备周边稳定的人气支撑，商业价值很容易厘清，因此销售回款是地产商业最常规的操作模式。

（2）拥有稳定的租金回报率。如果开发商不急于出售地产商业，通过长期的酝酿，地产商业在稳定运营后，具备稳定而良好的租金回报率，因此地产商业同样具备复制和金融证券化的可能性。

（3）风险小，稳定性高。社区基数人群的常规消费，决定了地产商业的风险很小，稳定性高。金融风险低，从而可以保证具备低风险的金融产品属性。

10.2.3 协信：创建“星光邻里”

在业界流传着一句话：“星光”在哪里，繁华就到哪里。协信阿卡迪亚为满足不同消费者的需求，特别创建了星光邻里——社区商街，做社区O2O，为社区生活锦上添花。

与星光系商业不同的是，星光邻里是专门为社区业主们所打造的购物天堂。而全新的社区商街中商圈的商业高度将因协信阿卡迪亚星光邻里而得以全面提升，最终将再造社区商业蓝图，如图10-9所示。

图10-9　星光邻里效果图

学生们放学后在自家社区里的综合超市挑选文具，白领们下班后在家门口的大型超市买菜，老人们溜达到楼下的代收点缴纳水电费……

协信阿卡迪亚从“便民、利民、惠民”出发，积极打造最便民的社区商业服务圈，通过实施连锁品牌、便民服务、信息智能化进社区等措施，为自己的片区打造最便民的社区商业O2O服务圈，主要是以满足居民的日常生活所需为宗旨，让居民一出家门就能买到生活必需品，因此一直坚持“缺什么，补什么”的原则进行业态引进。

10.2.4　银泰：与阿里“联姻”，转型O2O

2015年3月31日上午，银泰商业集团与阿里巴巴团联合宣布：阿里巴巴集团将以53.7亿港元对银泰商业进行战略投资。双方合作的具体内容为，阿里与银泰将打通全方位的体系，即打通会员体系、支付体系，将实现商品体系对接，同时在此基础上，双方构建打通线上线下商业的基础体系，实现线上线下的商品交易、会员营销及会员服务联通。最后这套合作体系将开放，提供给线下各大商业集团、零售品牌及零售商服务，如图10-10所示。

一直为零售标杆的银泰百货，一直在低调测试线下会员信息采集与个性化推荐，从而打通双线数据，实现精准营销。银泰的方向十分明确，走O2O的道路，即识别、定位和交互。区别于传统零售和PC端电子商务精准营销逻辑，银泰更看重锁定通信ID。

图10-10　银泰百货

银泰在线下运营及筹建的大型百货商城和购物中心，现在也基本完成了全场Wi-Fi的覆盖。用户进入门店，打开Wi-Fi，一旦通信ID接近服务范围，移动终端就会接收到门店发送的各种推送信息，而这些消息借助了第三方服务商掌握的用户过往在全网的消费记录数据库，按个人的偏好推送，精准引导用户在实体门店消费。

不过，银泰并非个案，整个零售业都是个性化精准营销潜在需求者，依靠大数据驱动的线上线下体系的贯通，将是传统零售业的大势所趋。

“银泰探索线上线下融合，可能融合出一只“怪兽”，未来无论线上或线下哪个重要，银泰希望成为“怪兽”的一部分。”

TIPS:

电商和商店二者是不可分的，核心都是在做商，所需要做的就是打通顾客在线下线上的渠道，未来尽可能有机融合。在这方面，拥有众多门店和经验的银泰有自己的优势。

10.2.5　万达：重线下轻线上的O2O模式

万达模式的社区商业被称为“不是一个好模式”，但实际情况见仁见智。社区商业O2O是整个商业地产类别中最值得开发的形态，因为其资源利用率最高、距离客户群最近、目的性消费最明显的商业需求，因此可以打造像万达模式一样可复制性社区型商业O2O模式。

谈到万达大规模进军二线城市进行近郊大规模再造城市中心的开发模式，业内人士指出，“新的万达模式实现了一种资金平衡，但社区商业部分显然不是一个好的模式。”

万达找到了可持续发展模式，即“用卖掉10万平方米的社区商业，来实现10万平方米的购物中心的持有，达到其资金投入的平衡”，如图10-11所示。

图10-11　万达广场

但由于万达的商业中心开发体量过大，其自身持有的购物中心基本上能够满足居民的消费需求。在购物中心旁边的社区商铺体量较大，消费支撑不够，所以“投资万达社区商铺的人出租和经营的压力较大”。

TIPS:

购物中心的成功掩盖了商铺的隐忧，其社区商业多被大家所忽视。其实社区商铺也是要认真对待的，如规模控制、合理规划，功能分区、组团与沿街相结合等，也会有很好的发展空间。

10.2.6　王府井O2O：移动支付与Pad导购相结合

北京王府井百货（集团）股份有限公司，简称“王府井百货”，前身是享誉中外的新中国第一店——北京市百货大楼，创立于1955年。公司经过50年的发展，现已成为国内专注于百货业态发展的最大零售集团之一，也是在上海证券交易所挂牌的上市公司，如图10-12所示。

图10-12　王府井百货

1996年起开始在全国范围内推进百货业连锁规模发展，目前在全国12个城市开业运营17家大型百货商场。2014年，王府井牵手腾讯，推动微信购物与微信公众平台，在支付端，王府井与微信支付和支付宝都已形成合作关系。

王府井百货从2014年下半年开始推动Pad导购业务，Pad既能成为前端展示商品的平台，又能完成货品管理、会员管理、在线支付，以及打印小票等后台的相关操作。

第11章

商业Wi-Fi
——火热的O2O落地新入口

11.1 免费Wi-Fi成商家营销手段

随着移动互联网技术的发展和智能手机的普及，手机已经成为人体器官的延伸，身体不可分割的一部分，人们所到之处第一时间打开手机Wi-Fi已经成为习惯。与此同时，O2O在商业场上也被炒得十分火热，不少商场、餐厅、宾馆等公共场所也纷纷“电子化”，推出了免费Wi-Fi服务，使之成为O2O的入口之一。目前，使用手机客户端浏览网页备受人们的喜爱，同时也成为商家们揽客和链接线上线下的新方式。

11.1.1 什么是商业Wi-Fi

Wi-Fi真真切切地融入了我们的生活、工作中，也当之无愧地成为必要的工具。Wi-Fi实现了手机、Pad等终端设备与云端的直接连接，让传播、社交和消费变得随时随地可以实现，可以说，“移动”就是我们的工作、生活，那么Wi-Fi到底是什么呢？

Wi-Fi是一种可以将个人电脑、手持设备（如Pad、手机）等终端以无线方式互相连接的技术，事实上它是一个高频无线电信号。无线保真是一个无线网络通信技术的品牌，由Wi-Fi联盟所持有，目的是改善基于IEEE 802.11标准的无线网路产品之间的互通性。有人把使用IEEE 802.11系列协议的局域网称为无线保真。甚至把无线保真等同于无线网际网路（Wi-Fi是WLAN的重要组成部分）。

一般架设无线网络的基本配备就是无线网卡及一台AP，如此便能以无线的模式，配合既有的有线架构来分享网络资源，架设费用和复杂程度远远低于传统的有线网络。如果只是几台电脑的对等网，也无须AP，只需每台电脑配备无线网卡即可。

AP为Access Point的简称，一般翻译为“无线访问接入点”或“桥接器”。它主要在媒体存取控制层MAC中扮演无线工作站及有线局域网络的桥梁。有了AP，如一般有线网络的Hub一般，无线工作站可以快速且轻易地与网络相连。

特别是对于宽带的使用，无线保真更显优势，有线宽带网络（ADSL、小区LAN等）到户后，连接到一个AP，然后在电脑中安装一张无线网卡即可。普通的家庭有一个AP已经足够，甚至用户的邻里得到授权后，则无须增加端口，也能以共享的方式上网，如图11-1所示。

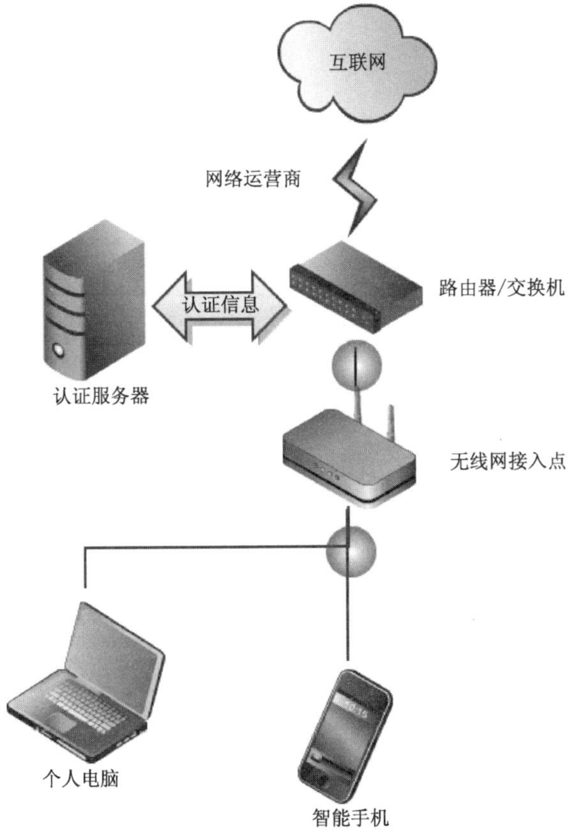

图11-1　Wi-Fi联网方式

商业Wi-Fi是由运营商或Wi-Fi设备服务提供商提供的无线网络解决方案。通过与线下商家的合作，Wi-Fi设备服务提供商在各大商圈、酒店、院线等公共场所进行Wi-Fi热点的布局。

用户填写认证信息后，可以免费使用Wi-Fi，设备服务提供商通过设备收费、推送广告、应用分发、增值应用等方式盈利。

商业Wi-Fi把普通Wi-Fi变成企业级商用营销Wi-Fi，让商家拥有自己专属的广告营销新媒介，仅通过Wi-Fi就能进行企业品牌推广、精准手机广告推送及微博、微信营销，降低商家在传统媒体上的推广成本，同时帮助商家维护客户关系，提升服务和顾客的消费体验，为O2O营销引流和提供入口，商业Wi-Fi流程，如图11-2所示。

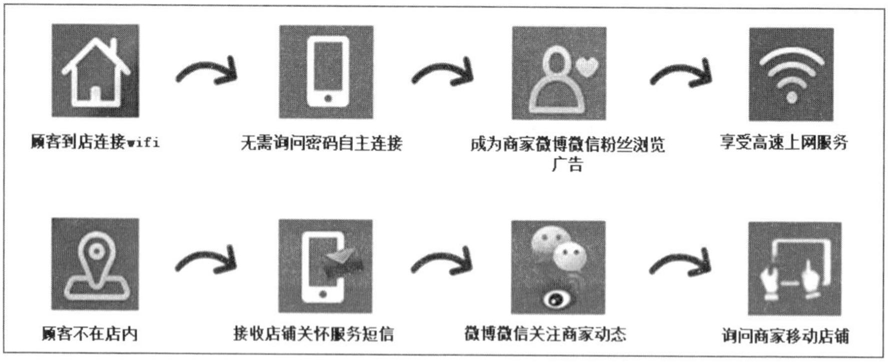

图11-2　商业Wi-Fi流程

11.1.2　商业Wi-Fi的优势

商业Wi-Fi的兴起源自于移动互联网浪潮的推动。目前除了专业的商业Wi-Fi企业外，阿里巴巴、腾讯、小米、百灵时代等互联网巨头也开始在商业Wi-Fi领域布局。商业Wi-Fi的优势在哪里呢？

1. 延长顾客留店时间

提供移动终端设备的无线上网需求，包括手机、平板电脑、笔记本电脑，及其他终端，智能手机的广泛应用对免费商用 Wi-Fi的需求骤增，实现内部覆盖商用 Wi-Fi业务，更能聚拢人气，增加客流，延长和消磨顾客的等候时间，创造更多的舒适体验环境。

例如，在顾客排队购物时，顾客可以利用免费商用Wi-Fi环境登录互联网或一些娱乐应用来消磨等候时间。

2. 实现O2O营销圈子模式

在互联网的发展过程中，O2O绕不开的，或者说首先要解决的是线上和线下如何对接？这是O2O实现的一个核心问题。

用得比较多的方式是电子凭证，即线上订购后，购买者可以收到一条包含二维码的彩信，购买者可以凭借这条短彩信到服务网点经专业设备验证通过后，即可享受对应的服务。

这一模式很好地解决了线上到线下的验证问题，安全可靠，且可以后台统计服务的使用情况，在方便了消费者的同时，也方便了商家。

很多商家都抓住了“线上和线下”这个重点以建立自己的“圈子”，每一个人都成了中心点，围绕着每个人进行画“圈”，例如：微信、微博、易信等，微信将二维码运用、圈子营销、公众平台、位置服务等应用很好地结合在一起，又配合商家的CRM系统产生巨大的营销想象空间。

现在实体商家内部建立了商用Wi-Fi，顾客可以利用免费的Wi-Fi网络环境登录APP进行了解商家品牌、商品、广告等信息资料。而实体商家可以通过免费Wi-Fi环境了解和查询顾客的需求，以做出更加正确推广营销服务。

3. 收集数据，精准营销

只要客户端登录商家提供的免费商用Wi-Fi网络时，网页就会自动弹出网络登录的认证界面，客户端通过此认证界面进行激活，这样后台会对客户信息进行记录，包含手机号码、终端MAC地址等信息，这样商家可以从后台数据中轻松分析到店的顾客是什么类型。再进一步制定更加精准的营销策略，真正做到“一对一”服务，做到精准营销。

4. 顾客、商家各取所需

商用Wi-Fi环境不仅为到店顾客提供免费Wi-Fi，同时也给商家提供了网络终端精准营销方式。免费商用Wi-Fi可以吸引客流，使顾客能够增加到店停留时间，也可以为商家提供良好的移动互联网推广平台。

有些新增功能（如短信营销）即将上线，有些功能是需要进行数据库后台与第三方合作，但要实现这些功能必须要建立在Wi-Fi网络环境的基础上，因此商用Wi-Fi平台的搭建是必不可少的，这也是未来商业向电商化转型的一种必然趋势。

5. 商业Wi-Fi O2O模式适用范围广

（1）O2O侧重于服务性消费（如餐饮、电影、美容、旅游、租车、租房等）；

（2）O2O的消费者到现场获得服务，涉及客流；

（3）O2O中库存是无形服务；

通过以上商业Wi-Fi五大特点的介绍，Wi-Fi设备实际应用于零售企业的商业运营中，当零售企业提供的差异化服务（免费商业Wi-Fi）达到一定程度时，用户的忠诚度会持续提高，并直接带来销量的提升，且获取新顾客的成本也会降低25%～75%。

商业Wi-Fi助力中国的企业在O2O模式的产品运营中发展得更加快速和稳健，探索中的企业会走出一条与传统O2O运营模式不同的发展道路，从而在激烈的零售竞争中获得相对的竞争优势。

11.1.3 商业Wi-Fi的价值

如今，随着iPhone/iPad/Android等手持设备上网终端的普及，人们对Wi-Fi上网的需求空前强烈起来，而Wi-Fi入口就有了很强的商业价值，特别是O2O兴起后，布设Wi-Fi热点，争夺Wi-Fi入口成为商家的又一个战场。

免费Wi-Fi广告的商业模式如何实现？由于Wi-Fi入口具有商业价值，用户通过某个免费热点接入之后，这个Wi-Fi网络就能获得用户的位置、兴趣和爱好等信息，可以通过入口主页或其他方式推送广告信息，而用户也很可能接受这种广告来换取Wi-Fi热点的使用，流程如图11-3所示。

图11-3　商业Wi-Fi连接流程

在商业Wi-Fi入口价值的基础之上，还可以创新其他的广告模式，创造更多的广告价值。

1. 形成区域电子地图

以Wi-Fi登录Portal页面的区域电子地图为基础进行的广告模式，即基于热点的不同位置，Wi-Fi用户会看到当前所在热点及其周围区域的电子地图，运营商可利用区域地图对热点周围商家继续进行广告宣传和标注。

Wi-Fi门户的地图上标注有鼠标停留短语，用户在区域地图上移动鼠标会显示不同商家的最新信息和链接，当点击任意广告，便进入这一商户的网页界面，商家可在后台更新自己的商家信息，运营商负责页面的维护和统一管理。

2. 利用地理位置定位

利用Wi-Fi热点地理位置可定位的特点来开展广告服务，广告主通过选择特定的地域和热点来推送广告，使广告主的广告能吸引最有可能购买其产品的潜在客户。

同时，广告主还可以针对不同地理区域制定相应的特价促销或优惠活动方案，使广告的投放更加精准，更有针对性，能将定制化的信息推送到Wi-Fi用户，进行有效的广告宣传，促进O2O地域垂直化的发展，有利于O2O的落地。

3. 看广告免费用Wi-Fi

Wi-Fi的上网接入一般都是通过输入账号付费来实现的，而通过“观看广告可以免费上网”的运营模式将改变这单一的状况，转变成“后向付费”的运营模式，即前向用户使用Wi-Fi接入上网时是“零付费”。所谓“后向付费”是指由后向的广告主付费，而使用无线网络的用户则不用支付网络服务费。

4. 将Portal页面个性化

在Wi-Fi账号登录页面及登录后弹出的页面上放置商家个性化广告或市场调研选项，也可以为每个热点的商家独立设置其个性化Portal页面，收取广告定制及发布费。这种模式的主要特点是，运营商拥有页面的控制权，商家可以利用其特定页面发布广告信息。

5. 建设有吸引力的内容

Wi-Fi运营商与合作伙伴在Wi-Fi门户上共建“Wi-Fi Zone”内容区，“Wi-Fi Zone”里有能够吸引用户的“吸引力”内容，“吸引力”内容包括：精彩电影播放、音乐下载、优惠促销信息、活动信息、体验信息、网上冲印等，商家的广告穿插在相应的内容中，依靠“吸引力”内容被用户浏览。

TIPS:

如果成立一家公司，在人口集中的街道、广场、咖啡馆、酒吧、餐馆、地铁布设热点（可以免费帮助商户设立热点的方式进行），并对外销售广告，广告主甚至可以指定某一区域的热点显示广告。Wi-Fi用户在使用这些无线热点时必须通过某一显示广告的入口（或者其他的方式展示广告），那么这就是一个完整的商业模式。以对广告主收费来补贴Wi-Fi用户的上网费用，而广告公司从中获取利润，三方共赢。

11.1.4 搭建商业Wi-Fi的过程

商业Wi-Fi媒体平台是基于Wi-Fi网络，在城市公众场所、大型广场、商圈商业机构等地构建用户免费试用的Wi-Fi热点覆盖，为用户提供周边及网上的精品推荐应用的综合运营平台。

该平台通过线上和线下的结合，移动互联网和传统行业服务的结合，为用户提供精致、精心、精品的生活，商业Wi-Fi的结构图，如图11-4所示。

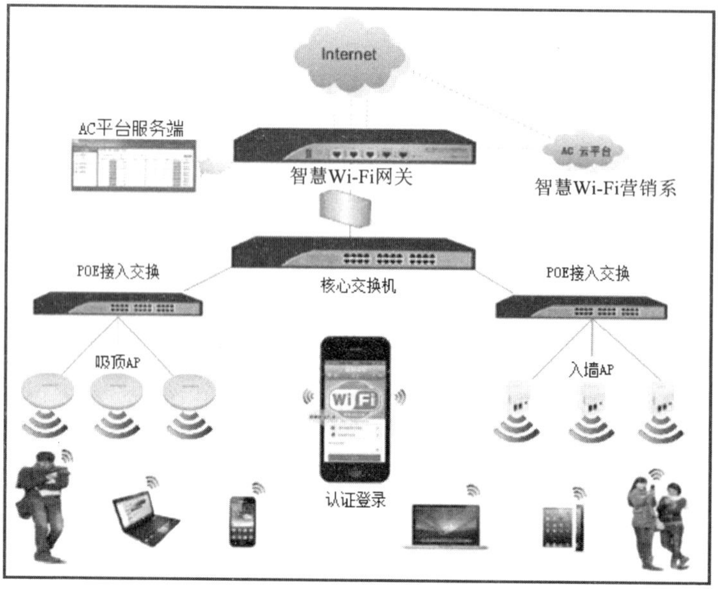

图11-4　商业Wi-Fi结构图

商业Wi-Fi的搭建形成了一个广受欢迎的O2O营销平台，以Wi-Fi为入口，进行线上线下的链接，将用户从线下引流到线上，促进了O2O的落地。

上述的营销平台可将其分为以下三类：

1. 品牌营销平台

商家可为自己的Wi-Fi设计专属精美的官方登录页面，并且取消密码，建立多种Wi-Fi连接方式，不仅能时刻彰显企业的品牌形象，还能让顾客享受贵宾级自由的上网体验。让自己的店成为定制级豪华手机移动商铺，完美适配移动设备，彻底代替无人问津的网页主页，与顾客实时紧密互动，如图11-5所示。

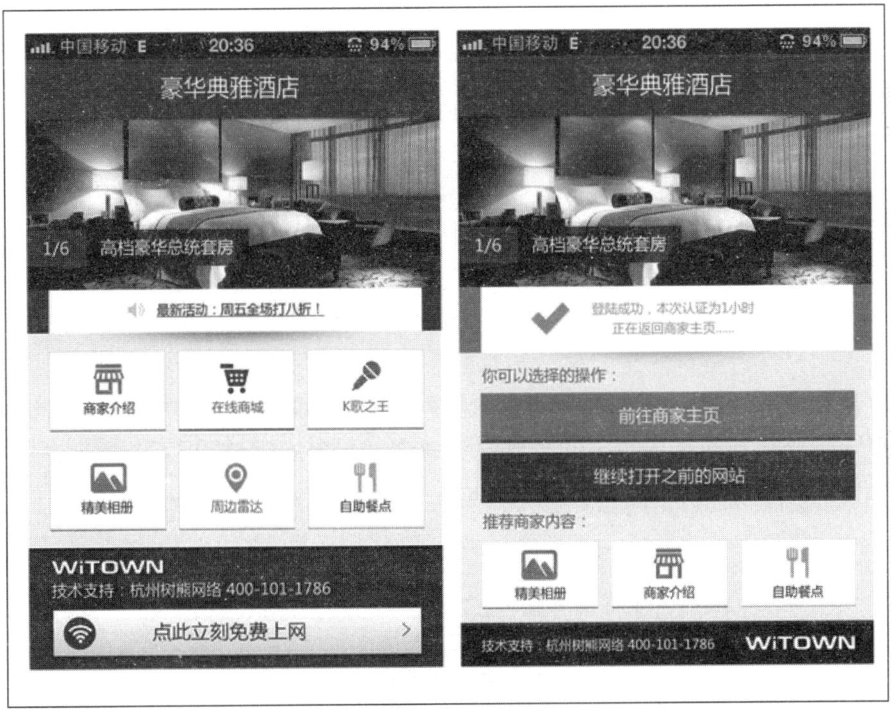

图11-5　免费上网

2. SNS营销平台

微信直连Wi-Fi系统，关注商家的微信即可一键上网，无须额外运营投入，顾客自动变粉丝；支持QQ、微博自主连接Wi-Fi，使顾客成为商家粉丝，享受优质的上网体验；广告优惠活动一键转发分享，线下活动轻松同步到官方微博、微信，实时保持与客户的互动，刺激二次消费。微博微信以及官方Wi-Fi三方促进到店顾客转发分享，扩大广告传播范围，如图11-6所示。

图11-6　微信连Wi-Fi

3. 广告推送营销平台

顾客连Wi-Fi是即刻展示优惠广告活动，100%的精准曝光；云端营销管理平台实时统计广告效果，修改广告即刻投放，保证各种推广需求；商家独享广告联盟特权，同一地区异业商家可自主联合相互投放；广告拉动客流，繁荣商圈高效稳定的手机营销通道，可自由定制VIP客户服务关怀短信，如图11-7所示。

图11-7　广告推送

TIPS:

上述的几种商业Wi-Fi营销平台都可以使线上和线下进行链接，引导流量，将客户变为企业的粉丝，实现客户与企业的互动，有效地促进了O2O的落地。

11.1.5　商业Wi-Fi的盈利模式

如今，移动网络已经成为了人们生活中的必需品，人们对移动网络的依赖性也越来越大。而在实体商家与电子商务相抗衡的过程中，免费Wi-Fi成为提升购物体验的重要方式，那么，免费的Wi-Fi——O2O的入口盈利模式是什么呢？

1. 硬件售卖

硬件售卖是传统硬件生产厂商的基本盈利模式，通过向客户直接售卖硬件产品来获取相应收入，其盈利的基础是硬件生产的规模化效应带来成本的降低，以赚取差价。目前市场上超过90%的Wi-Fi运营商收入均来源于此。

硬件售卖是行业发展初期最重要的收入来源，其主要原因有以下两个：

（1）经营压力。Wi-Fi行业区别于其他互联网行业的最大特点在于商业Wi-Fi是一个软硬相结合的产业，硬件的生产成本以及后期的运营、维护成本，是Wi-Fi运营商不可忽视的一大支出，并且只有具有规模化热点覆盖，商业Wi-Fi所收集的数据才具有实际价值，Wi-Fi运营商必须扩大Wi-Fi热点铺设。Wi-Fi运营商多以创业公司为主，创业者所能带来的初期资金较少，为企业的可持续经营，硬件售卖是最简单、最便捷的收入来源。

（2）产品完善程度。硬件是商业Wi-Fi存在的基础，软件则是商业Wi-Fi的价值所在。Wi-Fi运营商为用户提供的后台软件服务中，主要分为硬件配置管理以及简单联网用户数据收集，与大数据、O2O等相结合的服务还没有具体产出，产品的实用性和完善性还有待提高，“硬件免费，服务付费”的模式还不具备大规模应用条件。

商业Wi-Fi市场处于起步阶段，潜在规模较大，但是单一的硬件售卖模式并不能持续支撑整个行业的发展。首先硬件售卖属于一次性交易，无法对企业本身产生可持续盈利条件；其次随着硬件生产的规模化运作，整个行业的生产成本将会不断降低，企业的利润也会随之降低。

2. 广告价值

商业Wi-Fi的特性，决定了其拥有极高的广告价值。

首先，商业Wi-Fi是用户接入网络的重要入口，大量用户使用公众Wi-Fi，因此Wi-Fi提供方在登录界面插入的品牌商/本地商户广告会产生极大的价值。

其次，在用户登录公众Wi-Fi后，公众Wi-Fi作为一个网络平台，可作为应用分发渠道进行APP类的广告展示，以下载分成方式进行流量变现。

最后，Wi-Fi登录页面对于商家本身来说也是一个很好的营销平台，也可以作为网络店铺的入口，甚至能够开通支付功能。

商业Wi-Fi的广告价值是建立在规模化运营基础上的，只有覆盖足够多的用户，才可能拥有庞大的流量。从铺设热点、获取用户到产生流量、广告投放，这是一个良性的循环体系，也是商业Wi-Fi规模化运营的潜在动力，如图11-8所示。

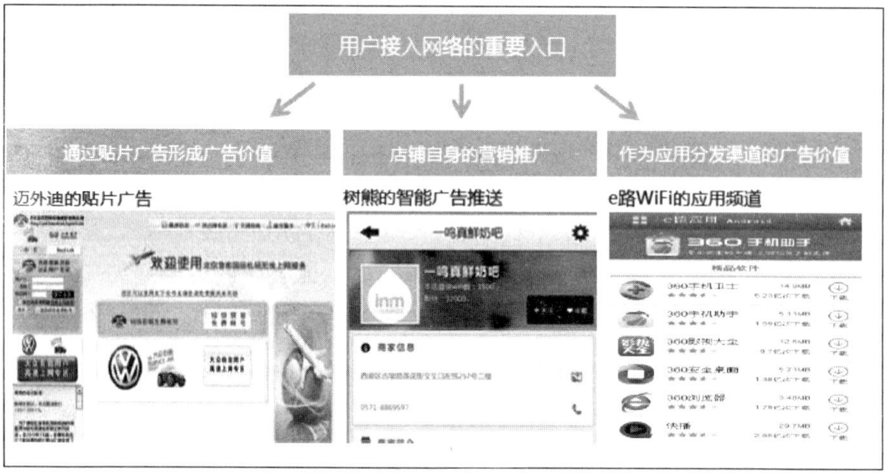

图11-8　广告盈利细分

3. 应用分发模式

“如何在用户体验和盈利之间选择，是如今面临的巨大考验。”在开放访问的环境下，简单的分发应用很难形成比较好的价值闭环，包括有些Wi-Fi运营商让用户关注商家微信公众号才能获得密码上网，以便以后进行二次营销。“但这样做也不一定有多大价值，因为除了Wi-Fi这个入口，商家往往缺乏进一步的产品运营去黏住用户。”

举例来说，在用户登录Wi-Fi时推荐能用于下次自动登录的应用程序，这个APP能作为应用市场，给用户分发有刚性需求的应用和游戏。“那么除了上网，用户还会在别的时候想到使用这个Wi-Fi，而用户一旦因为这种需求来到商家的店里，自然就会有别的消费，从而就能给商家带来收益。”

4．以网换网

商用Wi-Fi一不小心就会做成免费Wi-Fi，这是企业不愿意看到的，但要实现盈利，须用移动互联网的模式来思考，采用“以网换网”O2O模式，通过社交游戏实现利益变现。

O2O服务的核心，是通过各种方式，将线上资源和线下资源相整合，以促进消费，提高交易效率。对于联网入口Wi-Fi来说，其O2O服务有以下实现方式（如图11-9所示）：

（1）Online To Offline：将商户信息导入Wi-Fi热点中，形成类似地图APP的O2O玩法，通过线上应用推荐线下商户，引导用户到店消费，形成交易闭环；

（2）Offline To Online：用户通过扫码关注公众号或服务号后免费登录商户Wi-Fi，为商户增加粉丝，并进行尚需的二次营销以及情感营销，实现O2O价值。

图11-9　O2O的运作

11.2　三位一体，精准定位营销

Wi-Fi上网已成为当今网民主要的上网方式，移动Wi-Fi在给网民带来流畅的网络的同时，还让网民随时随地可享受到免费的Wi-Fi服务，潜移默化的改变移动用户的上网习惯，从而更加依赖Wi-Fi。网购由电脑端转移到移动端，可随时随地消费，与Wi-Fi的关系更加密切。那么如何利用Wi-Fi进行O2O的精准营销呢？

11.2.1　店内入口营销

商业Wi-Fi市场发展非常迅速，已成为移动互联网的一大流量入口，在注重线下服务与线上流量融合的O2O浪潮中，Wi-Fi也是后者得以迅速、顺利发展的强有力的保障。

每家O2O企业都需要落地，它们的营销方式，它们的入口并不在于搜索和应用市场上，而在于“场景”，因此最懂场景，拥有数据，连接人和场景的Wi-Fi就是营销的关键，那么怎么利用Wi-Fi进行营销呢？

1. 激活用户

很多O2O服务和应用，从表面上来看是失败于线下和特流，本质上人和服务的连接缺乏场景，又或者在那个场景的时候，又缺乏激活手段，成本太高。

Wi-Fi本质就是一个场景平台，它不是O2O，是O2O的平台，所以迈外迪要打造O2O平台，百米生活要做社区平台都是这样的道理。

（1）激活APP

为什么超级APP，诸如微信和支付宝，特别是支付宝一定要布局Wi-Fi，做个上网提醒，核心就是上网成为一个刚需入口，激活了支付宝客户端，形成O2O闭环，如图11-10所示。

支付宝这样做对我们是有启发的，在医院的O2O也可以做Wi-Fi，在超市的O2O也可以做Wi-Fi，在KTV的O2O也可以做Wi-Fi。现在猛科技Wi-Fi圈里也时常透露行业发展信息，据说虎扑在所有的场馆和球场都要做Wi-Fi，不仅仅是上网覆盖，而是为体育O2O做铺垫。

图11-10　Wi-Fi激活APP

（2）激活服务

对于很多服务机构来讲，当用户有Wi-Fi的时候，人已经来了，本质上似乎O2O没有意义了，流量已经到了线下。为什么还要做O2O呢？一方面是用户有线上购买的习惯，而且很多产品和服务本身要通过线上入口来完成。

这里有两个案例，一个是可莎蜜儿的面包店，采用家用路由器只提供了上网服务，没有任何价值，唯一的价值是让客户蹭网，给你点个赞。

另一个案例是KFC，客户到店后，登录热点KFC，Portal可以引导下载APP，获取优惠券。Wi-Fi成为人流、数据流和信息流的平台，Wi-Fi在这里起到一个激活的作用。

2. 识别用户

为什么客人到店了还要出示各种会员卡呢？因为无法识别你，为什么店员对所有顾客都一视同仁，让那些潜在的有能力的顾客没有进行消费，因为他不知道你是谁，而Wi-Fi通过mac地址的比对和用户筛选，可以很好地对用户进行画像，大大提高了客户服务的针对性和有效性。

另外，你可以在后台看到消费者到店上网人次、上网时长等信息，根据顾客上网的情况即时向店内顾客发送优惠消息，这是商业Wi-Fi链条上的一种玩法。

3. 推动交易

Wi-Fi不仅给O2O提供了激活和识别功能，也成为支付中的一个环节。在餐饮点餐服务中，通过Wi-Fi打通用户和商家，不仅可以实现点餐还可以直接支付，如图11-11所示。

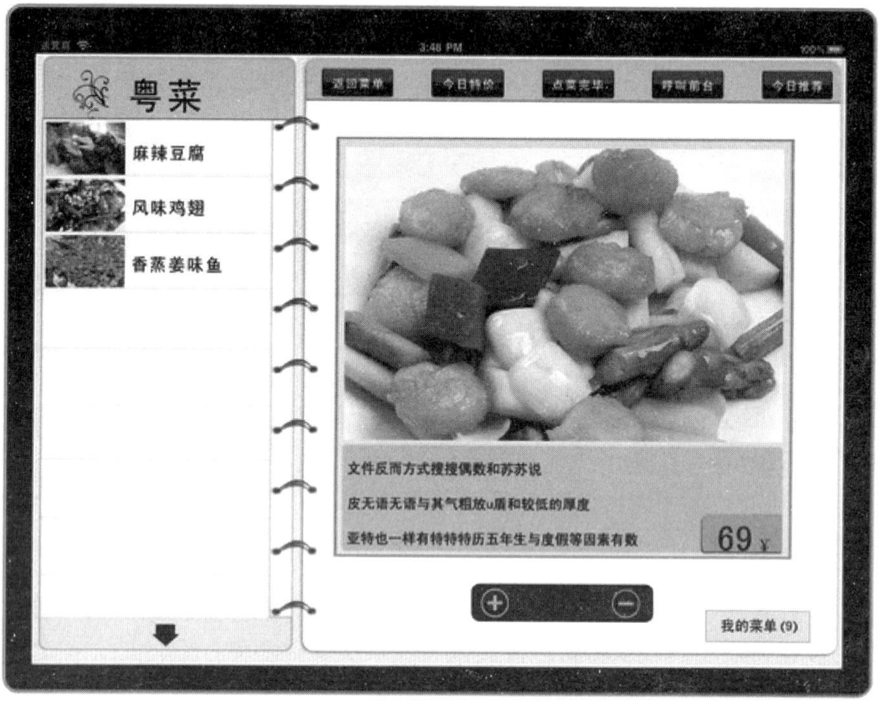

图11-11　Wi-Fi点餐

在目前看来，优质的Wi-Fi大大地推动O2O的效率，例如简化服务员、收银员、传菜员等工作流程，从提高服务效率等方面出发来降低人力成本的投入，好的网络让O2O在支付方面更加得心应手。

支付宝一开始寄希望于大范围的Wi-Fi入口激活，当然有同一个梦想的还有微信，后者推出微信连Wi-Fi，但效果不太明显，主要原因是体验不佳和Wi-Fi生态里有意思的服务太少，还需要进一步加强。

4. 数据服务

最后的才是最精华的，广告变现只是一部分，数据变现才是大未来。在数据服务方面，除了2C的精准推广外，我们更看重的是2B的人物画像、人流分析等数据服务。

Wi-Fi和O2O的关系，前者是后者的平台，在激活用户、识别用户方面优势明显，帮助O2O企业和应用做好了连接的第一步。同时，从数据的角度来看，Wi-Fi是大脑，因为O2O玩的就是场景和服务，Wi-Fi天生就是O2O的好搭档。

11.2.2 周边交叉营销

O2O引流是很重要的一个环节，而仅仅依靠客户主动进店，再通过店内Wi-Fi进行O2O的营销，流量是很少的。所以商家要将自己的Wi-Fi释放出去，不局限于自己的小店。

地点相近的异业商家可以将自家的Wi-Fi覆盖到附近的商家，将广告、优惠、打折活动通过Wi-Fi推送到客户的移动上网终端，进行交叉营销，大范围的吸引流量。

不同的商家或许会起到助推消费的作用。例如客户正在餐厅用完餐想喝点东西放松一下，而附近的咖啡馆利用Wi-Fi推送打折信息，那么客户去推送广告的这家店的概率会很大，如图11-12所示。

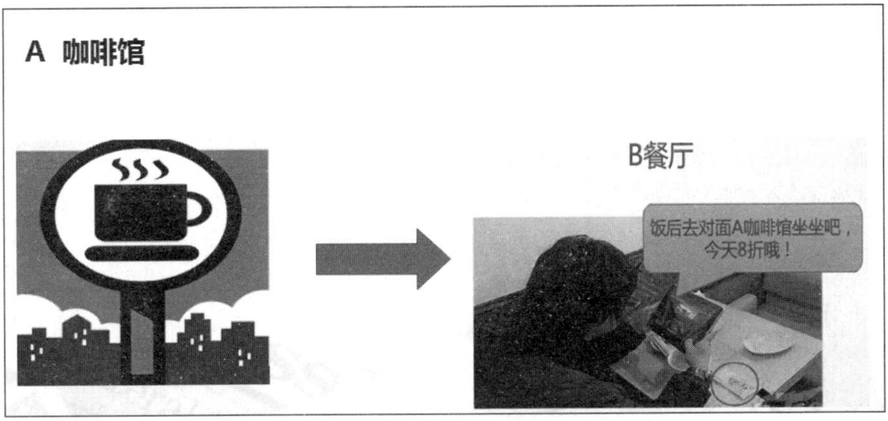

图11-12 交叉营销示意图

11.2.3 特定人群精准营销

随着移动互联网的快速发展，互联网的相关技术也日趋成熟和多样，在此基础之上，Wi-Fi成为商家们进行O2O营销、拉拢客户、吸引流量入口一种不可或缺的手段，同时利用Wi-Fi+LBS，Wi-Fi+数据，Wi-Fi+APP进行精准营销，向特定的人群推送自己的产品和服务。

1. 利用数据精准营销

商用Wi-Fi的服务对象包括了连锁酒店、餐饮、电影、旅游、公交、机场等服务性消费场所。这些场所通过商用Wi-Fi的免费网络引入用户群后，用户消费记录、个人信息等会自动记录到后台的CRM管理系统中，这样也就意味着用户数据被商家保留沉淀。通过数据分析和支付数据对客流进行人群画像，实现精准营销和库存的时时管理等。

2. 利用地图定位精准营销

随着移动互联时代的普及，不管是在咖啡厅还是在大型商场，用户进入门店后的第一个需求就是访问免费的无线Wi-Fi，而Wi-Fi与Portal技术的配合使用，不仅能够帮助商店有效收集用户管道信息，还可以提升用户的购物体验。

通过用户在Portal页面提供简单的个人信息或吸引用户关注公众号的方式，商家便能够成功建立用户管道信息获取渠道，进而向用户提供推荐定制化的广告商品信息。用户的一系列上网行为，线下采集数据形成线上数据库，并最终借助移动端或微营销手段帮助商家实现业务增长。

此外，微当家基于Wi-Fi和LBS技术能够有效收集用户的驻留信息和到访频率。通过对用户实时驻留信息的分析，能够推断出用户的购物喜好、习惯、近期需求甚至是本次购买的重点产品。商家还可以通过定制一些游戏活动促进客户流动，从而在多维度上实现用户对商品的了解。而对于用户到访频次数据的掌握可以适时的推送促销信息到用户端。

3. 利用APP精准营销

关注商家微信公众号、微博即可免费上网，通过Wi-Fi的连接，激活客户的APP。之后，商家就可以在自己的公众平台和官方微博中推送和发布自己的广告、优惠等信息，完成精准营销，同时也完成了线上与线下的连接，如图11-13所示。

一扫即连，革命式连接WiFi
不用再输入复杂的WiFi账号和密码，也不用担心密码太隐私被别人知道，只需扫描全民WiFi客户端二维码，即可快速连网！
（扫码需使用最新版微信、手机QQ、QQ浏览器、腾讯手机管家）
全民WiFi
扫码连接WiFi

图11-13　Wi-Fi+APP营销

11.3　商业Wi-Fi的O2O落地化案例

移动互联网领域的竞争已经不再停留在终端和应用层，众多细分领域都成为众多企业的竞争重点。从2014年开始，以Wi-Fi聚合平台模式入场的Wi-Fi入口之争已经进入白热化阶段。 商业Wi-Fi不仅是O2O的入口，也是一个数据工具。

Wi-Fi生活场景识别技术可以估算在某一时间点上特定范围内的人流信息。基于Wi-Fi的移动轨迹分析，在用户生活中，企业能更有效策划针对性的营销活动，高效与自己的用户进行互动，从而降低营销成本、提升服务质量。

国内已经有团队在Wi-Fi网络整合方面进行努力，资本市场也非常看好这个方向的整合，相信很快就会有团队在Wi-Fi整合的方向取得突破，APP运营者们也可以借助其能力切入Wi-Fi大数据入口。

11.3.1　Wi-Fi Pay：O2O营销实现百万元收入

2015年，支付宝与“iFree免费Wi-Fi”共同推出Wi-Fi Pay后，为了让

Wi-Fi Pay成为抢占移动支付市场的利器，支付宝与iFree方面表示在2015年将面向全国100多个城市开展O2O营销活动。

Wi-Fi Pay是支付宝和商用Wi-Fi运营商iFree合作开发的智能移动支付云平台，它基于移动终端支付宝钱包和iFree免费Wi-Fi安全网络环境，为用户提供移动在线支付的服务，是一个安全，便捷满足线下消费线上支付的方式，如图11-14所示。

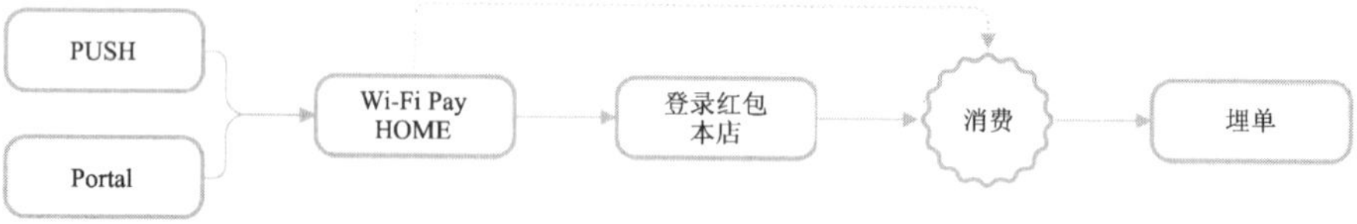

图11-14　支付模式

即用户在进入iFree免费Wi-Fi的范围之后就会收到支付宝钱包自动推送的迎客信息，并且通过支付宝钱包认证之后获取优惠信息，此时顾客可以进行埋单和查看附近最新优惠信息，以及到店距离等。

支付宝Wi-Fi Pay在满足用户对高速稳定免费Wi-Fi的需求的同时，为用户提供最新的优惠信息及便捷的支付方式。

2015年5月15日至17日，支付宝与iFree首次来到福建省开展满100立减10元Wi-Fi Pay埋单补贴活动。此次活动获得圆满的成功其原因如下：

（1）助力商户O2O营销

为了让Wi-Fi Pay尽早落地花费巨资在福建开展满100元立减10元的补贴活动。活动受到了当地商家的热烈欢迎，在这三天时间里福建福鼎商业街有超过200家商户参加，涉及行业包括甜品饮品、中餐、西餐、沐足保健、酒吧、KTV等各行各业。图11-15所示为Wi-Fi Pay的介绍。

活动期间达成的订单数量高达4 000多交易单，总成交金额也远远超过了预估值达到了70多万元。支付宝Wi-Fi Pay用这一系列的数据显示，iFree帮助线下商户进行品牌推广实现商户O2O营销的强大实力，如图11-16和图11-17所示。

图11-15　Wi-Fi Pay

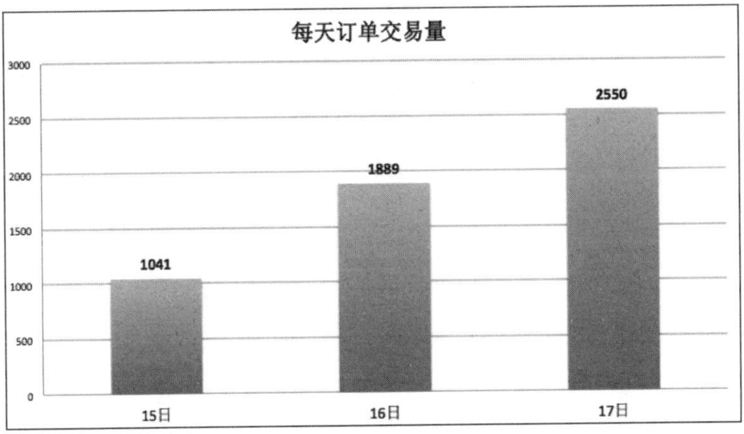

图11-16　活动期间每天的交易量

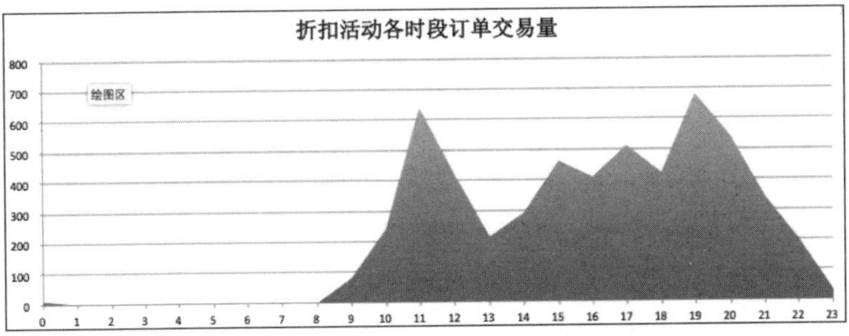

图11-17　活动期间不同时段的交易量

（2）为商户吸引客流量维护老客户

iFree一直致力于为商户吸引客流量，维护老客户吸引新客户用以服务商户。Wi-Fi Pay不仅仅是一种便捷的支付方式，它更重要的是一种为商户吸引客流量的营销工具。

在活动期间，参加活动商家的认证人数是平时认证人数的3倍。而且这种引流不是短暂的和存有局限性的，iFree的数据告诉我们在活动结束的3天里，参加活动商家的认证数量也是平时的两倍。由此可见Wi-Fi Pay是可以为商家O2O营销长期持续性引流，如图11-18所示。

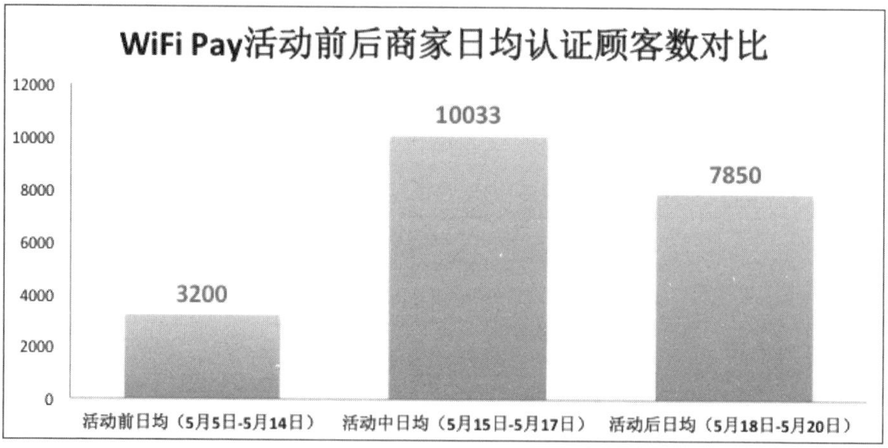

图11-18　顾客数对照表

（3）真实感受到Wi-Fi Pay的安全便捷

在Wi-Fi Pay推出之初，很多网友都对其安全性提出了质疑，尽管之前iFree方面对Wi-Fi Pay的安全做出了说明，但是秉着实践才是检验真理的唯一标准的观点，只有真正地让用户体验了Wi-Fi Pay之后，才能说明Wi-Fi Pay的安全可靠。

在活动期间以及活动之后，没有收到任何一个用户投诉自己被钓鱼或者账户被盗。而且很多用户认为通过支付宝钱包进行支付的安全性可以得到保证。

（4）精准的会员管理

在大数据被广泛提及的今天，怎么利用大数据为商户管理会员，以及收集消费者的各种数据进行精准营销是做好O2O营销最为关键的一步。

iFree依托自身的云系统，通过客人使用Wi-Fi Pay进行埋单等活动掌握消费者的到店时间、停留时间、到店人数、消费轨迹、线下消费行为习惯、线下消费能力等，并通过对这些数据的分析掌握消费者的消费习惯、爱好等并进行精准的二次推送，如图11-19和图11-20所示。

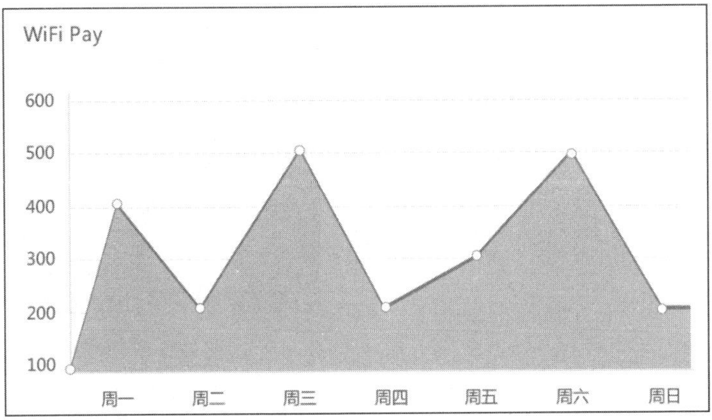

图11-19　到店人数统计

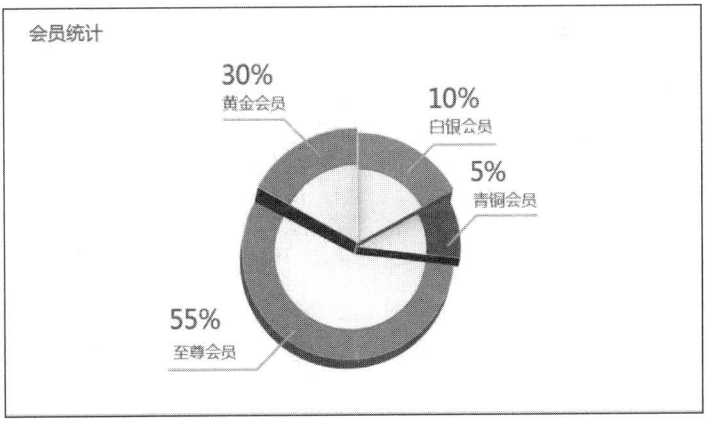

图11-20　会员统计

通过对数据的分析得出结论来给商户吸引客流量，让所有数据不能形成一个闭环的连贯数据链，让商户不仅能够有效的管理自身已有会员，更能够很好地吸引新顾客。

由此可见，这次支付宝Wi-Fi Pay的落地活动不仅证实了它是安全便捷的支付方式，更多地展现了Wi-Fi Pay为商户引流、维护新老客户能够利用大数据进行精准营销的强大功能。Wi-Fi Pay是商家实现O2O的必备利器。

11.3.2 Wi-Fi助力美特斯邦威的O2O营销

美特斯邦威的O2O在服装行业做的比较领先，美特斯邦威的电商起步较早，2009年年末即已开始搭建电商平台（邦购网），在O2O刚刚兴起的2013年，美特斯邦威的董事长周成建正式对外宣布启动美特斯邦威的O2O战略，进一步深化了他的“小裁缝”梦想：美特斯邦威要做“互联网裁缝”，利用互联网、商务电子化来颠覆信息不对称的传统商业模式，如图11-21所示。

图11-21 美特斯邦威

2014年，美邦2.0版本的O2O已实现了诸多别家品牌还停留在概念上的功能，并成功帮助美特斯邦威实现了战略转型，让企业实施更为精准的营销、带来效率和业绩双方面的提升。

“试想一下冬日午后，你坐在美特斯邦威露天咖啡吧的躺椅上，喝着一杯暖暖的卡布奇诺，打开手机接入覆盖全店的免费Wi-Fi，登录邦购平台查询店铺推荐商品、查看产品在线上的库存并购买；通过手机终端预约试衣，有店员代为完成衣服搭配，即刻享受试衣服务。”店员的热情描述，大致就是美特斯邦威O2O战略目前能体验的核心模式。

“如果你想继续逛街，又不想拎着在店内购买的衣服，你可以在门店挑好颜色尺码后直接在邦购网下单，快递到家里；如果你本来就在邦购网下单，线下实体门店也将会成为线上订单的客户提货点。”

（1）时尚搭配、在线支付

美特斯邦威在每个楼层都配置了“时尚搭配”互动装置，顾客只需扫描任意款衣服的条形码，该装置即可给出自己的搭配意见，在店内的试衣间区域，时尚导购通过内置在iPad上的搭配系统，给顾客所试穿衣服的搭配建议，顾客可以先看搭配效果再进行试衣，如果满意，则可通过时尚导购iPad上的云支付系统，直接用支付宝或微信进行支付。

（2）会员信息收集，O2O数据基础

而此外，以微信作为会员招募和管理平台，则可以认为是美特斯邦威将实体店铺与移动互联网相结合的重要信号，客人扫描二维码关注美特斯邦威官方微信，即可获取电子购物优惠券，进而引导客户消费。今后以邦购会员、门店VIP会员，以及来自腾讯微生活平台和支付宝公众账户平台的美特斯邦威会员等为基础的会员体系，将成为美特斯邦威O2O的重要基础。

（3）位置服务和大数据分析

店内不同地方的Wi-Fi可以记录消费者的行走路线和停留时间以供“大数据”分析，通过AP侦测到的店内和店外终端数量可以统计客户的进店率，通过各楼层人员的位置移动轨迹可以统计出不同楼层的用户人数和爬楼率，这些都只是美特斯邦威大数据分析价值的部分呈现，目前美特斯邦威基于无线的大数据商业智能系统还在不断更新中，如图11-22所示。

图11-22　Wi-Fi记录的相关数据种类

（4）减少库存压力

产品调拨、配送、库存查询等也变得更加便利。线上邦购网和线下店铺的全面打通，开通了线上预约线下试衣，而线下顾客在店内需要的任意商品出现缺色断码，都可以将订单下发到其他店铺，并且送货到家。

11.3.3　微信连Wi-Fi：古镇周庄的隐形旅游线路

周庄有“中国第一水乡”的美誉，保留完好的明清建筑为其蒙上了千古历史的沧桑。这座总面积为39.05平方公里的小镇有着典型的江南水乡风貌，独特的人文景观是遗留至今的吴地汉文化瑰宝。

传承数百年的建筑群，居住在古镇的居民们和纷至沓来的游客，组成了小镇动态的生态平衡。居民们为游客提供住宿、餐饮各种服务，来来往往的游客感受水乡文化的同时也为居民们带来收入。

如今，这个动态的平衡将被打破，到底是什么样的改变让周庄变得不平静了呢？

1. 以微信连Wi-Fi为入口

微信连Wi-Fi作为整个服务呈现的强入口，遍布周庄的免费Wi-Fi网络，游客可以在任意的位置，连接来源于不同客栈所提供的Wi-Fi服务。

在你任意驻足休息的位置，拿出手机选择一个可以连接的客栈开放网络，打开微信完成鉴权验证接入，直达客栈服务页面，从线下到线上，如图11-23所示。

图11-23　Wi-Fi接入界面

每一个可以连接的客栈Wi-Fi，都将带给你直达客栈的一个服务入口，如果需要入住客栈，只需点击“快速入住”，即可直达“番茄来了”所提供的客栈管理系统，完成房间预订或办理入住手续。

整个微信连Wi-Fi网络覆盖了周庄150多家客栈，其辐射面积几乎覆盖周庄古镇全境，这就是最容易到达的服务入口。

2. 客栈管理体系改变

如何在客栈完成O2O的落地和线上线下的对接，不能仅仅是提供了一个入口，客栈管理工具同样也必不可少，所以才有了“番茄来了”的加入。

“番茄来了”管理工具可以帮助客栈老板完成预订、入住、退房以及与OTA对接等多项管理功能，并为客栈提供运营工具和供应商平台，实现O2O的落地。这套系统在全国已经有数千家客栈使用，周庄更是其核心区域。

入住、退房、住店须知，这三项客栈基本的管理功能被提前到了微信连Wi-Fi入口上，无论游客在任何地方，都可以连接上不同客栈所提供的服务。

打开住店须知，看看客栈老板们风趣的客栈介绍，选择一家客栈，轻松办理预订手续，如图11-24所示。

图11-24　番茄来了PC首页

3. 深度服务

（1）从获取景区攻略、周边指南开始

获取客栈提供的景区攻略和周边指南只是一个开始，事实上很多的周庄客栈同时在代售景区门票，提供租车接送服务，提供景区的餐饮和门店介绍等职能。

这些信息都是游客们所需求的，而从客栈主发出的这些信息经过了客栈主本人的沉淀往往更加可信，客栈主本人的信用为其信息提供了担保。

游客选取客栈主所提供的这些增值服务，不仅客栈主可获得更多收入，游客们也获得更多方便。这就是未来我们意图搭建的，客栈行业供应商平台。

每一个客栈主都可以将自己的优势资源放到智连古镇周庄这个大平台上，其他客栈主们可以选取自己需要的资源提供给入驻的客人们。而这一切，都将在微信连Wi-Fi所提供的入口服务页面中呈现，从客栈切入，将迎来一个智连的古镇周庄。

（2）客栈留言板

从每一家客栈的留言板，到未来整个周庄客栈留言板的打通，消除地理位置的限制，每一个在周庄的人，都可以通过微信连Wi-Fi连接上这个小小的社交入口。而通过Wi-Fi提供的入口连接，你必须身在周庄，这样既保证了这个留言板内社交人群的纯正性，又形成了一个小范围的社区O2O。

（3）完成用户沉淀

智连古镇周庄站最终期望为客栈主们解决的问题，在于未来摆脱OTA可自行获取订房和入住的客户群。如何让用户沉淀到客栈主手中，我们选择了微信公众号。微信连Wi-Fi所引导的每一个入口，都将呈现不同客栈的微信公众号，游客们可以通过关注不同客栈的公众号与客栈建立联系。

“番茄来了”提供的整套客栈管理系统，可与微信公众号完美兼容，客栈老板只需申请自己的微信公众号，并托管入“番茄来了”所提供的整套第三方平台，即可完成无缝对接。所有入住过的用户，将沉淀入微信公众号，等待开启二次营销。

4. 新的行业生态形成

一个新的行业生态，需要从行业入口、落地、服务、营销提供完整的解决方案。这一次我们为智连古镇周庄站所带来的，正是一套基于客栈行业，继而服务于整个周庄生态系统的解决方案。

我们从客栈这个游客需要入住的刚需点切入，为周庄的游客提供通达全城的新服务模式，同时延伸向游客在周庄的更多需求，并把这些需求落地在客栈门店中解决。

游客在周庄遇到的各种问题，都可以在客栈这套服务体系中解决，这将真正让客栈成为周庄的服务窗口，成为游客感受周庄的第一站。

11.3.4　海底捞火锅店的高端Wi-Fi服务

去过海底捞的人都深有体会，在节假日、晚客流等高峰时段，1个小时左右的等位已经变得稀疏平常。海底捞秉承“服务至上、顾客至上”的理念，在等位区、大厅、包厢每个区域为顾客提供高质量的Wi-Fi上网环境，让等位的顾客能够随时随地上网冲浪，分享乐事，满足休闲的需求，让等位变得从容、自在、乐趣丛生。

海底捞部署了H3C无线控制器，对下接AP实现了一体化管理，并且通过网线对AP进行方便高效的供电，让整个门店的IT管理变得简单从容。美味及时享，在O2O营销策略上，海底捞全面推广手机订餐APP。为顾客提供便捷的线上订座、点餐、支付等服务，全面推行iPad点餐、安卓Pad点餐系统以及预点餐和门店微信支付应用。为顾客提供更便捷的多样化支付方式，满足顾客多样化的支付需求，如图11-25～图11-27所示。

图11-25　微信支付

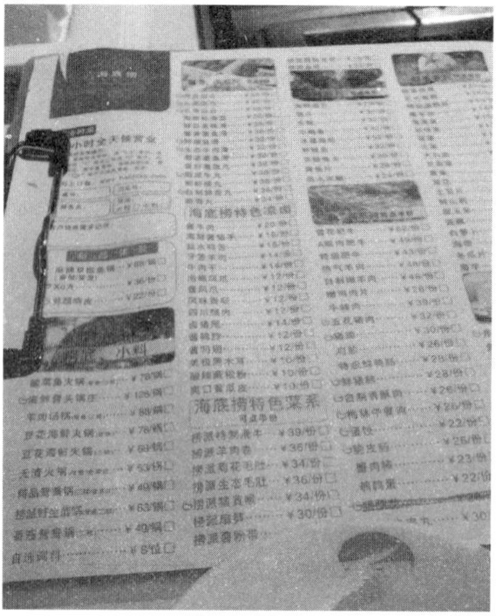

图11-26　老式菜单

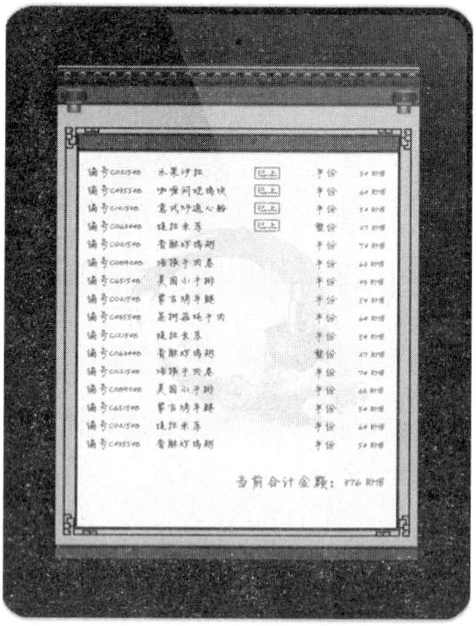

图11-27　iPad点餐

无线网络的部署，为iPad、智能手机等移动终端的应用提供了更广阔的“应用”空间。在海底捞等位期间，顾客可借助无线网络简便点餐，大幅提高点餐效率，及时吃到美味大餐。

无线网络不仅为海底捞的顾客带来了丰富、有趣的无线网络体验，无线点餐的应用同时提高了门店工作效率，进一步提升了海底捞的服务品牌，通过Wi-Fi实现了O2O的落地。

全国各门店应用AP实现网络接入，为O2O的落地打下了良好的基础，不仅提供了更高的带宽，更好的覆盖范围，接入更多的终端，通过无线控制器对下接AP实现一体化管理，并且通过网线即可对AP实现供电，方便高效，并实现按时间控制端口供电。

目前，海底捞用户至上的服务已经家喻户晓，成功打造出信誉度高，颇具四川火锅特色，融会巴蜀餐饮文化的优质火锅品牌。相信借助新IT的力量，海底捞的优质服务将拥有更多精彩的可能。

第12章

社区商业O2O
——小生意酝酿大平台

12.1 认识社区O2O

以O2O目前在资本市场受到追捧的趋势来看，越来越多的行业巨头和淘金者都在见机涌入，进行“生死角逐”。传统行业、IT电商巨头、地产开发商、物流行业等群雄纷纷抢占社区O2O的入口，如以万科、花样年为代表的房地产商，阿里等电商公司，以及民生银行、兴业银行等金融机构。马云表示：**生活服务类电商如同早上五六点的太阳，将来做起来的希望绝不低于制造业和零售业。**

12.1.1 社区O2O是什么

社区O2O是指在移动互联网和电子商务普及的时代，通过线上和线下资源的互动整合，完成服务或产品在物业社区“最后一公里”的闭环。

作为本地生活服务的社区O2O，商业模式的本质是B2F（Business To Family），是借助于移动互联网超级红利对家庭生活方式的渗透、变化，在信息获取、商品交易、服务实现、社交互动等方面呈现出全新的特征和活力，已然成为巨头布局和争夺的新台风口，如图12-1所示。

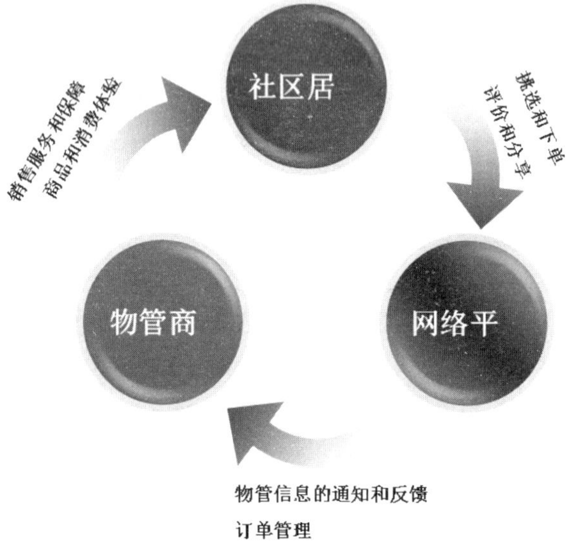

图12-1 社区O2O模式

12.1.2　社区O2O的必要因素

社区O2O有两大必要因素，一是互联网，二是社区，如图12-2所示。

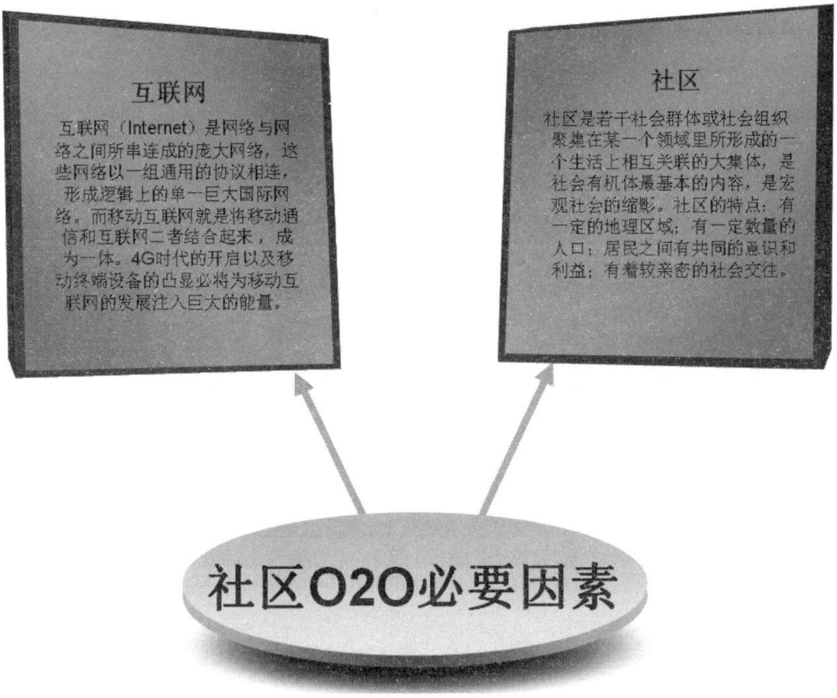

图12-2　社区O2O的两大必要因素

社区O2O一头是社区消费，一头是商家服务，关键是如何搭建好网络平台，也就是这个“2”。虽说线下企业具有得天独厚的地理和资源优势，但是社区并不是完全封闭的，在互联网时代，任何一个社区的壁垒都可以通过社交工具打破。线下企业应该摒弃其优势，用互联网的思维来经营社区O2O，比如通过数据分析客户需求，整合商户，增加客户黏性，最终实现盈利模式的复制。

TIPS:

从各种社区O2O的发展现状来看，实体商家和物管部门天然的近邻优势从线下切入，聚集线下社区人流导引线上，取得用户信任，提升用户黏性，才能够完善社区平台生态系统形成强壁垒性的O2O闭环。

12.1.3 社区O2O快速发展的原因

社区O2O快速发展的因素有以下3点：

1. **市场需求巨大。**购物中心、主题Mall固然是一个城市的形象和名片，但真正令市民经常产生消费的，还是家门口的社区型商业。足不出户即可解决日常消费问题，是决定生活品质和营造人气的重要方面。从成熟市场经验来看，社区商业消费已占其整体商业构成的60%～70%。

2. **传统商业竞争格局加剧，城市级商业风险增大。**社区O2O潮流已经兴起，所有社区住户都跳不出“生活最后一公里”的圈子，商家与顾客拥有无缝对接的近距离优势，使社区商业更易衍生出符合主流趋向的一站式消费模式。

3. **社区商业发展模式越发清晰。**经过数年的模式探索和产品研发，社区商业的投资模式、业态规划模式和运营管理模式已打造成型，这也为社区商业下一步大面积铺开准备了条件。

12.1.4 社区O2O的核心特点

不管形态上如何设计，立面风格如何变化，空间特色如何打造，社区O2O在本质上都应具有如下几个特点：

1. 小体量，风险可控

因社区O2O的服务半径有限，目标客群清晰，因此，小体量是社区O2O最根本的特点。

2. 温情、便利，风格独具

不同于城市级购物中心，社区O2O核心特质必须打造家的感觉。社区商业就是一个社区大家庭的客厅，而家庭对于社会来说，最重要的是温馨和暖心。

3. 特业突出，深入社区生活圈

除了与城市商业同质化的零售、餐饮娱乐业态外，社区O2O还有明显不同的细分品类，涵盖了菜场、银行、儿童教育、宠物店、汽车美容、美容美发、咖啡、养生美体、便利店、社区餐饮、健身房等诸多品类，而这些细分品类构成了社区O2O的重要特征。

此外，由于政府提出了国内养老服务综合改革目标，即“到了2015年年末，要实现社区居家养老服务照料中心的100%社区全覆盖。届时，所有社区、行政村都有自己的养老机构。到2020年，将实现20分钟服务圈，到时候，老人们可以享受，在自己家附近走不到20分钟，就有老人服务点，比如理发店、老人用品专店等一系列配套设施”，因此，社区O2O还肩负着社区养老的特业。

根据这样的市场趋势，未来社区养老的模式也会逐步成型，即在一个区域内，以养老机构为中心，配备为老年人服务的店面，配备优质的老年大学、专门为老年人设置的医疗机构，甚至还有让老年人孙辈入住的幼儿园，儿女能够购买的房产等，如图12-3所示。

图12-3　未来社区养老构思图

4. 线上融合，升级社区模式

线上生活方式与社区生活方式结合，是未来社区商业最具备想象力的价值提升空间。目前来看，社区商业的模式升级已经表现为如下两类：

第一，结合社区电商，形成快递收纳及配送网络。

此类，有三个值得观察的案例：（1）顺丰快递在社区开的“嘿客”。（2）天猫在全国137个县市及香港地区设有累计上万个“天猫服务站”，代收快递。（3）上海300个全家便利店，也设置了快件代收点。

第二，线上建立社区，形成线上购物及外包家居服务联盟。

2013年，第三方支付平台“拉卡拉”推出“开店宝”，低调切入电商领域，社区小微商户就是“开店宝”的主要使用者。拉卡拉和支付宝的“走出去”策略相比，拉卡拉选择的则是从社区电商切入。拉卡拉的社区电商O2O以社区为核心，“开店宝”为终端载体，连接供货源与社区，消费者通过“开店宝”完成选购、支付和收货流程。拉卡拉深耕线下近10年，积累的30万个社区网点为其带来了天然的支付场景以及消费需求。

12.1.5 社区O2O落地的运营模式

让社区O2O快速落地的运营模式，需要紧扣以下3点：

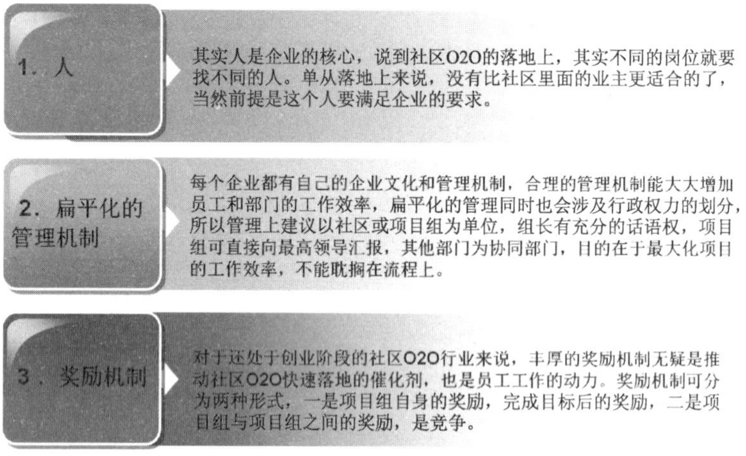

1. 人
其实人是企业的核心，说到社区O2O的落地上，其实不同的岗位就要找不同的人。单从落地上来说，没有比社区里面的业主更适合的了，当然前提是这个人要满足企业的要求。
2. 扁平化的管理机制
每个企业都有自己的企业文化和管理机制，合理的管理机制能大大增加员工和部门的工作效率，扁平化的管理同时也会涉及行政权力的划分，所以管理上建议以社区或项目组为单位，组长有充分的话语权，项目组可直接向最高领导汇报，其他部门为协同部门，目的在于最大化项目的工作效率，不能耽搁在流程上。
3. 奖励机制
对于还处于创业阶段的社区O2O行业来说，丰厚的奖励机制无疑是推动社区O2O快速落地的催化剂，也是员工工作的动力。奖励机制可分为两种形式，一是项目组自身的奖励，完成目标后的奖励，二是项目组与项目组之间的奖励，是竞争。

图12-4 运营关键

12.1.6 社区零售O2O如何盈利

电子商务的大发展对实体零售产生的影响日益明显。在线上企业纷纷以团购、网络预订等形式探索Online To Offline商业模式的同时，实体商业也在试水Online To Offline的“反向O2O”，其中，最热衷于模式探索的就是被网店打击得最为明显的超市渠道。

经历过第一波线上电商冲击之后，传统零售业又迎来以互联网思维为主导的O2O创业项目的挑战。根据中国连锁经营协会统计数据显示，2014

年国内实体连锁业用工总量和经营面积出现首次负增长，分别同比下降了1.3%和2.3%。

在此背景下，O2O成为传统零售企业寻求发展的解决方案。传统零售企业正从O2O转型的初级阶段，转向将营销转化为客户的实战期。

1．认识O2O的终极奥义

O2O在中国的发展很大程度上受中国实体零售环境的驱动，中国实体零售店并不像西方市场覆盖如此广泛，智能手机的出现使中国迅速成为全球最大的“移动”市场，并使中国电子商务获得远比西方国家更为迅速的发展。

预计到2020年，中国电子商务市场规模将超过美国、英国、日本、德国及法国市场的总和。近年来，中国各地进行的大规模基础设施改造也将进一步推动电子商务的发展。

根据中国互联网络信息中心（CNNIC）发布的报告显示，**截至2014年12月，中国网民规模达6.49亿，其中，手机网民规模达5.57亿，互联网普及率达到47.9%。网民上网设备中，手机使用率达85.8%，首次超越传统PC整体80.9%的使用率，手机作为第一大上网终端的地位更加巩固。**2014年上半年，网民对各项网络应用的使用程度更为深入。移动商务类应用在移动支付的拉动下，正历经跨越式发展，在各项网络应用中地位越发重要。

手机购物已成为移动环境下产生的增量消费，将不断推动网络购物移动化发展趋势。随着在线销售额的不断攀升，中国零售商正通过引导线上消费者转向实体店消费来增加营收，使消费者“重返实体店”的迹象越加明显，而这一营销策略正是O2O的精髓所在。

尽管从定义上来看，O2O诠释的是一种单向的商业模式，但实际上，该模式却是双向的。许多公司因不能有效实施“线下到线上”的销售策略而被迫退出了市场。西方市场著名的案例包括环城百货、鲍德斯和百视达公司，它们均因未能与时俱进而相继衰落，引起市场的关注和深思。

在当今中国和西方国家的商业环境中，智能设备已经随处可见，宽带连接也更为便利快捷，消费者变得更加乐于分享和参与。埃森哲2014年的调查显示，63%的传统零售商称已开展多渠道零售。那些顺应时代潮流的传统实体店零售商很多已经成功在线上实现业务运营，而其中最为成功的就是那些采用全渠道策略经营业务的公司。

2. 明确O2O与全渠道的区别

令人不解的是，O2O和全渠道在中国常被画上等号，但实际上两者迥然相异。O2O驱使消费者从一个渠道转向另一个渠道，而全渠道则将各个渠道的客户体验联合起来。因此，全渠道强调的是无论线上或线下消费，消费者都能获得一致的体验，他们能享受到同样的价格，购买到相同的产品。而在后台，库存被集中在一起供所有渠道使用，而不会囤积于某一渠道中。

可以说，O2O是中国零售业的一大驱动力，而全渠道则是欧美零售市场的发展引擎。中国成功的O2O模式值得西方国家借鉴学习，那么中国零售商们又是否可以从西方同行的全渠道模式中吸取经验？

在中国，消费者可以接受线上和线下产品之间的差异，不同渠道中，相同的产品可以有不同的价格，中国的消费者对线上线下的商品、价格和促销的偏好更为复杂。而在欧美，消费者则坚持线上和线下所销售的产品类别和同一产品的价格应保持一致，且配销网络中，前后端销售渠道应得到完整的融合，因为这些因素可能会对消费者的购物体验产生巨大影响，并影响消费者购物时的渠道选择。

例如，如果网上价格更高，消费者就会转向实体店；如果产品只在网上出售，他们就选择在网上购买。而且，如果在线消费者可以通过当地的实体店更快地购买到产品，他们就会采取网订店取的购物方式或直接让商店送货上门。

3. 建立全渠道配销网络

那么零售商该如何应对上述复杂情况呢？每个零售商都希望吸引越来越多的消费者关注其产品，为此，他们需要迎合每个人的不同需求，满足每个消费者的期望。

企业会发觉自己身处一个竞争激烈的环境却又不得不扎根其中，并确保自己的产品比竞争对手更有吸引力，以此提高消费者的品牌忠诚度。不论是提供更加合理的价格、提升产品质量、提高发货速度还是创造更加便利的购物方式，目的都是为了让产品更具吸引力和特色，从而提升产品竞争力。

此外，企业不仅要满足众多消费者的不同需求，零售商还要适应消费者不断变化的需求。虽然消费者是善变的，但他们是零售市场的核心所在，所以零售商无法忽视他们的需求。那么，零售企业该如何时刻洞悉消费者需求并且在绞尽脑汁服务众多消费者的同时保持盈利呢?

零售企业的战略武器在于配销网络，因为它们可以在销售网络中控制产品，而产品恰恰是消费者最关心的需求所在。为了满足消费者需求，零售商要做的一部分工作就是尽快把产品从仓库送到消费者手中。

传统而言，我们认为配销网络就是指仓库、配送中心或分销中心。但实际上在当今以速度制胜的市场环境中，各零售企业需要时刻关注仓库的上下游，这就意味着它们要与供应商和门店保持密切联系，并使这些地方的库存充分发挥作用。

因此，供应链中每个节点的可视性变得至关重要，零售企业需要能够做到以下几点:

- 了解来自其供应商网络的在途存货;
- 了解仓库中所储存的产品;
- 了解商店的库存。

零售企业运营网络的组织方式、人工部署效率、运输和空间利用率及库存可视性程度都将使其能够在控制成本的前提下，对客户的在线需求和实体店需求做出快速有效的回应。但是，如果库存是不可视的，那么产品销售就无法完成。由此可见，库存可见性至关重要。

除库存可视性以外，零售商还需要清楚有哪些产品可供出售，了解产品何时出现在配销网络中的哪个位置，从而有信心承诺在客户需要的时间和地点为其提供相应的产品。这正是零售商在竞争中胜出的关键，也是创造收入来源的主要方式。通过优化后台来满足前端需求是成功部署全渠道策略的核心。

随着互联网对传统商业模式的渗透，互联网思维正重构传统零售业态。无论是线上到线下，还是线下到线上，O2O模式将给零售商带来无限可能和机遇，而已经受益于O2O模式的品牌商和零售商则将进入下一阶段，开始接纳新技术并通过流程管理来获得真正意义上的全渠道功能。

全渠道商业模式成功的关键在于库存可用性和企业的整体运营。实现这一点将帮助提升消费者忠诚度，为零售商创造营收并提高盈利能力。如果O2O给中国的零售商们带来的回报让人惊叹，那么全渠道策略的潜力则更加不可小觑。

12.2 社区服务的O2O落地化案例

社区服务作为离消费者最近的消费业态，已成为电商巨头和新创业者眼中的一块大蛋糕。互联网化使得社区O2O项目创业低门槛化，本节将介绍一些主要的社区服务O2O行业应用案例，通过对这些案例的分析，探讨社区O2O如何落地。

12.2.1 时尚便民的社区O2O书店

2015年1月23日，河南首家O2O社区体验书店“尚书房”正式开业。在O2O社区体验书店内，周边多个大型社区居民均能全面享受各种类型的阅读服务、线上线下互动体验服务、便民服务等由大数据支持实现的精准化、个性化文化集成消费服务。

社区书店还将针对周边居民群体划分，不定期举办沙龙讲座、“乐享生活”女性系列专题活动、亲子手工制作活动、插花和茶艺培训以及节日主题活动等多层次、多内涵的营销活动。

图12-5 书架

图12-6 书店内

“尚书房”社区书店经营涵盖图书、期刊、杂志、茶饮、文创产品以及图书借阅、云书网O2O服务终端、多功能休闲阅读体验、便民服务等服务模块，定位之一是为城市社区目标读者群体购买图书、品质阅读等知识型、综合型消费提供了解决方案。在O2O社区书店内，读者可以通过线上云书网、微信、电话等多种方式下单，在线下社区书店提取书籍，或享受上门送书服务。

12.2.2　社区O2O之“五菜一汤”

万科将所做的社区配套称为“五菜一汤”，其中“五菜”包含第五食堂（如图12-7所示）、超市、银行、洗衣店、药店五大类与业主生活休戚相关的日常生活服务配套，“一汤”是指“幸福街市”（蔬菜连锁超市）。

所谓“第五食堂”，是指除了学校、单位、商业、居家以外的餐饮食堂，泛指公寓食堂，它实现了厨房劳作的社区化，可以极大地减轻家务负担，显著增加居民的闲暇时间。

图12-7　第五食堂

2013年的“双11”活动，万科物业凭借网购狂欢的节点，推出了第一款针对万科业主的应用程式——“住这儿”。这款APP不仅可以满足万科业主申请报修、曝光、投诉、表扬等需求，还专门开辟了一个“良商乐”的板块，将万科小区内的所有商家拉上线。

除了在线上推出“住这儿”，这几年万科在线下社区配套方面也做了一系列的探讨和尝试。一个新近的动作是，2013年年底，万科斥资27亿元入股徽商银行，以更好地为业主提供领先的社区金融服务。

在这些布局的基础上，万科通过各个社区商铺和服务项目详尽收集业主的生活开支数据，更通过大数据预测业主的潜在需求，进而调整服务内容和社区商业的业态。例如，万科物业与华为合作成立了万睿科技有限公司，包括“住这儿”APP在内的一体化科技研发系统在3年前就开始收集数据进行实验探索。

12.2.3　指甲上的社区O2O服务

河狸家是一个从美甲服务切入的上门O2O项目，欲单点突破，横向挖掘女性这个特定人群的需求点，打造美业O2O平台。河狸家的商业模式极其简单：为美甲师提供平台，然后美甲师为顾客提供上门美甲服务。图12-8所示为“河狸家”APP。

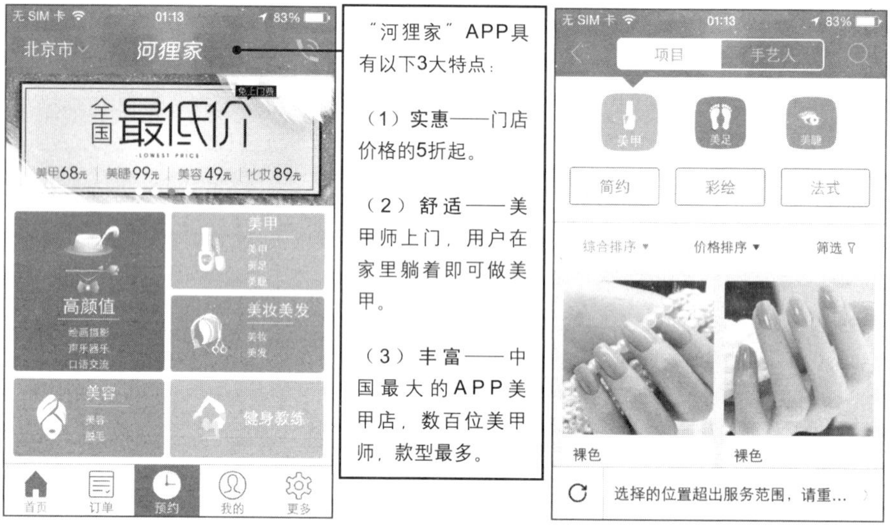

图12-8 “河狸家”APP

在互联网领域，“雕爷”的名号，远比本名孟醒更为人知。雕爷牛腩、阿芙精油、薛蟠烤串等项目，均属“雕爷”孟醒的成功项目。“线上接单，上门服务”，河狸家的商业模式就是一个美甲业的O2O。不同于传统的美甲店，河狸家与美甲师之间不存在雇佣关系，孟醒说“他们更像进驻我们平台的商家。”

不同于传统的美甲门面店，河狸家没有实体店面，美甲服务在用户指定的地点进行，可以是用户的家中、单位附近，或者是现在推出的美甲车。免去了实体店的租金等费用，将优惠直接让渡给了美甲师和用户。

河狸家推出了两辆移动美甲车，顾客可以在车里直接美甲，如图12-9所示。美甲车要的可爱温馨的风格为主，除了车身全部呈粉色外，车内还配备了舒适的沙发和靠枕；车内还装有电视，并提供进口饮料和甜点，顾客在美甲时也能享受轻松时光，如图12-10所示。据悉，顾客仅需向美甲师支付美甲服务的费用，“出动”美甲车的费用则由河狸家负责。

河狸家上线不到一周年，已完成了三轮融资。2015年2月18日凌晨，河狸家创始人孟醒在个人微信公众号文章里宣布了河狸家完成C轮近5 000万美元的融资，此轮融资公司估值近3亿美元。

图12-9　移动美甲车

可爱的萌系设计让每个进入这辆车的人都有被宠爱的感觉，车里提供各种饮料，还提供有高端定制甜点，让用户在享受美甲的同时更享受美食。

图12-10　车内环境

正是有了风投的资金做支持，河狸家才有底气不向美甲师抽取佣金；同时，河狸家还为美甲师免费培训、发放补贴以及缴纳部分社保。这些措施，都可以防止美甲师转投其他的应用和平台。

如此快速地烧钱扩张规模，孟醒认为这和河狸家美业平台的定位有关，能跑多快就跑多快，先把盘子做大再说，并且做平台能“活下去”是小概率事件。孟醒说道：“河狸家志在美业，以后可能会上线美容、美发、摄影等上门服务。其服务延展的思路大致是：女人相关；美丽相关；中高价位的、有较高技术含量的服务业。”他还透露，日后若一些商家进驻，可能会与平台按一定比例分成。

目前，河狸家已吸引近千位美甲师进驻，日接单量近2 000单。河狸家的日渐火爆，有赖于其明确的目标客户定位和对服务细节的重视。中国目前有数量庞大且继续蓬勃增长的中产阶级人群，他们在生活品质上追求精致，在服务上要求挑剔但也不吝啬花钱。河狸家的用户定位也恰恰是针对这一点。

12.2.4　社区O2O落地菜市场

雅各库克提供的是日常蔬果、肉类的快送，这些品类对于有需求的用户而言是天天都需要，绝对的高频和必需品。2014年12月26日，由中国人民大学在校学生鲁开元创建的国内首家“手机里的菜市场”——Jacob Cook（雅各库克）在微信公众平台上线，主营全品类生鲜、粮油副食、半成品净菜等，提供1小时内送货上门服务，如图12-11所示。

在雅各库克的微信公众平台中，点击“商城主页”按钮，即可进入Jacob Cook微信商城，如图12-12所示，用户可以在此下单购买各类优质食材。

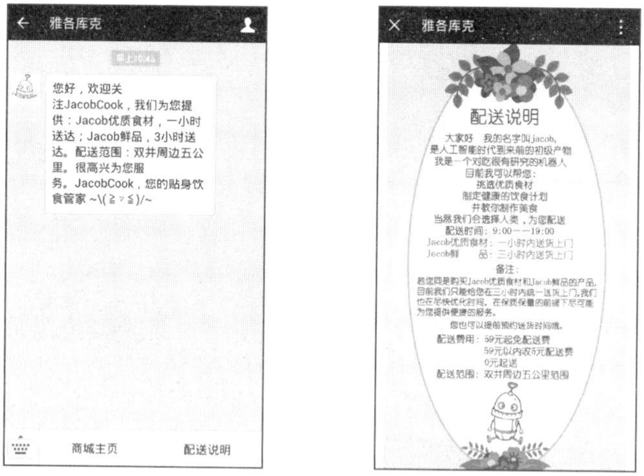

图12-11 雅各库克微信公众平台

在北方的冬季，去菜市场买菜是一件比较煎熬的事情，而且一般菜市场距离居民楼都不近。因此，做这个品类的订购是非常有前景的，一是高频，容易预估存货量；二是配送高度集中化，大概一天配送两次即可，上午一次，下午一次，快递员效率容易最大化。

当用户养成习惯后，头一天按需下单，雅各库克负责集合采买还能降低单价，从中抽成也很简单，商业模式清晰可见。

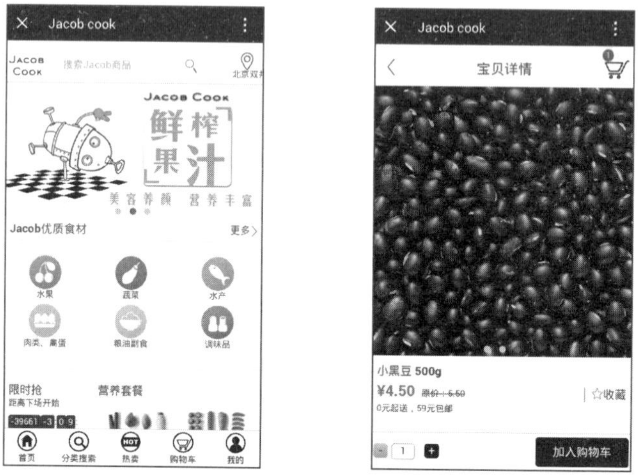

图12-12 Jacob Cook微信商城

另外，在推广方式上，雅各库克也是别出心裁。2014年12月29日是北京地铁告别2元票价涨价后的第一个工作日，虽然对于涨价的抱怨声不断，但是地铁口依旧人来人往。从早上7点开始，雅各库克就在人多的地铁口安排了漂亮的兔女郎和一个憨态可掬的机器人现场发钱补贴地铁票价，如图12-13所示。机器人的名字叫“Jacob”，过往的行人只要扫一扫二维码，关注微信“雅各库克”（Jacob Cook），兔女郎就会现场发送一个红包，整个过程不到一分钟，红包金额在2～10元之间。

图12-13　“雅各库克”（Jacob Cook）的推广活动

创始人鲁开元表示：“我只是觉得都市白领下班买菜不方便，‘90后’的我们也不会挑选生鲜产品，所以就做了，移动互联网是我们的时代，‘90后’负责技术开发，‘70后’为前段卖手，负责甄选。立志打造社区居民手机端的菜市场。”

12.2.5　家政服务的社区O2O落地

北京小马飞捷网络科技有限公司是一家致力于打造O2O管家服务的互联网公司，独创标准化轻度管家服务，以互联网思维撬动传统家政行业的“服务不标准”、“收费不标准”等行业陋习，为用户提供更优质便捷的生活服务。

该公司推出的“小马管家”APP是一款基于地理位置为用户提供管家的创新应用，如图12-14所示。“小马管家”打破传统的小时工模式和缺点，所有管家都经过专业培训与认证，确保服务品质。用户通过客户端直接挑选管家，所有信息真实透明。专业的管家致力于为广大用户提供更高效、便捷和贴心的生活服务。

目前，家政社区O2O平台主要有两种模式：一种是将家政阿姨与用户直接对接的C2C模式，如58到家、e家洁、阿姨帮；另一种是搭建平台，将传统家政公司和用户联系起来，如云家政。然而，“小马管家”与这两种模式又有些许不同。

图12-14 “小马管家”APP

（1）**管理模式不同，属于重型社区O2O**：“小马管家”雇佣家政人员作为其公司员工，按照“底薪+提成”的方式发放工资。其员工扮演着家政人员和销售人员两种角色，在给用户做家庭清洁的同时会推销会员卡，并按照办卡量来抽取提成。

（2）**创新收益模式**：“小马管家”按照户型收费，清洁一个二居一卫的户型固定服务费为108元，打扫时间为3个小时，不收超时费，如图12-15所示。而非传统小时工每小时20～30元的定价。

单次服务价格

一居室(1卫)	二居室(1卫)	大二居(2卫)	三居室(2卫)	四居室(3卫)
98元/次	108元/次	128元/次	148元/次	198元/次

充值卡服务价格

	充值金额 您的户型（元/次）	1000元	2000元	3000元	5000元
户型单次折扣价格	一居室(1卫)	70	65	60	50
	二居室(1卫)	80	75	70	60
	大二居(2卫)	90	85	80	70
	三居室(2卫)	100	95	90	80
	四居室(3卫)	125	120	115	100
家电清洗/除尘除螨		9折	85折	8折	7折
充值赠送服务		整床除螨(1套)	整床除螨(1套) 沙发除螨(1套)	整床除螨(2套) 沙发除螨(1套)	整床除螨(3套) 沙发除螨(2套)

图12-15 “小马管家”的价格表

（3）**在流量方面，轻线下重线上：**“小马管家”虽然开设了线下门店，但并不在线下接单。据悉，线下店主要用于对家政人员的培训、管理及物料周转，服务覆盖其周边住宅社区。

“小马管家”创始人马晨飞将目标用户设定在“80后”、“90后”白领，一方面容易接受新事物，另一方面具备较高的消费能力。据悉，目前“小马管家”基本覆盖北京市，月订单在万单左右，客单价为120元，家政人员有百余人。

马晨飞表示：“目前家政行业不能做平台，并且平台模式也做不起来。平台模式只是增加了派单的效率，但是由于缺乏对家政人员的把控，并没有提高家政服务的体验。”马晨飞将“平台模式”形容为“为了上门而上门”，称他们只是在拿家政做切入点，并非只是专注于家政这一件事。

笔者认为，在社区O2O模式中，如果产品仅仅是满足平台方的诉求是站不稳的，消费者的体验和需求是否得到尊重满足才是王道，在这一点上，“小马管家”还是做得不错的。从“小马管家”提供的社区服务来看，包括日常清洁、深度清洁、新居开荒、家电清洗、专业除螨、租房大扫除等家政服务，都是紧贴社区居民生活的服务项目，将家政服务人员转变成为解决用户生活琐碎事情的“管家”。

12.2.6　多场景切入社区O2O供应链

2014年11月17日，“猫屋小时达”正式上线，并在深圳本地开通了车公庙、地王、高新园三大商圈，已整合上千家B端实体门店，日订单逾1 000单。

“猫屋小时达”是基于微信服务号和APP搭建的移动生活O2O平台，从早餐、水果、下午茶、零食等高频次、强需求的白领即时性消费品类，多场景切入社区供应链，通过专人直递的方式，解决白领即时性、强需求的消费问题，如图12-16所示。

在“猫屋小时达”的微信服务号中，其基于LBS地理定位显示商圈信息，目前已提供下午茶、阳光早餐、加班零食、当日鲜果、星巴克等商品的代购服务。“猫屋小时达”的代购服务流程如下。

（1）进入“猫屋小时达”微信公众平台，点击“淘周边”按钮，如图12-17所示。

图12-16 “猫屋”主页

（2）进入“选择商圈”界面，选择相应的商圈，如图12-18所示。

据悉，2015年上半年，“猫屋小时达”服务将覆盖深圳的6个大型商圈，并将继续优化整个服务流程，提高小时达的商户数量、质量，整合更多的“猫屋男孩”入驻平台。

图12-17 “猫屋小时达”微信公众平台　　图12-18 选择相应的商圈

（3）进入“代购”界面，目前用户可进行在线选购，如图12-19所示。

（4）例如，点击“周边美食”按钮进入其界面，用户可以点击“+”或“-”按钮调整选购数量，如图12-20所示。

（5）点击购物车图标设置收货地址信息，如图12-21所示，然后点击“保存”按钮。

图12-19 “代购”界面

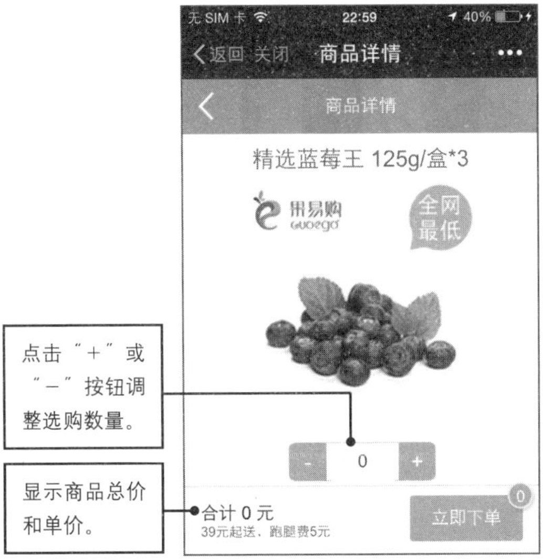

图12-20 选购商品

（6）进入“购物车”界面，点击“确定下单”按钮即可，如图12-22所示。

图12-21 设置收货地址信息

图12-22 “购物车”界面

（7）下单成功后，用户会收到一条订单验证码。猫屋男孩送达后，提供认证使用，认证通过后整个流程结束。

在“猫屋小时达”微信平台上，除了已有的餐、饮代购服务外，“猫屋男孩”还可以根据用户的个性化需求，提供“定制跑腿”服务。

“猫屋小时达”主要由三部分组成：一是B端的线下实体商家；二是C端的用户；三是直营与众筹而来的“猫屋男孩”。“猫屋小时达”的O2O模式为三端用户提供了各不相同的服务，如图12-23所示。

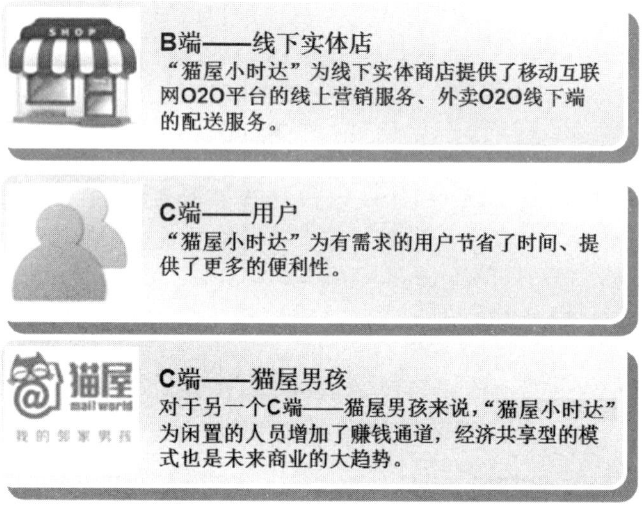

SHOP
B端——线下实体店
“猫屋小时达”为线下实体商店提供了移动互联网O2O平台的线上营销服务、外卖O2O线下端的配送服务。
C端——用户
“猫屋小时达”为有需求的用户节省了时间、提供了更多的便利性。
猫屋
mail world
我的邻家男孩
C端——猫屋男孩
对于另一个C端——猫屋男孩来说，“猫屋小时达”为闲置的人员增加了赚钱通道，经济共享型的模式也是未来商业的大趋势。

图12-23 “猫屋小时达”的主要组成部分

猫屋“从包裹代收”到“猫屋小时达”，其定位更加精准。此前，猫屋围绕社区周边已提供了相关服务，可以说，猫屋早已具有一定的配送服务能力，升级做“猫屋小时达”服务也是水到渠成。“猫屋小时达”服务更是当下流行的上门服务的一种，在“懒人经济”时代，上门O2O的大背景下，猫屋的成功升级转型，也为自己找到了未来的发展方向。

12.2.7 社区O2O服务落脚

“上门帮”于2015年1月正式上线，是一款基于LBS提供上门足疗、中医推拿的手机应用，如图12-24所示。用户可以通过手机APP、官方网站、400电话、微信等直接预约，可以根据平台上的项目、上门师傅、价格、距离、籍贯等信息，选择符合自己要求的上门人员。在下单后，师傅会在约定时间上门来做项目，用户足不出户即可在家、办公室等其他地点享受“送上门的健康”服务。

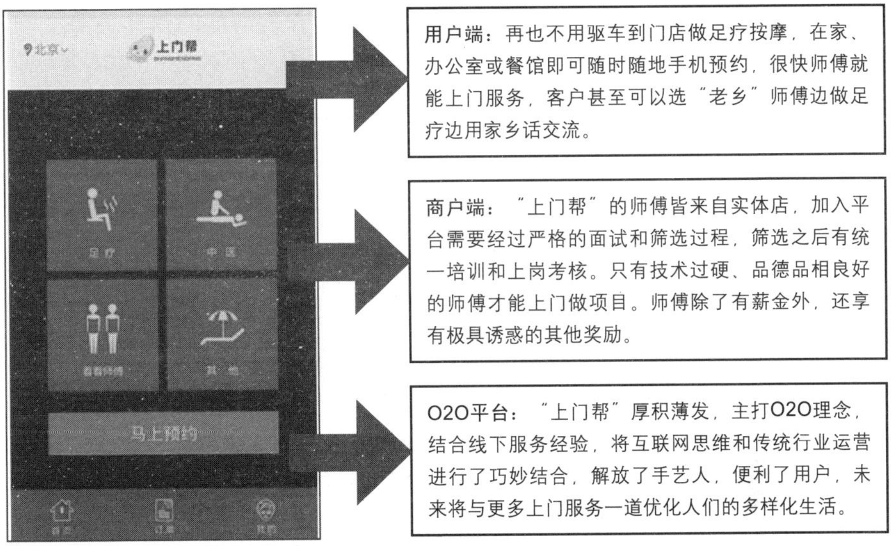

上门帮
马上预约
用户端：再也不用驱车到门店做足疗按摩，在家、办公室或餐馆即可随时随地手机预约，很快师傅就能上门服务，客户甚至可以选“老乡”师傅边做足疗边用家乡话交流。
商户端：“上门帮”的师傅皆来自实体店，加入平台需要经过严格的面试和筛选过程，筛选之后有统一培训和上岗考核。只有技术过硬、品德品相良好的师傅才能上门做项目。师傅除了有薪金外，还享有极具诱惑的其他奖励。
O2O平台：“上门帮”厚积薄发，主打O2O理念，结合线下服务经验，将互联网思维和传统行业运营进行了巧妙结合，解放了手艺人，便利了用户，未来将与更多上门服务一道优化人们的多样化生活。

图12-24　“上门帮”APP

“上门帮”是基于LBS的应用，结合实时定位追踪系统，师傅出发做项目前会做记录，一个项目做完了，后台会有提醒，若超过提醒时间，则会启动报警系统。另外，“上门帮”除了提供上门足疗服务外，还有中医推拿、刮痧修脚等项目，其服务项目分为初、中、高、特4个等级：初级和中级定价为30～100元不等，用以满足普通用户的日常需求；高级和特级则满足顶级客户更高层次的需求，偏向于定制化服务。

除了APP平台外，“上门帮”的另一大法宝就是以实体店为依托。据悉，“上门帮”的线下实体店在北京也是小有名气，并有一定数量的忠实会员。实体店不仅可以作为前期蓄客的本营，更是新客户尝试的一个窗口。“上门帮”上线初期，实体店的会员参与到APP内测中。很多对上门服务不放心的客户，在选择上门前，可先选择到实体店体验一下。

笔者认为，“上门帮”通过从线下打入社区O2O，能从实打实的线下服务中快速戳中客户的“痛点”，同时配合线上的推广，是很有优势的，有望打破医疗健康服务O2O的现有局面。

12.2.8　社区O2O落地，“小区无忧”

“小区无忧”是指弋（上海）网络技术有限公司自主研发的第一款基于移动O2O的小区生活信息服务平台，也是中国第一家小区生活服务应用，支持包括外卖、生鲜蔬菜、超市、水果等居家宅配，规范家政、开锁、维修、疏通、搬家等生活服务，提供快递、洗衣、教育、宠物等小区周边生活信息，如图12-25所示。

图12-25　“小区无忧”APP界面

“小区无忧”APP的主要功能如下：

- 微信登录：支持微信账号一键登录，免去烦琐的注册流程。
- 精准定位：LBS定位用户所在小区，精确匹配用户小区周边直径3公里内的商家。
- 在线支付：支持手机付款，用户即使没有现金也能叫外卖。
- 订单跟踪：下单后，可查看订单进度，随时查看外卖配送情况。
- 小区广播：小区周边优惠、最新物业通知、热门活动实时推送。
- 常点功能：记住用户历史点过的外卖店，快速找到常用店铺。
- 实地认证：通过专人实地验证商家信息，确保商家真实可靠，以便用户放心使用。
- 电话热度：为用户提供商家电话被拨打的次数，帮助用户轻松找到周边热门商家。

- 手机开店：用户用手机即可轻松开店，无须租金，在小区里就能做生意。
- 商家置顶：支持置顶商家，查看常用店铺更加方便。

“小区无忧”定位碎片化生活服务的社区移动平台，立足于向家庭用户提供餐饮宅配、家政服务、电器维修、教育培训等100多个服务类别，被认为是社区生活服务界“淘宝+家庭宅配顺丰”的模式，其商业模式是主要为用户提供小区生活服务信息检索、匹配、支付和小区周边配送服务，向商家提供推广和展示的同时，“小区无忧”从商家订单流水中收费获取营收。

例如，2014年下半年，“小区无忧”发现上门推拿这个机会后，先是在小范围测试、调查，然后才决定把更多的资源和人才注入“熊猫拿拿”子项目，将上门推拿业务做大做强，如图12-26所示。同时，上门推拿是未来“泛健康”非常好的切入口，这是“小区无忧”在社区O2O推进摸索中发现巨大的机会，是未来的增长点。

“熊猫拿拿”于2015年3月8日正式上线。据“熊猫拿拿”官方披露的最新运营数据，正式上线仅一周时间，日订单量业内首先突破1 000单。从2014年年底开始内测，2015年1月正式开始在上海运营，迄今为止已覆盖了上海、广州、深圳、杭州四个城市。

图12-26　“熊猫拿拿”通过微信平台进行预约

TIPS:

“小区无忧”创始人唐皓说：“小区无忧定位于‘小区生活服务平台’，期望在未来三年改变100万手艺人的就业机会与再造小微服务的个人信用体系，让大众回归社区和提供更多个性化的本土服务。”另外，在提供服务的同时，“小区无忧”还将致力于提倡人们重新回归社区、重视社区，建立完善的社区环境和服务生态。

据悉，“小区无忧”现已覆盖全国56个城市、28万个小区，为近100万服务商家和手艺人提供营销服务，生活服务需求日匹配量过万单，近一年来为社区连接和提供服务超过200万次。

2014年10月13日，“小区无忧”宣布完成A轮2 000万美元融资。据悉，这是“小区无忧”18个月内的第三次融资，在此之前已获得种子和天使投资，公司目前团队规模过百人，地推队伍近1 000人。

社区服务垂直领域的切入点数不胜数，洗衣、家政、快递、超市配送、物业、外卖等一系列的基础生活服务都有很多的尝试者，目标都锁定在成为未来社区服务O2O的入口。在笔者看来，“小区无忧”同样是社区服务O2O的探路者之一，与提供某种垂直服务不同，“小区无忧”选择了平台型的定位，换句话来说，就是把所有社区相关的服务都一并囊括了。

12.3 社区电商的O2O落地化案例

社区O2O和电商O2O分别满足了不同人群的需求，通过O2O扩大自己的业务范围，电商、社区和O2O的结合能够将社区服务做到最大化，同时也是逐步实现社区商业生态圈的一个过程。

12.3.1 O2O落地——外送服务

“京东到家”是京东旗下的社区配送产品，整合周边超市、便利店的商品，顾客线上下单后，京东完成配送。据悉，这项服务现在正在北京地区测试，并且已经开通了微信公众号，如图12-27所示。

“京东到家”主要经营6个类目的商品，分别是奶品冻品、生鲜果蔬、休闲零食、酒水饮料、米面粮油和护理用品等日用百货产品。京东方面称，如果用户在9:00～20:30半之间下单，两小时内就有可能收到货。

此前，京东已经与唐久、36524等万余家便利店进行了社区化配送的合作，让社区便利店成为京东物流的细分，完成最后一公里的配送，号称能实现“1小时达”，甚至“15分钟达”。

而此次上线的“京东快点”将会率先选取几个地区收集潜在用户细化需求和更多使用场景信息，免运费门槛为每单10元，而且仅支持货到付款。

图12-27　“京东到家”微信公众平台

未来，社区O2O拼的是与用户的连接能力，互联网企业处于线上，而传统企业处在线下，多数互联网企业在线下缺少通道，而遍布全国的快递和配送网络相比门店，是典型的强连接。

相比其他同行来说，京东有现成的快递配送站和人员网络覆盖，又与终端用户有高频的连接和接触，可以说已经具备完善的商业渠道，只需把超市、商城、便利店、外卖、美甲、家政、洗衣、按摩等社区O2O业务“装”进来即可。但究竟能不能成功，或许取决于与外部商户的谈判和整合能力。

12.3.2　O2O落地——收货服务体验

“收货宝”网是由O2O模式的引领者和推动者——Collectplus公司投资与运营的国内首家第三方代收货服务平台，如图12-28所示，致力于为电子商务的用户与社区居民打造安全、自由、便捷的代收货服务体验，与众多网购平台和连锁服务品牌网点一起为消费者营造“网上快乐购物，家门口轻松收货”的生活新选择。

据悉，“收货宝”在北京、上海、广州、深圳四个一线城市共整合拥有超过1万多家社区便利店，覆盖主要的社区、学校、商业区以及地铁沿线，累计服务了千万用户。例如，像北京人口密集的居住区天通苑、回龙观和望京等社区已经能够服务所有的居民小区。另外，北京已经开通运营的10多条地铁出口均有服务网点，让用户在300～500平方米之内获得便捷的服务。在“搜索网点”页面输入相应的地点，单击“搜索”按钮，即可快速找到该地点附近的“收货宝”网点或代收点，如图12-29所示。

图12-28 “收货宝”主页

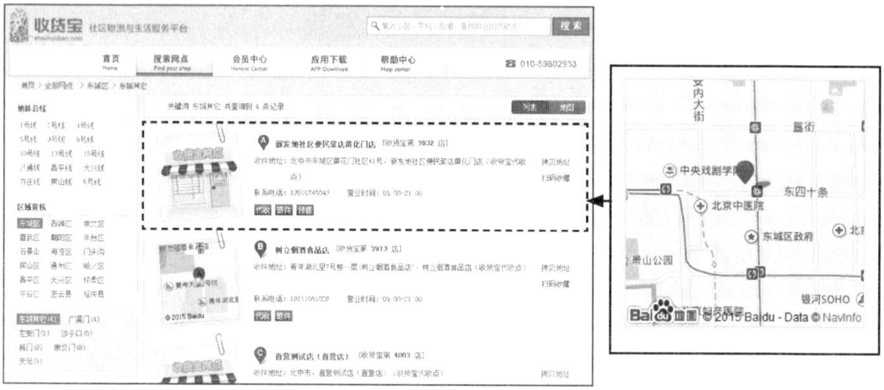

图12-29 搜索附近的“收货宝”网点或代收点

“收货宝”通过对服务网点系统的建立，提高了“最后一公里”的物流配送效率，至少节约了30%的物流成本，满足了用户更高层次的服务需求。随着移动互联网时代的到来，“收货宝”致力于从社区物流的边缘式创新打造社区O2O生态闭环。

用户在淘宝、天猫购物后，如果出于种种考虑，如不安全、家里没人不方便接收，可以在地址选项中选择离家最近或者最顺路的网点，或许就是你家楼下的便利店、对面的家政服务中心或旁边的药店。等包裹到了，凭借手机短信找店主取货即可。收货宝会与购物平台进行结算，拿到服务费分成给便利店店主。图12-30所示为“收货宝”的手机微信平台。

图12-30　“收货宝”微信平台

随着代收件业务的日益成熟，“收货宝”还推出了“代寄快件”服务，网购用户可以在家门口实现退换货业务。据悉，这项服务是由“收货宝”与顺丰速运联合展开，居民将可以通过就近的“收货宝”服务网点直接投递包裹快件，从而免去在家等快递员上门的时间，同时还能享受比快递员上门更优惠的价格。

另外，“收货宝”成立了“收货宝社区服务联盟”，致力于建立社区服务形象、推广全新的社区服务理念，打造全新的社区服务体验，完善全新的社区服务关系，强势发力社区O2O生态系统，如图12-31所示。

“最后一公里”是连接社区最活跃用户的精准接口，谁掌握了末端物流，谁就掌握了社区O2O商业的未来。而随着融资的到位，“收货宝”将快速对外扩张，提升一线城市的网点数量与质量，同时向全国的省会城市和二、三线城市下沉。

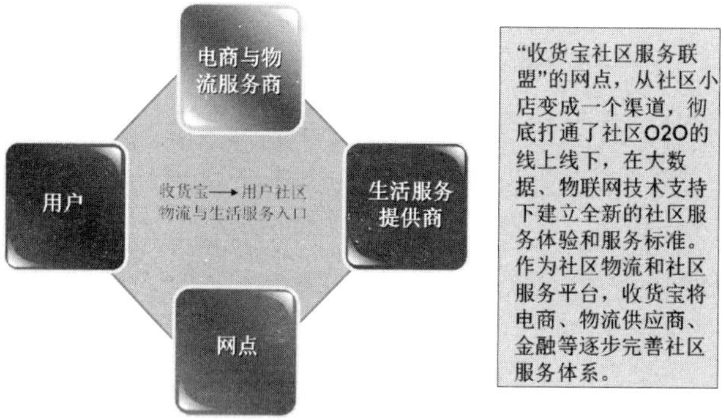
电商与物流服务商
用户
收货宝→用户社区物流与生活服务入口
生活服务提供商
网点
"收货宝社区服务联盟"的网点，从社区小店变成一个渠道，彻底打通了社区O2O的线上线下，在大数据、物联网技术支持下建立全新的社区服务体验和服务标准。作为社区物流和社区服务平台，收货宝将电商、物流供应商、金融等逐步完善社区服务体系。

图12-31 "收货宝"社区O2O生态闭环

12.3.3 O2O落地——顺丰网购服务社区店

原本是快递巨头的顺丰速运，因其与电商密不可分的关系，选择了以"社区实体店＋网购预售＋快速配送"的形式布局O2O。2014年5月18日顺丰速运在全国铺开名为"嘿客"的便利店，首批布局全国518家，如图12-32所示。从未来的发展规划来看，顺丰速运还将继续扩大在全国"嘿客"店的布点，以完成"最后一公里"的客户与市场的把握。

"嘿客"便利店的主要功能如下。

（1）**商品预购**："嘿客"店内以海报、二维码墙、PAD等方式展示海量商品，用户可以通过手机扫码、店内下单购买，如图12-33所示。其模式与英国最大的O2O电商Argos十分相似。不过和Argos不同，"嘿客"除试穿试用的样品外，店内不设库存。

嘿客

图12-32 "嘿客"便利店

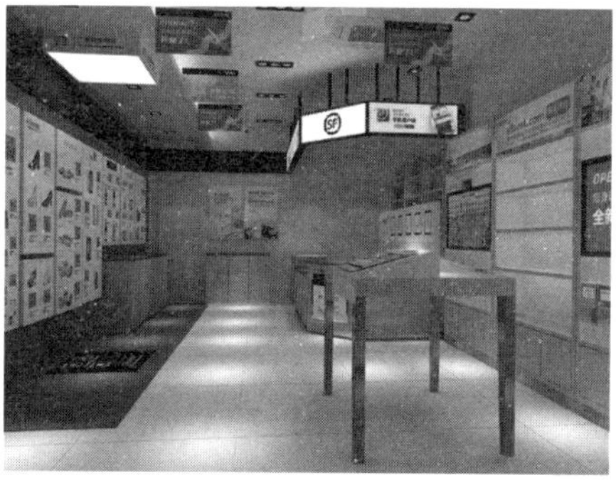

图12-33 "嘿客"店内

（2）**JIT服务：**用户不用支付货款即可预约商品的到店试穿（或试用）服务，体验后再决定是否购买，JIT让网购更加安心。顺丰表示，“嘿客”很多功能是基于其快速物流的优势，如顾客不用支付货款即可向商家预约，待商品到店进行体验后再行购买，无论购买与否配送均由顺丰承担。

（3）**金融服务：**门店为用户提供ATM、VTM等金融服务，把银行服务带到家门口。

（4）**便民服务：**门店提供衣服干洗、飞机票预订、话费充值、缴水电费等多项便民服务，用户足不出户即可乐享轻松生活。

（5）**快件自寄自取：**用户可选择到店收寄快件，节省等待收派员上门的时间，保证个人隐私，更可享受一定的优惠。

顺丰还通过已有的冷链物流，在消费者购买水果、粽子等生鲜品类时提供上午下单下午送达的配送服务，也方便选购生鲜品类的消费者上门自提。

顺丰对“嘿客”的定位不仅是一个多功能的站点，而是社区活动的物流中心。例如，顺丰与泰笛洗涤的联合也强化了这样的定位。泰笛洗涤作为全球在线洗涤的首创者，其标志性的“24小时免费取送”服务更是在多个其他服务行业获得了认可。泰笛洗涤通过与顺丰的合作，有助于其巩固在自身领域内的领先地位，并更有效地将“在线洗涤”的新型生活方式向消费者进行推广；而顺丰与泰笛洗涤的合作，则有助于顺丰在提供正常的便民服务之外深化便利店功能，从而在最大限度上强化顺丰便利店之于其他普通便利店的优势。

“嘿客”建立了快速库存流转与样板调换机制，借助互联网软技术重组门店商品货源；利用移动互联网工具、移动支付及电商技术实现门店的服务链改革；最后通过门店分区陈列销售，厂商与店铺全渠道营销政策，以及客流导入策略，以互联网思维重塑实体门店价值。

笔者认为，无论是客户网络、服务理念，还是高科技技术的运用上，顺丰具备成熟的条件。有了“嘿客”实体店之后，顺丰与消费者的接触点会越来越多，其关系也会更加紧密。

12.3.4 O2O落地——以娱乐游戏为拓展点

2014年9月30日，第一家苏宁“嗨店”、苏宁超市同步落地连云港苏宁广场，如图12-34所示。与此同时，相隔400公里之外，芜湖苏宁广场也同步开业，同样拥有着承载苏宁战略转型的苏宁“嗨店”、苏宁超市以及红孩子。

在“嗨店”内设置了X-box体感游戏、儿童游乐区等集娱乐休闲为一体的体验区。在购物体验方面，通过线下样品展示、多屏扩充SKU，用户可以在线下体验商品，扫码到易购在线支付，既可以在门店取货也可以选择快递配送。

图12-34 苏宁“嗨店”

同时，借助苏宁广场形成的商圈优势，“嗨店”整合了苏宁易购、满座网及大众点评网等本地生活平台，用户可通过手机和“嗨店”触屏设备进入易购和本地生活服务网站选择商品和进行服务预约，然后直接就近在线下享受各类生活服务。

作为全国第一家基于苏宁广场的新型互联网门店，连云港苏宁广场的“嗨店”包含着O2O模式下所酝酿的各种可能。浓厚的互联网色彩、极致的消费体验、线上线下的随意切换，是首次露面的苏宁“嗨店”带给用户印象最深刻的三个标签。

由此可见，苏宁寄托“嗨店”模式在未来能够继续打通苏宁广场、苏宁易购、苏宁电器、红孩子等各平台的会员体系，为下一步O2O会员闭环打下基础。

12.3.5 O2O落地——社区便利店

“祐惠”便利店是祐康集团推出的智慧社区电子商务模式，于2014年8月开业，通过“祐惠网”O2O智慧社区电子商务平台，整合数以百万计的传统社区便利店，打造一个“家门口的万能便利店”，如图12-35所示。

目前，“祐惠”便利店以生鲜产品为主，用户在便利店内扫商品二维码之后，通过手机下订单付款，如图12-36所示。目前，付款方式有支付宝与微信支付两种。付款完毕之后，用户可第二天上门取货，或者让他们送货上门。

图12-35　“祐惠”便利店

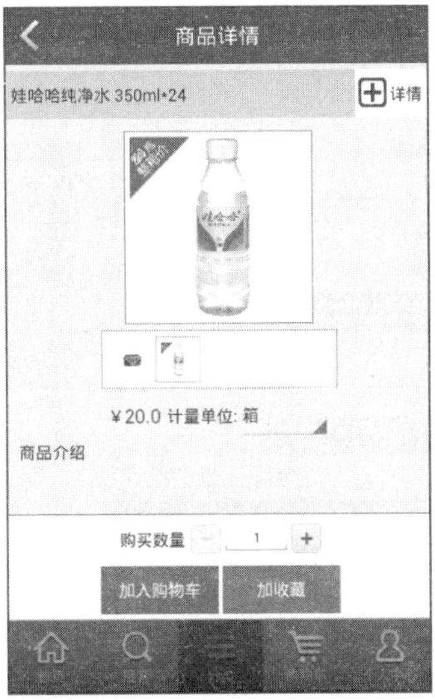

图12-36　手机下订单

据悉，“祐惠”便利店未来还会开设团购提货，代收快递，代售长途车票、福利彩票，公交卡、手机卡充值、缴纳水、电、煤、气、宽带费和交通罚款、衣物送洗等业务。祐康集团是以食品为起家主业，现业务也设计地产、投资等事业，“祐惠”便利店是其传统企业O2O转型之举。“祐惠”便利店店主要采取直营店和加盟店两种经营模式，每家便利店的辐射半径为500米，主要针对周边社区居民的家庭消费。

时至今日，在互联网入侵各行各业的大背景下，社区便利店仍是一块大蛋糕。社区便利店本来是指为社区提供便利服务的商店，早期主要是“夫妻店”模式的小本经营，它们的单品陈列、门面招牌、货品规划普遍带有随意性。之后发展成为连锁便利超市，用以满足商业街区上班族便利生活的需要。

自从“O2O”概念风靡以后，社区便利店就开始站在“风口”上，成为电商巨头打通线上线下紧盯的目标。如今，以智能化、社区化、O2O一站式的社区便利店，必将开创智慧社区便利的新生活方式。

读 者 意 见 反 馈 表

亲爱的读者：

感谢您对中国铁道出版社的支持，您的建议是我们不断改进工作的信息来源，您的需求是我们不断开拓创新的基础。为了更好地服务读者，出版更多的精品图书，希望您能在百忙之中抽出时间填写这份意见反馈表发给我们。随书纸制表格请在填好后剪下寄到：北京市西城区右安门西街8号中国铁道出版社综合编辑部 张亚慧 收（邮编：100054）。或者采用传真（010-63549458）方式发送。此外，读者也可以直接通过电子邮件把意见反馈给我们，E-mail地址是：lampard@vip.163.com。我们将选出意见中肯的热心读者，赠送本社的其他图书作为奖励。同时，我们将充分考虑您的意见和建议，并尽可能地给您满意的答复。谢谢！

所购书名： ______________________

个人资料：

姓名：__________ 性别：__________ 年龄：__________ 文化程度：__________

职业：__________ 电话：__________ E-mail：__________

通信地址：______________________ 邮编：__________

您是如何得知本书的：

□书店宣传 □网络宣传 □展会促销 □出版社图书目录 □老师指定 □杂志、报纸等的介绍 □别人推荐

□其他（请指明）______________________

您从何处得到本书的：

□书店 □邮购 □商场、超市等卖场 □图书销售的网站 □培训学校 □其他

影响您购买本书的因素（可多选）：

□内容实用 □价格合理 □装帧设计精美 □带多媒体教学光盘 □优惠促销 □书评广告 □出版社知名度

□作者名气 □工作、生活和学习的需要 □其他

您对本书封面设计的满意程度：

□很满意 □比较满意 □一般 □不满意 □改进建议

您对本书的总体满意程度：

从文字的角度 □很满意 □比较满意 □一般 □不满意

从技术的角度 □很满意 □比较满意 □一般 □不满意

您希望书中图的比例是多少：

□少量的图片辅以大量的文字 □图文比例相当 □大量的图片辅以少量的文字

您希望本书的定价是多少：

本书最令您满意的是：

1.

2.

您在使用本书时遇到哪些困难：

1.

2.

您希望本书在哪些方面进行改进：

1.

2.

您需要购买哪些方面的图书？对我社现有图书有什么好的建议？

您更喜欢阅读哪些类型和层次的理财类书籍（可多选）？

□入门类 □精通类 □综合类 □问答类 □图解类 □查询手册类

您在学习计算机的过程中有什么困难？

您的其他要求：